Ferdinand Zehentreiter
Ästhetische Praxis

Ferdinand Zehentreiter

Ästhetische Praxis

Aspekte einer Musiksoziologie nach Adorno

Humanities
Online

Bibliografische Information der Deutschen Nationalbibliothek
Die Deutsche Nationalbibliothek verzeichnet diese Publikation in der Deutschen Nationalbibliografie; detaillierte bibliografische Daten sind im Internet über http://dnb.ddb.de abrufbar.

Frankfurt am Main, Germany
www.humanities-online.de
info@humanities-online.de

Erste Auflage 2017
ISBN 978-3-941743-71-7

Umschlaggestaltung: Uwe Adam, www.adam-grafik.de
Printed in Germany

Dieses Buch ist auch als E-Book erhältlich:
www.humanities-online.de

Inhalt

Vorwort

Der vorliegende Band stellt einen Versuch dar, die paradigmatische Bedeutung von Adornos Beitrag zur Musiksoziologie zu würdigen. Diese Würdigung sieht sich vor dem Problem, zwei gegenläufige Perspektiven miteinander zu vereinen. (I) Auf der einen Seite beruht Adornos Musiksoziologie auf einer methodologischen Voraussetzung, die uneingelöste Zukunftsmusik darstellt, ja meistens noch nicht mal zum Gegenstand einer sinnvollen Auseinandersetzung gemacht wurde: die Behandlung von Musik als *fait social sui generis*. Diese Voraussetzung ist ebenso unabweisbar wie grundstürzend. Selbstverständlich hat Musiksoziologie, wie jede andere Theorie auch, ihren Gegenstand in seiner Spezifizität zu erfassen und nicht nur als Bestandteil von Verhältnissen, die von außen auf ihn einwirken. So wie die Familiensoziologie wissen muss, was die Familie als Gebilde sui generis ausmacht, muss die Musiksoziologie einen musikalischen Gegenstand als solchen vor Augen haben, um ihn als Form sozialer Realität bestimmen zu können. Es dürfte schwer sein, dieses Mindestkriterium anzufechten bei gleichzeitiger Inanspruchnahme von methodischer Sachhaltigkeit. Der Grund dafür, warum dies dennoch notorisch praktiziert wird, liegt in den auf doppelte Weise disziplinsprengenden Konsequenzen des genannten Schlüsselkriteriums. Anders als beim Gegenstand Familie bedarf es bei der Musik eines expertisierten Zugangs zur Sache. Damit kann hier die Differenz zwischen den Fächern Soziologie und Musikwissenschaft nicht mehr aufrechterhalten bleiben. Das allein verringert die Menge des geeigneten Personals für diese Aufgabe erheblich.

Auch wenn immer wieder große Soziologen, darunter Erving Goffman und Anselm Strauss, die Beschäftigung mit Musik als wichtige Quelle für die Stimulation ihres Forschersensoriums gewürdigt haben, zeigten sie dabei doch Skrupel, diese Quelle methodisch verantwortlich zum Gegenstand zu machen. Sie fühlten sich dafür nicht kompetent genug. Leider ist Max Weber, der auf diesem Felde Großes vorhatte und dessen Genius sich auch hier das nötige Rüstzeug verfügbar gemacht hätte, zu früh gestorben, um es auch nur ansatzweise zu realisieren. Und so wird der musiksoziologische Diskurs beherrscht von der Strategie, *ohne* innere Bestimmung von Musik als Gegenstand auszukommen, da diese als geisteswissenschaftliche oder gar ästhetiktheoretische Aufgabe nicht Sache der empirischen Soziologie sei. Dabei verbünden sich zwei reduktionistische Sichtweisen. Zum einen werden nur Gegenstände zugelassen, die standardisierten Methoden zugänglich sind, also keine Gebilde mit individueller Bildungsgeschichte usw. Anders ausgedrückt: Anstatt das Methodenrepertoire der Soziologie innovativ am Gegenstand Musik auszuprobieren, um so die Erklärungsreichweite des Faches zu vergrößern, dreht der musiksoziologische Reduktionismus den Spieß um und macht die standardisierte Instrumentalisierbarkeit von Gegenständen zum methodischen Leitkriterium. Zum anderen wird durch die Ausblendung der Eigenqualität musikalischer Gebilde das Feld durch das Unterlaufen der Unterscheidung zwischen Kunst und Nichtkunst unter dem Deckmantel der Werturteilsfreiheit entscheidend verflacht. Da der *Gegenstand selbst* diese Unterscheidung verlangt, bedeutet ihre Missachtung keine Vermeidung normativer Voreinstellungen, sondern ein Differenzierungsdefizit. Auch wenn es elementare Merkmale von Musik gibt, die unterhalb der Unterscheidung von Kunst und Nichtkunst liegen, gehört es doch zur Sache selbst, wenn diese Merkmale je spezifisch zum Tragen kommen. Man kann also sagen, dass sich im musiksoziologischen Reduktionismus Positivismus und methodisches Banausentum engstens miteinander verbinden. Es kommt noch entscheidend hinzu: Sprengend ist das musiksoziologische Modell von Adorno mit seiner Aufhebung der Grenzen von soziologischer und musikwissenschaftlicher Analyse nicht nur innerhalb der Soziologie, sondern auch innerhalb der Musikwissenschaft. Um ein musikalisches Gebilde als ästhetisches *fait social sui generis* zu interpretieren, müssen die musikwissenschaftlichen Methoden nicht weniger reformiert werden als die soziologischen. Zur geforderten musikologischen Expertisierung des Soziologen gehört also nicht bloß die Übernahme gegebener musikanalytischer Methoden, sondern die Reform der Musikwissenschaft.

Allein die Standhaftigkeit, mit der Adorno immer wieder die methodische Respektierung der Eigenart von Musik als soziales Gebilde *sui generis* in den Mittelpunkt gerückt hat, mitsamt den dazu gehörigen positivismuskritischen Argumenten, macht ihn zum Rufer in der musiksoziologischen Wüste. Dass aber – und nun kommen wir zur gegenläufigen Perspektive (II), die seine Würdigung *auch* verlangt – das von ihm geltend gemachte Paradigma so wenig Früchte getragen hat, liegt *auch* an der Art und Weise, in der es von ihm selbst exemplifiziert wurde. Es fehlt nicht nur an exemplarischen Untersuchungen aus seiner Feder, seine eigene Soziologie enthält in Gestalt eines gesellschaftstheoretischen Reduktionismus eine immanente Schallmauer für die konsequente Entwicklung seines Ansatzes. Man muss also sagen, dass dieser nur in Gestalt eines *Programmes* vorliegt, das nach einer Interpretation aus Perspektiven verlangt, die Adorno selbst entweder nicht zur Kenntnis genommen hat oder nehmen konnte, da sie zu neu sind.

In dem vorliegenden Band geht es zunächst (1. Kapitel) um die systematische Darstellung des besagten Ineinanders von theoretischer Zukunftsmusik und Orthodoxie, in einem zweiten Schritt um die Darstellung möglicher aussichtsreicher Interpretationsperspektiven. Im Falle der Diskussion von Bourdieus Kultursoziologie (2. Kapitel) soll am Beispiel der wohl derzeit bedeutendsten Gesellschaftstheorie überprüft werden, ob es sich denn überhaupt um eine sinnvolle Perspektive handelt. Der sprengende Charakter von Adornos Musiksoziologie wird daran besonders deutlich. Die beiden Kapitel in dem Abschnitt über konstitutionstheoretische Voraussetzungen des Feldes konzentrieren sich auf zwei Schlüsseldimension von Musik: Form und Ausdruck. Im ersten Fall (3. Kapitel) werden Theorien des Sprechhandelns, die von allgemeiner Bedeutung sind für eine Grundlagenbestimmung der symbolischen Formen der sozialen Welt, für Überlegungen über die soziale Qualität der Formdimension von Musik genutzt. Es soll damit auch gezeigt werden, dass es ohne *linguistic turn* nicht möglich ist, über musikalische Form als *fait social sui generis* zu reden. Im zweiten Fall (4. Kapitel) sollen pragmatistisch interpretierte Emotionstheorien und psychoanalytische Theorien von Primärerfahrungen zeigen, dass das Labeln von Musik als »Sprache von Emotionen« wenig Sinn hat und stattdessen die Bestimmung des Verhältnisses von Musik und Emotion eine allgemeine Ausdruckstheorie voraussetzt, die nicht ohne ästhetischen Autonomiebegriff formuliert werden kann.

In den Abschnitten III (5. und 6. Kapitel) und IV (7. und 8. Kapitel) soll in Gestalt kleiner Fallstudien die Bearbeitung musiksoziologischer Themen in vier zentralen Feldern der Soziologie gezeigt werden. Stets geht es dabei um einen soziologischen Begriff künstlerischer Autonomie beziehungsweise um die sozialen Konstitutionsbedingungen des autonomen Künstlers. Dreht sich Abschnitt III in der Fokussierung auf die Kategorien des Deutungsmusters und des biographischen Bildungsprozesses um die Soziologie des Subjekts, so macht Abschnitt IV einen Schwenk auf die Makrodimensionen Gesellschaft und Geschichte – wobei die beiden Kapitel in dem Abschnitt, obgleich in sich geschlossen, inhaltlich zusammenhängen. Beide behandeln sie das Problem, welche Rolle die Verbürgerlichung der Gesellschaft für die Autonomisierung der Kunst spielt.

Im Schlussabschnitt V schließt sich der Kreis mit der Hinwendung zum Feld der soziologischen Zeitdiagnose. Darin wird am Ende (10. Kapitel) Adornos Modell von Kulturindustrie einer neuen Betrachtung unterzogen. Zum einen geht es darum zu zeigen, dass dieses Modell aus der Perspektive einer gelingenden Massenkultur argumentiert und nicht aus der der Kunstästhetik. Zum anderen sollen Hinweise auf eine Vorwegnahme zentraler Motive der zeitgenössischen Dispositiv-Theorie geltend gemacht werden. Es wäre einer eigenen Studie wert, dem genauer nachzugehen. Dieser Linie ist auch der Titel des Abschnittes geschuldet: »Das Dispositiv der gesellschaftlichen Delegitimation von Musik als Kunstform«, der natürlich weit über den Rahmen der beiden darunter befassten Kapitel hinausweist. Der Autor möchte damit aber signalisieren, dass man es hier mit einem bislang kaum bearbeiteten Schlüsselsyndrom der gegenwärtigen Gesellschaft zu tun hat, das im Kern in der (immer auch ästhetisch) gelebten Instrumentalisierung von Ausdrucksprozessen besteht – eine Formation, die Nietzsche in der Figur des »alexandrinischen Heiterkeitsmenschen« prophetisch vorweggenommen hat. Warum dabei vor allem die Musik im Schussfeld steht und auf welche Arten und Weisen, ist eine Frage, deren Behandlung einer späteren Studie vorbehalten sein soll.[1] Das 9. Kapitel kann als Rezension eines Handbuchs zum gegenwärtigen Musikleben immerhin ein paar vorläufige Stichworte zu dem Syndrom liefern.

Der Band dient auch dem Zweck, verstreut publizierte Aufsätze des Autors in einer thematischen Bündelung zu versammeln. Dabei sind nur zwei von ihnen, die beiden Beiträge aus Musik und Ästhetik (Kapitel 4 und 9) unverändert übernommen worden. Die anderen bereits publizierten Aufsätze sind mehr oder weniger stark überarbeitet oder ergänzt worden. Bei den Kapiteln 2, 5 und 10 handelt es sich um unpublizierte, überarbeitete Vorträge.

1 Über die Gestalt dieses Syndroms im Neue-Musik-Betrieb siehe Ferdinand Zehentreiter, Neuer Weg oder Spielwiese? Skizze zu einer kritischen Theorie des musikalischen Konzeptualismus, in: Dániel Péter Biró, Kai Johannes Polzhofer (eds./Hg.), Perspectives for Contemporary Music in the 21st Century, Hofheim 2016, S. 1-36.

I. Adorno-Perspektiven

1. Nach Adorno: après et selon

Adornos Musiksoziologie zwischen Zukunftsprogramm und Dogmatik[1]

Ein neues musiksoziologisches Programm

Im Abschnitt »Zur Methode« aus seiner »Philosophie der neuen Musik« formuliert Adorno die Grundmaxime einer neuen Musiksoziologie: »Gefordert ist vielmehr, die Kraft des allgemeinen Begriffs in die Selbstentfaltung des konkreten Gegenstandes zu transformieren und dessen gesellschaftliches Rätselbild mit den Kräften seiner eigenen Individuation aufzulösen. Dabei wird nicht auf gesellschaftliche Rechtfertigung abgezielt, sondern auf gesellschaftliche Theorie vermöge der Explikation von ästhetischem Recht und Unrecht im Herzen der Gegenstände. Der Begriff muß in die Monade sich versenken, bis das gesellschaftliche Wesen ihrer eigenen Dynamik hervortritt, nicht als Spezialfall des Makrokosmos sie klassifizieren oder nach Husserls Ausdruck ›von oben her‹ sie erledigen.«[2] In Adornos Forderung sind zwei unterschiedliche Perspektiven miteinander verschränkt. 1) Sie enthält die mikrologische Perspektive der immanenten Erkenntnis allgemeiner Zusammenhänge in den je konkreten Gegenständen selbst. Man kann auch von dem Prinzip der *Repräsentation* des Allgemeinen im Besonderen sprechen, im Gegensatz zum austauschbaren *Exempel* einer Klasse. Im Fall der Repräsentation existiert das Allgemeine nur in der unendlichen Menge seiner je individuellen Ausprägungen. In jeder von ihnen zeigt das Allgemeine sich auf eine nur dort vorfindbaren Weise, also in einer unvertauschbaren Konstellation von Qualitäten. Die *Repräsentation* besitzt damit die *Souveränität* einer autonomen, nicht ersetzbaren Entfaltungsweise des Allgemeinen bzw. eines allgemeinen Typus. Dem entspricht der kreative oder generative Charakter des Allgemeinen in dieser Blickweise. Man kann von einem *generativen* Modell des Allgemeinen im Gegensatz zu einem *klassifikatorischen* Modell sprechen. Stellt das

1 Das Kapitel berührt sich stellenweise mit dem Aufsatz Gesellschaft im Werk? Ein Grundlagenproblem Adornos – dargestellt an einer Soziologie des Konzerts, in: Richard Klein (Hg.), Gesellschaft im Werk: Musikphilosophie nach Adorno, Freiburg 2015, S. 77-99.

2 Theodor W. Adorno, Philosophie der neuen Musik, Frankfurt am Main 1975, S. 33.

generative Allgemeine ein unabschließbares work in progress, die Idee eines offenen Erzeugungsprozesses dar, so besitzt die Klasse eine statische Eindeutigkeit, die sich in ihren Exempeln nur *reproduziert* – statt darin je neu und individuell geboren zu werden, sich also *transformiert.* Es ist wichtig, sich diese Modellbildung, die sich ebenso im Transformationsbegriff des Strukturalismus bei Lévi-Strauss und Piaget wie in den verschiedenen Theorien der generativen Regeln findet, bereits an dieser Stelle vor Augen zu führen, um Adornos Programm in seiner allgemeinen methodologischen Relevanz würdigen zu können. Adorno selbst kann an dieser Stelle nur den philosophischen Blick auf Hegel liefern, der nicht nur forschungslogisch unbefriedigend ist, sondern überdies philosophisch belastet durch den Idealismusvorwurf. Der Verweis kann sich vor allem auch nicht sehen lassen in den methodischen Diskursen der empirischen Musiksoziologie.

Verfolgen wir nun aber Adornos neue musiksoziologische Vorstellungen, wie sie zuerst in der Philosophie der neuen Musik exponiert wurden, immanent weiter. Die zuerst genannte mikrologische Perspektive verbindet sich hier 2) mit einer paradigmentheoretischen Bestimmung. Das Postulat der inneren Dechiffrierung allgemeiner gesellschaftlicher Zusammenhänge im Kunstwerk selbst ist unvereinbar mit der Trennung von Geistes- und Sozialwissenschaften. Dabei bekommt auch der Begriff der philosophischen Analyse eine neue Bedeutung. »Eine philosophische Analyse der Extreme neuer Musik, welche ihrer historischen Situation so gut wie ihrem Chemismus Rechnung trägt, scheidet sich der Intention nach von soziologischer Zurechnung ebenso gründlich wie von der frei von außen, aus vorgeordneten philosophischen Zusammenhängen herangebrachten Ästhetik.«[3] Dafür macht Adorno eine Methode der immanenten *Deutung* geltend, die die technischen Zusammenhänge eines musikalischen Gegenstandes in ihrem werkspezifischen Zusammenhang – sogar über das im Werk selbst Greifbare hinaus – bestimmt. »Technische Analyse ist allerorten vorausgesetzt und oft dargelegt, bedarf aber des Zusatzes der Deutung im Kleinsten, wenn sie über die geisteswissenschaftliche Bestandsaufnahme hinausgehen, das Verhältnis der Sache zur Wahrheit ausdrücken soll. [...] Philosophisch ist die Idee der Werke und ihres Zusammenhanges zu konstruieren, wäre es auch selbst zuweilen über das vom Kunstwerk Verwirklichte hinaus. [...] Das Verfahren ist immanent: die Stimmigkeit des Phäno-

3 Adorno, Philosophie, S. 33.

mens, in einem nur an diesem selbst zu entwickelnden Sinn, wird zur Bürgschaft seiner Wahrheit und zum Gärstoff seiner Unwahrheit.«[4]

Adorno hat das Prinzip der mikrologischen Entzifferung sozialer Gehalte in der konkreten Individualität der musikalischen Gebilde in seinen späteren Schriften an zwei Stellen exemplarisch reformuliert, in dem Essay »Ideen zur Musiksoziologie« (1958) und in dem Kapitel »Vermittlung« aus seiner »Einleitung in die Musiksoziologie« (1960/61). In den »Ideen« unternimmt Adorno auch den Schritt aus der innerphilosophischen Perspektive in die Interdisziplinarität. Die Rede ist nun von der Synthese von Musiksoziologie und Musikwissenschaft. »Zugleich ist sie [die Musik] gesellschaftlich in sich selbst. Gesellschaft hat sich in ihrem Sinn und dessen Kategorien sedimentiert, und ihn muß Musiksoziologie entziffern. Sie ist damit verwiesen auf das eigentliche Verständnis von Musik bis in die kleinsten technischen Zellen hinein. Nur dann gelangt sie über die fatal äußerliche Zuordnung geistiger Gebilde und gesellschaftlicher Verhältnis hinaus, wenn sie in der autonomem Gestalt der Gebilde, also ihres ästhetischen Gehalts, eines Gesellschaftlichen innewird. Was an soziologischen Begriffen an die Musik herangetragen wird, ohne in musikalischen Begründungszusammenhängen sich auszuweisen, bleibt unverbindlich.«[5] Damit ist nun nicht bloß gesagt, dass der Musiksoziologe sich musikanalytisch expertisieren muss, um sinnvoll über seinen Gegenstand sprechen zu können, sondern, dass er dafür auch die geeigneten musikanalytischen Methoden erst selbst herzustellen hat. »Bedingung einer produktiven Musiksoziologie ist Verstehen der Sprache von Musik, weit über das hinaus, worüber der bloß soziologische Kategorien auf Musik Anwendende verfügt, auch über das, was die offizielle und erstarrte musikalische Bildung der Konservatorien oder die akademische Musikwissenschaft kommuniziert. Die Zukunft der Musiksoziologie wird wesentlich von der Verfeinerung und Reflexion der musikalisch-analytischen Methoden selber und ihrer Beziehung auf den geistigen Gehalt abhängen, der nur vermöge technischer Kategorien in der Kunst sich verwirklicht.«[6]

Im Vermittlungskapitel der »Einleitung in die Musiksoziologie« sind Adornos mikroanalytische Forderungen vollends auf einen neuen Begriff erfahrungswissenschaftlicher Methodik gerichtet, vor allem in einer kritischen Auseinandersetzung mit dem empiristischen Main-

4 Adorno, Philosophie, S. 32 f.

5 Theodor W. Adorno, Ideen zu Musiksoziologie, in: ders., Klangfiguren. Musikalischen Schriften I–III. Gesammelte Schriften 16, Frankfurt am Main 2003, S. 10.

6 Adorno, Ideen, S. 12.

stream in der Musiksoziologie. Dabei steht nun die genannte Entgegensetzung zwischen der mikroanalytischen und der klassifikatorischen Generalisierung im Mittelpunkt. Letztere reduziert die Phänomene auf austauschbare Träger fixer Merkmale, die in einer definierten Beziehung zueinander stehen. Mit aufsteigender Generalisierung wird die Formulierung allgemeiner Modelle hier immer unspezifischer bzw. banaler. Im Gegensatz dazu gewinnt der Generalisierungsprozess auf der Basis mikrologischer Einzelfallbestimmungen immer mehr an empirischer Tiefenschärfe. An die Stelle eines statischen obersten Rasters tritt hier das Transformationsmodell, das bis in die Tiefen der jeweils erfassten Phänomene in ihrer irreduziblen Individualität hineinreicht. »Der soziologische Wissenschaftsbetrieb hilft sich über die Schwierigkeiten, wie über viele, durch geschäftsmäßige Klassifizierung: Soziologie habe es mit der sozialen Wirkung von Musik zu tun nicht mit dieser selbst; mit ihr hätten sich Musiktheorie, Geistesgeschichte, Ästhetik zu beschäftigen. [...] Unterdessen hat sich herumgesprochen, wohin die wissenschaftliche Arbeitsteilung in getrennten Schächtelchen führt: zur Verwechslung des methodisch Veranstalteten mit der Sache selbst, zur Verdinglichung. [...] Vielleicht ist es ein wissenschaftstheoretisches Ergebnis der musiksoziologischen Reflexionen, die ich angestellt habe, daß dies Verfahren, das sich für wissenschaftlich gesichert hält, den eigenen Gegenstand versäumt. Ästhetische und soziologische Fragen der Musik sind unauflöslich, konstitutiv miteinander verflochten.«[7]

Die disziplinsprengenden Implikationen von Adornos Programm sollten nicht zu dem Missverständnis verleiten, man hätte es hier bloß mit esoterischen Forderungen eines inkommensurablen Außenseiters zu tun. Adornos Perspektive basiert vielmehr auf konstitutionstheoretisch elementaren, daher unhintergehbaren Überlegungen. Soll Musik als Gegenstand der Soziologie gelten, muss er, wie jeder andere ihrer Gegenstände auch, von ihr in seiner inneren Struktur erfasst werden können, als fait social sui generis, wie Adorno zu sagen pflegte. Damit hat die soziologische Analyse sich den Kriterien eines expertisierten Zugangs zum Gegenstand zu stellen, und sie muss sich so auch auf die Dimension des Werkzusammenhanges einlassen. Bleibt dieser ein blinder Fleck, hängen alle anderen Momente in der Luft. Man kann nichts Erhebliches über musikalische Rezeption als Modus der Verarbeitung eines musikalischen Gegenstandes sagen, solange ihr Gegenstand nicht erfasst ist, an dem sie sich zeigt. Ohne diese Dimension reduziert Musik

7 Theodor W. Adorno, Vermittlung, in: ders., Einleitung in die Musiksoziologie, Frankfurt am Main 1975, S. 233.

sich auf einen äußeren Stimulus ohne empirische Signifikanz. Das gilt analog für die Produktion und Aufführung von Musik und ist unabhängig von der Unterscheidung zwischen Kunst und Nichtkunst. Anders ausgedrückt: Auch die soziologische Bestimmung von Rezeption und institutioneller Behandlung von Musik kann diese nur erfassen als qualifizierte Modi der Interpretation eines auf spezifische Weise handlungsrelevanten Objektes. »Die gesellschaftliche Distribution und Rezeption von Musik ist bloßes Epiphänomen; das Wesen ist die objektive gesellschaftliche Konstitution der Musik in sich.«[8] Daher schlägt der Vorwurf gegenüber Adorno, er würde Musiksoziologie auf Werkanalyse reduzieren, auf den Opponenten zurück. Erstens gilt der Umkehrschluss, die Forderung nach einer musiksoziologischen Form der Werkanalyse würde Musiksoziologie mit Werkanalyse gleichsetzen, per se nicht, und wurde von Adorno auch nirgends gezogen. Zweitens kann man erst auf der Basis immanenter musikalischer Analyse Einsichten gewinnen über die Produktion und Rezeption musikalischer Gegenstände. Adorno wollte seine Musiksoziologie stets in diesem umfassenden Sinne verstanden wissen. So betont er in den »Ideen zur Musiksoziologie« das »gedoppelte Verhältnis« der Disziplin zur Sache, »von innen und von außen. Was der Musik an sich als ihr gesellschaftlicher Sinn innewohnt und welche Stellung und Funktion in der Gesellschaft sie einnimmt, ist nicht identisch.«[9] Und in seinen »Thesen zur Kunstsoziologie« schreibt er lapidar: »Das kunstsoziologische Ideal wäre, objektive Analysen – das heißt, solche der Werke –, Analysen der strukturellen und spezifischen Wirkungsmechanismen und solcher der registrierbaren subjektiven Befunde aufeinander abzustimmen. Sie müssten sich wechselseitig erhellen.«[10] Und so führt Adornos Programm einer philosophischen Analyse gesellschaftlicher Zusammenhänge im konkreten musikalischen Werk schließlich zur Forderung einer Neubestimmung des Begriffes wissenschaftlicher Erfahrung. »Ich fühle mich durchaus mißverstanden, wenn meine musiksoziologischen Publikationen seit der Rückkehr aus der Emigration als der empirischen Sozialforschung entgegengesetzt betrachtet werden.«[11] Die Wurzeln für diese Perspektive liegen im Exil selbst. »Erst in Amerika habe ich wahrhaft das Gewicht dessen erfahren, was Empirie heißt, sosehr im übrigen auch von früh auf das Bewußtsein mich leitete, daß fruchtbare theoretische Erkenntnis

8 Adorno, Vermittlung, S. 234.

9 Adorno, Ideen, S. 10.

10 Theodor W. Adorno, Thesen zur Kunstsoziologie, in: ders.: Ohne Leitbild. Parva Aesthetica, Frankfurt am Main, S. 96.

11 Adorno, Thesen, S. 95.

anders als in engster Fühlung mit ihren Materialen nicht möglich ist. Umgekehrt habe ich in Gestalt des in wissenschaftliche Praxis umgesetzten Empirismus in Amerika einsehen müssen, daß die volle unreglementierte Breite der Erfahrung durch die empiristischen Spielregeln beengter ist, als es im Begriff der Erfahrung selbst liegt. Nicht die falscheste Bezeichnung dessen, was mir nach all dem vorschwebt, wäre eine Art Restitution von Erfahrung gegen ihre empiristische Zurichtung.«[12]

Probleme in Adornos eigenen kategorialen Voraussetzungen

Aber auch wenn die Radikalität von Adornos Programm letztlich nur auf elementarer methodologischer Konsequenz beruht, hinter die nicht zurückgegangen werden kann, sobald man Musik als eigenen Gegenstand der Musiksoziologie versteht, wird man über Adornos Ausführungen nicht wirklich glücklich. Erstens enthält bereits sein Programm kategoriale Widersprüche, die seine Realisierung blockieren, zweitens ist Adorno die Reform des soziologischen Erfahrungs- bzw. Methodenbegriffs schuldig geblieben, und drittens hat er seinen Versuch der Reform musikalischer Analyse im Sinne einer musikalischen Physiognomik nicht in sein musiksoziologisches Programm übersetzt. Adorno ist zwar der Forderung, für dieses Programm über die eingespielten Methoden der Musikwissenschaft hinauszugehen, nachgekommen[13], aber er verblieb dabei immanent musikologisch. Das liegt auch daran, dass er sich selbst nicht von soziologischer Seite aus entgegenkommen konnte. Begründet ist diese Schwierigkeit in einer für seine Theorie tragenden soziologistischen Reduktion – man kann von einer Komplementarität zwischen gesellschaftstheoretischem Determinismus und Psychologismus sprechen.

Wir haben gesehen, dass Adorno bei seiner Charakterisierung von Musik als fait social sui generis stets die *Gesellschaft* als die tragende Kategorie strapaziert. Es ginge um den inneren gesellschaftlichen Sinn der musikalischen Phänomene. Dabei ergibt sich aufgrund der notorischen Mehrdeutigkeit des Gesellschaftsbegriffs ein schwerwiegendes systematisches Problem. Obgleich diese Unklarheit schon früh bemerkt wurde, konnte das die terminologische Karriere dieses Begriffs nicht

12 Theodor W. Adorno, Wissenschaftliche Erfahrungen in Amerika, in: ders., Stichworte. Kritische Modelle 2, Frankfurt am Main 1969, S. 148.

13 In seinem Buch: Mahler. Eine musikalische Physiognomik, Frankfurt am Main 1960.

verhindern. Ernst Troeltsch machte bereits 1919 seinem Ärger darüber Luft: »Von der Gesellschaft als dem Inbegriff aller großen, kleinen und kleinsten soziologischen Kreise und ihrer gegenseitigen Verschlingungen und Beeinflussungen kann man als von etwas Übersehbarem und wissenschaftlich Brauchbarem überhaupt nicht reden; sie ist in der Unendlichkeit ihrer Bildung und der für jede Betrachtungsweise beliebig vornehmbaren Verknüpfung der Phänomene etwas überhaupt Unausdenkbares, ein Abstraktum, wie Kultur und Geschichte überhaupt, von denen auch nur die Dilettanten im Ganzen reden.«[14] Das Problem, das hier von Troeltsch angesprochen wird, besteht in der Doppeldeutigkeit des Gesellschaftsbegriffs. Auf der einen Seite steht er in genauer Bedeutung als Gegenpol zur Gemeinschaft, auf der anderen Seite wird er auch gerne gebraucht als Bezeichnung für das Soziale schlechthin, etwa im Sinne von René Königs Unterscheidung zwischen »Gesellschaft überhaupt« qua »sozietärer Zusammenhang« im Allgemeinen und »Gesellschaft im engeren Sinne«. In Anlehnung an die neuere kategoriale Unterscheidung zwischen »normativem« und »interpretativem Paradigma« kann man auch die elementare Unterscheidung zwischen Sozialformen, für die die Individualität der Aktoren konstitutiv ist, und solchen, für die ihre Austauschbarkeit konstitutiv ist, treffen. Im ersten Fall sind die Aktoren als ganze Personen gefordert, die die sozialen Situationen, in denen sie positioniert sind, als je neuen Spielraum von Möglichkeiten zu interpretieren haben, im zweiten Fall sind die Aktorenorientierungen determiniert durch vorgegebene normative Raster. Adorno setzt auf folgenreiche Weise die beiden genannten Bedeutungen von Gesellschaft gleich. Sie steht bei ihm gleichzeitig für die Welt der determinierenden institutionellen Raster und für das Soziale schlechthin. Das führt zu einem unhaltbaren totalen Determinismus. Es gäbe »kein soziales Faktum, das nicht durch Gesellschaft determiniert wäre«,[15] und daraus resultiert die Diagnose eines lückenlosen Repressionszusammenhanges, der bis in die »innersten Verhaltensweisen«[16] der Menschen hineinreiche. Aber es macht keinen Sinn, von der »Bildung« von Subjekten zu sprechen, die sich bis ins Innerste determiniert sind, es gibt dann nämlich kein »Inneres« als Objekt der Repression. Auch kann es in einem Zustand der totalen Determination keine Diagnose

14 Ernst Troeltsch, Die Soziallehren der christlichen Kirchen und Gruppen. Gesammelte Schriften, Bd. 1, Tübingen 1919, S. 8.

15 Theodor W. Adorno, Gesellschaft, in: ders.: Soziologische Schriften I. Gesammelte Schriften 8, Frankfurt am Main 1972, S. 10.

16 Adorno, Gesellschaft, S. 18.

dieses Zustandes geben, Habermas hat recht, wenn er hier einen Selbstwiderspruch kritisiert.

Um aus dieser theoretischen Zwangslage, aus der auch keine Dialektik zu retten vermag, zu kommen, bleibt Adorno wie allen anderen Spielarten des soziologischen Determinismus nur die Hintertür der Psychologisierung des Aktorenbegriffs. Hier wird sie repräsentiert durch die nicht zufällig inflatorisch gebrauchte Metapher der »Lebendigkeit«: »Es bedürfte der lebendigen Menschen, um die verhärteten Zustände zu verändern, aber diese haben sich so tief in die lebendigen Menschen hinein, auf Kosten ihres Lebens und ihrer Individuation, fortgesetzt, daß sie jener Spontaneität kaum mehr fähig scheinen, von der alles abhinge.«[17] Und in der »Theorie der Halbbildung« heisst es: »Im Klima der Halbbildung überdauern die warenhaft verdinglichten Sachverhalte von Bildung auf Kosten ihres Wahrheitsgehalts und ihrer lebendigen Beziehung zu lebendigen Subjekten.«[18] Nicht, dass Adornos Begriff der »lebendigen Erfahrung« sich nicht übersetzen ließe in einen soziologischen Erfahrungsbegriff, zumal im Lichte der erfahrungstheoretischen Ausführungen seiner späten philosophischen Schriften, aber: Voraussetzung dafür ist eben die Verabschiedung von dem Monopol des Gesellschaftsbegriffs. Es gibt keine institutionell determinierte Form der Abduktion. Noch deutlicher wird Adornos Psychologisierung des Aktorenbegriffs, wenn er das Innerste des Subjekts auf fast naturalistische Weise triebpsychologisch bestimmt, dabei ergibt sich eine Kombination von Soziologismus und Psychologismus. Die Unterdrückung der Natur »setzt sich fort als eine über den menschlichen Trieb, schließlich über den Lebensprozess der Gesellschaft insgesamt. Zum Preis dafür aber triumphiert Natur gerade vermöge ihrer Bändigung stets wieder über den Bändiger.«[19] Auch hier kehrt die Kategorie der »Lebendigkeit« als soziologisch nicht weiter ausgewiesene Dimension unterhalb der Zwangsmechanismen von Gesellschaft wieder, jetzt als kollektive Triebausstattung. An solchen Stellen wie der eben zitierten hat man es nur noch mit Metaphern zu tun.

17 Adorno, Gesellschaft, S. 18.

18 Theodor W. Adorno: Theorie der Halbbildung, in: ders., Soziologische Schriften I. Gesammelte Schriften 8, Frankfurt am Main 1972, S. 103.

19 Adorno, Halbbildung, S. 96.

Die musiksoziologischen Implikationen des soziologischen Reduktionismus: die unschlichtbare Gleichzeitigkeit von Autonomie und Nichtautonomie

Die besagte Problemlage hat auch, das sollte jetzt schon klar geworden sein, einschneidende Folgen für Adornos musiksoziologisches Programm. Adorno befindet sich in der Zwickmühle mit seiner Strategie, Autonomieästhetik und soziologische Erkenntnis miteinander zu vereinen. Dabei geht es natürlich im Falle von Adornos Autonomievorstellungen nicht um die zu Tode kritisierte Schimäre der »absoluten Musik«, also eine höchste Sphäre außerhalb jeder äußeren Beeinflussung, sondern um eine eigenlogische Form der Verarbeitung genuin ästhetischer Erfahrungen – soziologisch gesprochen um eine autonome Praxisform, das künstlerische Handeln. Aber gerade dieses soziologisch formulierbare Autonomiemodellmodell ist für Adornos Musiksoziologie aufgrund ihrer dogmatischen gesellschaftstheoretischen Fundierung nicht in Reichweite. Vielmehr oszilliert sie nicht stillstellbar zwischen Kunstwerkästhetik und Soziologismus. Diese Dynamik dreht sich um drei zentrale Begriffe: (a) Bedeutungsautonomie, (b) Technik und (c) Ware.

(a) Wenn Adornos »Ideen zur Musiksoziologie« den inneren gesellschaftlichen Gehalt von Werken unterscheiden von deren gesellschaftlicher Funktion, so lassen sie dabei die Differenz zwischen zwei nicht aufeinander reduzierbaren Lesarten dieses Unterschieds im Trüben. Es ist eines zu sagen, dass der Erfahrungsgehalt eines Werkes nicht seiner funktionsspezifischen gesellschaftlichen Etikettierung entspricht, und etwas anderes, der Erfahrungswert von Kunst würde gar keine spezifisch gesellschaftliche Qualität besitzen. Soweit Gesellschaft einen lückenlosen Repressionsapparat darstellt, kann nur von letzterem die Rede sein, auch wenn Adorno sich Hintertüren offen lässt und nur von einer *im wesentlichen* fehlenden *Harmonie* zwischen Kunst und Gesellschaft spricht. Aber er hat keine wirklich brauchbaren Modellvorschläge zu bieten, welcher gesellschaftliche Bedeutung die künstlerische Erfahrungsbildung »ihrer eigenen Bestimmung nach« besitzen könnte – es bleibt für sie eigentlich nur die Metapher des erlaubten Lochs im lückenlosen Zwangszusammenhang. Davon ist das Problem der Strukturbestimmung von Institutionalisierungsformen künstlerischer Praxis, wie etwa des Konzertes, unmittelbar betroffen. Adornos Beiträge zum Begriff des Musiklebens führen hier kaum weiter, etwa das exemplarische Kapitel »Funktion« aus der »Einleitung in die Musiksoziologie«. So schlagend dessen gegenwartsdiagnostische Ausführungen zum modernen Musikbetrieb auch sein mögen, leidet die Konstruktion eines kritischen Gegenentwurfs dazu an den gesellschaftstheoretisch verengten Grundlagen der Diagnose. Diese werden beherrscht von der vorsoziologischen Kehrseitigkeit zwischen einem Zustand totaler Integration und der exotischen Exterritorialität des Nichtintegrierten, ohne Perspektive auf das Dritte, die *gesellschaftlich konstitutiven* Sozialbereiche jenseits bzw. unterhalb der institutionellen Determination – die nicht einfach nur institutionellen Zwängen folgen, sondern ihre Autonomie auf spezifische Weise institutionell schützen (etwa Institutionen, die die Autonomie des Familienlebens garantieren sollen). Aber ohne diese Perspektive wird die Bestimmung der gesellschaftlichen Rolle des musikalischen Werkes, »welche ihm seinem eigenen Sinn nach zukommt«, zum blinden Fleck. In den Blick tritt dabei nur, warum es eine solche in der heutigen durchorganisierten Gesellschaft nicht besitzen kann und welche Rolle es in der Vergangenheit spielte – aber eben nicht, welche strukturelle Rolle ihr heute *im Prinzip* zukommt. Was die aktuelle Situation angeht, diagnostiziert Adorno eine Fetischisierung von Musik als Refugium der Irrationalität in einer Welt totaler Rationalität, das zu ihrer Bestandserhaltung wesentlich beiträgt. Die Musik wird dadurch unter der Hand zu einem Relikt der Vormoderne. »Die bestehende Gesellschaft vermag sich nicht blank aus ihrem eigenen Prinzip zu entfalten, sondern muss sich mit Vorkapitalistischem, Archaischem amalgamieren; verwirklichte sie ohne ihr heterogene, ›nichtkapitalistische‹ Beimischungen ihr eigenes Prinzip, so höbe sie sich auf. In einer virtuell durchfunktionalisierten, vom Tauschprinzip total durchherrschten Gesellschaft wird das Funktionslose zur Funktion zweiten Grades.«[20] In dieser Gleichsetzung von Kompensations-Funktion und Funktionslosigkeit der Musik wird die besagte Not des blinken Fleckes offenkundig, in der die soziologische Frage nach dem institutionalisierungsrelevanten inneren Pragma des musikalischen Werkes nicht mehr gestellt werden kann. Übrig bleibt dann nur die historistische Verortung musikgemäßer musikalischer Institutionen in früheren Zeiten, was aber gleichfalls keine Perspektive liefert für eine historisch übergreifende gesellschaftstheoretische Funktionsbestimmung von Kunstmusik – im Gegenteil kommt diese dabei eher in die Gefahr, zum obsoleten Standesprivileg relativiert zu werden. Dabei wackelt auch der Autonomiebegriff selbst. Denn es bleibt nur die Möglichkeit, die Musik entweder als archaisches Relikt ausserhalb der modernen Rationalität zu verstehen oder als Phänomen

20 Theodor W. Adorno, Funktion, in: ders: Einleitung in die Musiksoziologie, Frankfurt am Main 1975, S. 57.

der Moderne, das seine Autonomie dieser Rationalität verdankt. Autonomie und Verdinglichung sind nicht mehr unterscheidbar, wenn das Werk sich als planerische Integration von archaisch-sensuellen Momenten bildet, die solchem Zwang sich nur widerstrebend fügen, »weil die ästhetische Integration ihrer buchstäblich sensuellen, vorkünstlerischen Elemente von je prekär war; weil diese Elemente die ganze Geschichte hindurch darauf lauerten, der Entelechie des Gebildes zu entrinnen und sich zu desintegrieren«.[21]

(b) Mit dieser Trübung der Grenzen zwischen Werkkonstruktion und Verdinglichung verweist Adornos paradoxer gesellschaftsdeterministischer Begriff musikalischer Autonomie auf die fundamentale Rationalitätskritik in der Dialektik der Aufklärung mitsamt ihrer Gefahr der Selbstwidersprüchlichkeit »totaler Vernunftskepsis« (Habermas). Noch deutlicher zeigt diese Konsequenz sich in einer zentralen Diskrepanz zwischen den »Ideen« und ihrem musikästhetischen Seitenstück, der »Mahler-Monographie«. Bezieht diese sich auf die musikalische *Form* als Ausdrucksgestalt sui generis, so tendiert das musiksoziologische Manifest dahin, seinen Gegenstand auf einen rein *technischen* Komplex zu reduzieren. Wenn Adorno in seiner »Einleitung in die Musiksoziologie« die »Technik« als »das tertium comparationis zwischen Überbau und Unterbau«[22] bezeichne, so wird der methodische Grund für diese Reduktion deutlich: einzelne Techniken sind wesentlich einfacher aufeinander zu beziehen als soziale und musikalische Formationen. Die scheinbar leichtere Handhabbarkeit gefährdet aber das ganze Projekt, auf soziologische Weise das »eigentliche Verständnis von Musik« (Ideen, S. 10) zu leisten. Gerade mit Adorno selbst lässt sich ja die kompositorische Technik als abhängige ästhetische Dimension fassen, die sich formiert im Zuge der, wie Adorno sagt, »übertechnischen« Sprachfindung eines intuitiven Gestaltimpulses. Die werkspezifische Linie der gestaltlogischen Konstellierung kompositorischer Operationen wäre daher der eigentliche Gegenstand der Analyse. Die technischen Kategorien hingegen können als solche nur abstrakte Kodifikationen individueller Sprachmomente liefern: Auch die technisch kodifizierbare kompositorische Operation stellt nicht einfach nur einen technischen, sondern einen imaginativen Akt dar. Die musiksoziologischen Resultate aus technologischen Befunden sind entsprechend eindimensional: Relationen zwischen musikalischer Logik und außermusikalischen Determinanten reduzieren sich auf unspezifische Analogien in einer leeren

21 Adorno, Funktion, S. 56.
22 Adorno, Vermittlung, S. 254.

Welt mechanischer Verfahrensweisen. Das Werk als technischer Komplex zeigt sich am Ende einem universalhistorischen Prozess der Verdinglichung verhaftet, in dem – nach einem Wort aus der »Philosophie der neuen Musik« – auch innermusikalische »Aufklärung umschlägt in Unfreiheit«, und die gesellschaftliche Funktion des Autonomisierungsprozesses sich beschränkt auf eine Abspaltung vom Betrieb, die untergründig mit diesem kommuniziert.

Konvergenzen zwischen Adorno und Habermas: die Marktförmigkeit des autonomen kulturellen Raumes

(c) Soziologisch aufschlussreich ist Adornos Verquickung von Verdinglichung und Autonomisierung in besonderer Weise, wenn dabei der Begriff der »Warenproduktion« ins Spiel kommt, wie etwa in dem Aufsatz »Anmerkungen zum deutschen Musikleben« von 1967. Dann zeigt der gesellschaftstheoretische Determinismus von Adorno auch eine ökonomistische Seite. »Die Wendung zum galanten Stil hing, wie öfters hervorgehoben wurde, mit den Ansprüchen einer sich formierenden, bürgerlichen Publikumsschicht zusammen, die in Oper und Konzert unterhalten sein wollte. Die Komponisten wurden erstmals dem anonymen Markt konfrontiert. Ungedeckt durch Zunft oder fürstliche Protektion, mussten sie wittern, was gefragt war, anstatt nach ihnen durchsichtigen orders sich zu richten. Sie mussten sich bis ins Innerste zu Organen des Marktes machen; dadurch drangen dessen Desiderate ins Zentrum ihrer Produktion. [...] Eben diese auf Divertissement zielende Abwechslung innerhalb der einzelnen Sätze wurde zur Voraussetzung jener dynamischen Relation von Einheit und Mannigfaltigkeit, die das Gesetz des Wiener Klassizismus darstellt. Sie markiert einen immanenten Fortschritt des Komponierens.«[23] Bereits musikologisch ist diese Darstellung manipulativ, da sie die epochale Vereinseitigung hin zur kadenzharmonisch gerasterten Oberstimmenmotivik (um 1720) zum Monopol einer partikularen ständischen Kultur macht, und so die Breite und Eigenständigkeit der Ausbildung des Wiener klassischen Stils – zu dem auch eigene Divertimento-Quellen aus der Volksmusik und der italienischen Buffa gehören, die mit Marktproduktion nichts zu tun haben – in eine nicht vorhandene Ableitungslinie zwängt. Sodann verunklart sie den grundsätzlichen Unterschied zwischen einem immanen-

23 Theodor W. Adorno, Anmerkungen zum deutschen Musikleben, in: ders, Impromptus, Frankfurt am Main 1968, S. 13 f.

ten Paradigmenwechsel innerhalb der Kunstmusik und einem Einbruch in sie von außen. Des Weiteren unterschlägt sie durch ihre versatzstückhafte Inanspruchnahme des Bürgertums als historischer Fortschritts-Marionette die konstitutive Bedeutung feudalistischer Patronage für den »immanenten Fortschritt des Komponierens« innerhalb der Wiener Klassik, es fehlt also ein Begriff des Hofkünstlers, wie ihn etwa Martin Warnke so aufschlussreich dargestellt hat. Und schließlich vermischt sie, und das ist nun für die vorliegende Problemkonstruktion von besonderer strategischer Bedeutung, »Markt« und »Kommerz« – ganz abgesehen davon, dass von einer »Anonymität« des hier in den Blick gerückten frühbürgerlichen Marktes keinerlei Rede sein kann. Adornos Musiksoziologie enthält hier ein Analogon zu einer eingeschliffenen Argumentationsfigur aus der Literatursoziologie, und da diese verquickt ist mit einer öffentlichkeitssoziologischen Perspektive, lässt sich das nutzen für die Behandlung der Frage nach der gesellschaftlichen Funktion musikalischer Autonomie. Bereits im »Strukturwandel der Öffentlichkeit« von Habermas gibt es ein zentrales Konstruktionsproblem, das dem von Adornos soziologistischem Autonomiebegriff analog ist. Auf der einen Seite stellt sich bei Habermas die Autonomisierung der Literatur im englischen Roman des 18. Jahrhunderts als initialer Schritt in der Formation einer autonomen, bürgerlichen Öffentlichkeit dar – diese nennt er »räsonierend«, da sie nicht mehr der Methode der Autorität, sondern der des besseren Argumentes, also immanenten geistigen Standards jenseits von Geburtsadel und politischer Macht, folgt. Auf der anderen Seite würde die Produktion der Argumente dem neuen Literatur- und Zeitungsmarkt, als dem zentralen Forum der neuen Autonomie, gehorchen. »In dem Maße aber, in dem die philosophischen und die literarischen Werke, Kunstwerke überhaupt, für den Markt hergestellt und durch ihn vermittelt werden, ähneln sich diese Kulturgüter jener Art Informationen an [also an Informationen für rationales Verhalten]. Als Waren werden sie im Prinzip allgemein zugänglich. [...] Die Privatleute, denen das Werk als Ware zugänglich wird, profanieren es, indem sie autonom, auf dem Wege der rationalen Verständigung untereinander, seinen Sinn suchen, bereden und damit aussprechen. [...] ›Kunst‹ und ›Kultur‹ verdanken, wie Raymond Williams nachweist, überhaupt erst dem 18. Jahrhundert ihre moderne Bedeutung einer von der Reproduktion des gesellschaftlichen Lebens abgelösten Sphäre.«[24] Habermas lässt also überhaupt keinen Zweifel daran, dass er die Auto-

24 Jürgen Habermas, Strukturwandel der Öffentlichkeit, Frankfurt am Main 1990, S. 97f.

nomisierung der Kunst als Symptom der »Überführung von Kultur in Warenform«[25] betrachtet. Dabei ergibt sich ein Konstruktionsproblem, das Habermas, wie die ganze Literatursoziologie nach ihm, die diese Argumentation nachbetet, der Thematisierung einfach entzieht: Die Befolgung universalistischer geistiger Standards ist strukturell unverträglich mit Kriterien der Warenproduktion, da man nicht gleichzeitig nach immanenten Qualitätskriterien und in Abhängigkeit von standardisierten kommerziellen Erfolgsstrategien vorgehen kann, auch wenn diese rein symbolisch sein mögen. Da Habermas dies aber gleichsetzt, vermengt er, ähnlich wie Adorno, künstlerische Autonomisierung und Verdinglichung. Dem entspricht sein soziologisch untriftiger Begriff der »Privatleute«, in dem er Privatheit und Privatismus nicht auseinanderhält. Wenn Habermas vom »Publikum der Privatleute« spricht, so verwandelt sich dabei unter der Hand die Instanz der universalistisch räsonierenden Öffentlichkeit in die Sphäre privater Warenkonsumenten, die sich als solche mit ihren Geschmacksansprüchen öffentlich Geltung verschaffen möchten. Habermas unterschlägt dabei, dass auch die Kunstrezeption im Privatraum nicht nur privaten Konsumcharakter besitzt, sondern einer in sich öffentlich relevanten geistigen Universalität gehorcht. Über das Forum der »literarischen Öffentlichkeit [...] geht der Erfahrungszusammenhang der publikumsbezogenen Privatheit auch in die politische Öffentlichkeit ein. Die Vertretung der Interessen einer privatisierten Sphäre der Verkehrswirtschaft wird mit Hilfe von Ideen interpretiert, die auf dem Boden kleinfamilialer Intimität gewachsen sind.«[26] Das unterschlägt den Unterschied zwischen Ideen, die auf dem Boden einer autonomen Individualität mit ihrem Anspruch auf Privatheit gewachsen sind, und solchen, die das private Leben zum Maßstab des öffentlichen Verkehrs machen – da auch in diesem die Individualität der Beteiligten gewahrt sein soll. Kurzum wird hier Individualität mit Privatheit gleichgesetzt und das öffentliche Leben mit Anonymität ohne Raum für individuelle Gestaltung – eine extrem unsoziologische Vorstellung, wie etwa das soziologische Öffentlichkeitsmodell von Erving Goffman zeigt. »Die Selbständigkeit der Eigentümer auf dem Markte entspricht einer Selbstdarstellung der Menschen in der Familie.« Zur Autonomie des Privatraumes gehört aber immer schon ihr innerer Bezug auf einen öffentlichen Raum mit *seinen eigenen* Anforderungen an die individuelle Souveränität von Aktoren. Diese haben hat sich in den Räumen der Öffentlichkeit ebenso kompetent zu

25 Habermas, Strukturwandel, S. 98.
26 Habermas, Strukturwandel, S. 116.

bewegen wie in der Kleinfamilie, also etwa die öffentlichen Verkehrsformen zu beherrschen und sich dabei den jeweiligen Anforderungen der pluralen institutionellen Auffächerung zu stellen. Die bloße Projektion des Privaten in den öffentlichen Raum macht aus diesem eine autonomiefeindliche Sphäre distanzloser Gemeinschaftlichkeit, etwa nach dem Sektenmodell. Wenn Habermas Kultur dabei als Warenangebot für *Privatleute* im juristischen Sinne von *Privatkunden* vorstellt, so reduziert sich die neue Sphäre der kulturellen Autonomie zum Ort des bloßen privatistischen Symbolkonsums. Dabei dreht sich der Begriff der Privatheit auf eine Weise, dass er nicht mehr an die Rahmungen des privaten Lebens gebunden ist, er fällt zusammen mit den partikularen Geschmackspräferenzen von Konsumenten. Aber dennoch wird dabei ein Modell des öffentlichen Lebens als Raum der Diskussion autonomer geistiger Geltungsansprüche nicht erreicht – das für einen hinreichenden Begriff künstlerischer Autonomie unverzichtbar ist und auch von Habermas immer mit in Anspruch genommen wird. Wie Adorno unterläuft auch ihm die Gleichsetzung von Autonomisierung und warenförmiger Verdinglichung der Kunst, da er nur eine ökonomische Perspektive auf die Autonomisierung künstlerischer Praxis zu bieten hat. Auch bei Habermas stellt der Markt die Schlüsseldimension dar. Um über diese Hausproblematik der kritischen Theorie hinauszukommen, muss eine bislang noch von kaum jemandem in Betracht gezogene kategoriale Differenzierung vorgenommen werden – eine soziologische Typendifferenzierung von Märkten.[27]

Die Perspektive einer soziologischen Theorie der Professionen

Man hätte mit den bei Adorno und Habermas genannten Bestimmungen keine Konsistenzprobleme, wenn man, wie etwa Bourdieu, die Hochkultur von vorneherein nur als klassenspezifischen Prestigeraum betrachtet. Widersinnig wird die Sache allerdings dann, wenn man Kultur wie Habermas und Adorno immer auch als emanzipatives Autonomiepotential würdigt. Nun gibt es aber auch keinen Zweifel an der

27 Siehe dazu Fernand Braudel, Die Dynamik des Kapitalismus, Stuttgart 1986, Maurice Godelier, Das Rätsel der Gabe: Geld, Geschenke, heilige Objekte, München 1999, Ferdinand Zehentreiter, Gesellschaft im Werk? Ein Grundlagenproblem Adornos – dargestellt an einer Soziologie des Konzerts, in: Richard Klein (Hg.), Gesellschaft im Werk. Musikphilosophie nach Adorno, Freiburg/München 2015, S. 94 ff.

institutionellen Bedeutung des Marktes für die autonome Kunst. Wie entgeht man dabei den eben kritisierten Konsequenzen: Nur durch eine soziologische Differenzierung des Markt-Begriffes und seine systematische Verortung in einer Theorie der gesellschaftlichen Differenzierung, die gleichzeitig eine Perspektive auf die autonome Kunst als einer eigenen Handlungssphäre incl. ihrer spezifischen Berührung mit dem Markt enthält. Brauchbare Ansätze dazu liefert die soziologische Bestimmung der Logik von Professionen – wenngleich mit dem Wermutstropfen, dass die Kunst darin keine Rolle spielt. Diese klassische Disziplin der Soziologie, zu der Theoretiker wie Durkheim, Weber, Parsons, oder T.H. Marshall zentrale Beiträge geliefert haben, hat einen universalhistorisch tief verankerten zentralen Komplex der Moderne im Visier, – nämlich qualifizierte Berufe, die einerseits eine gesamtgesellschaftliche Schlüsselbedeutung besitzen, andererseits dabei aber einer autonomen Professionslogik folgen, die weder dem Markt noch dem administrativen Bereich gehorcht, auch wo sie sich mit beiden berühren mag. Die Soziologie begnügt sich also an zentraler Stelle *nicht* mit dem Blick auf Markt, Bürokratie und politische Macht.

Ein Schlüsselproblem dieses Theoriebereichs war seither, dass die zentralen Kriterien für Professionslogik kein homogenes Modell konstruierbar machen, also Fälle, die als klassische Repräsentanten dafür in Frage kommen, nicht untergebracht werden können, weil sie manche Kriterien auch nicht erfüllen. So machte es der klassische Bezugspunkt des akademisch qualifizierten Dienstleisters mit seinem Klientenbezug, sprich also der Arzt und der Rechtsanwalt, schwierig, dem Wissenschaftler *ohne* Klientenbezug gerecht zu werden, obgleich dieser den Paradefall der akademischen Qualifikation darstellt. Oder es zeigte sich, dass es inkommensurable Formen akademisch expertisierten Klientenbezuges gibt – etwa im Vergleich zwischen Arzt und Ingenieur. Schließlich, und das ist für unseren Zusammenhang ausschlaggebend, ist es noch niemandem gelungen, die autonome Kunst trotz ihrer Affinitäten zu anderen Professionen systematisch darin zu fassen. Am nächsten kommt dem noch die »revidierte Theorie professionalisierten Handelns« von Ulrich Oevermann, wobei die »Revision« auch eine kritische Stoßrichtung gegenüber den aktuellen Verflachungen der Theorie enthält. »Für die gegenwärtige Situation [ist bezeichnend], dass sie nicht einmal mehr in der Lage ist, an der Analytik der klassischen, vor allem mit den Namen Hughes, Marshall und Parsons verbundenen Version der Professionstheorie festzuhalten, sondern durchgehend Professionen mit Expertentum und Professionalisierung mit Expertisierung gleichsetzt, obwohl sich in einer entwickelten Professionalisierungstheorie zeigen lässt, dass in gewissen Fällen ›technokratische‹ Expertisierung einer Deprofessionalisierung gleichkommt. Demgegenüber wird hier versucht, die klassische Professionentheorie nicht nur wiederzubeleben, sondern ihre analytischen Defizite zu überwinden, die ich darin sehe, dass sie sich mit der Explikation der institutionellen Erscheinungsformen begnügt, aber deren innere, auf die von ihnen typischerweise zu lösenden Handlungsprobleme zurückführende handlungslogische Notwendigkeit nicht hinreichend explizit erfasst, aus der sich erst jene institutionellen Ausprägungen herleiten lassen.«[28] Auf der hier angepeilten Tiefendimension lassen sich zum einen die formativen Momente von Professionen in größerer Strukturklarheit erfassen als im Vergleich von institutionellen Merkmalen, dabei also subkutane modellspezifische Gemeinsamkeiten bei oberflächlichen Unterschieden erfassen und umgekehrt, zum anderen gesellschaftlich grundlegende Problemzonen erschließen, die hinter der institutionellen Ausprägung von Professionen stehen. Diese Tiefendimensionen liefern natürlich auch entscheidende Hinweise auf eine allgemeine Theorie der gesellschaftlichen Differenzierung. Denn die universalhistorische Ausbildung der professionsspezifischen Bearbeitung jener basalen Problembereiche stellt einen Kernbereich der gesellschaftlichen Entwicklung dar. Oevermann spricht hier von drei »Problemfoci«, wobei der dritte bereits ein historisch spätes Produkt ist: 1. »die Begründung der gesellschaftlichen Ordnung und der sie material tragende Entwurf von Gerechtigkeit« (88). 2. »Die Aufrechterhaltung und Gewährleistung von leiblicher und psychosozialer Integrität« und 3. die Kritik der diesbezüglichen Geltungsfragen. Kann man dem ersten Problemfocus das »rechtspflegerische Handeln« zuordnen, so dem 2. die methodische therapeutische Restitution beschädigter Integrität und dem 3. die eigenlogische Überprüfung von Geltungsansprüchen um ihrer selbst willen. Hier kommt Oevermann auch auf die autonome Kunst zu sprechen, allerdings nur in einer Anlehnung an das Modell erfahrungswissenschaftlicher Geltungsüberprüfung, mit der dieser dritte Professionstypus in die Welt gekommen sei. In dem Moment, in dem sich die »methodisch explizite Erkenntniskritik« als eigener Bereich etabliert hat, »differenziert sich zugleich im Okzident auf dem anderen Gebiet der sinnlichen Erkenntnis die autonome Kunst als eine universale eigenlogische Erkenntniskritik

28 Ulrich Oevermann, Theoretische Skizze einer revidierten Theorie professionalisierten Handelns, in: Arno Combe, Werner Helsper, Pädagogische Professionalität. Untersuchungen zum Typus pädagogischen Handelns, Frankfurt am Main 1996, S. 70.

heraus und wandelt sich von der funktionalen […] Affirmation zur Autonomie des unvoreingenommenen Blicks.«[29]

Schluss

Mit dem Blick auf Oevermanns Modell einer revidierten Professionalisierungstheorie haben wir bereits einen Schritt aus dem Rahmen des Adornoschen Denkens heraus getan, um eine Perspektive zu zeigen, wie ein Modell der künstlerischen Autonomie im Rahmen einer allgemeinen Theorie gesellschaftlichen Differenzierung formuliert werden kann. Mit Adorno selbst ist dies nicht möglich. Seine Musiksoziologie ist Programm geblieben: einerseits unverzichtbar, andererseits vielfach fundierungsbedürftig.

29 Oevermann, Theoretische Skizze, S. 95.

2. Pierre Bourdieu – ein Erbe Adornos?

Zum Verhältnis von Soziologie und Geisteswissenschaften[1]

Angesichts der enormen Bandbreite und Produktivität der Soziologie von Bourdieu ist zu fragen, welche Relevanz es besitzen mag, sich dieser zu nähern aus der Perspektive des gewählten Themas. Der Name Adorno fällt bei Bourdieu nur am Rande, etwa in einer Seitenbemerkung zu Adornos Heideggerkritik, die nicht philosophisch immanent genug ausgefallen sei, und schon gleich gar nicht ist der Anspruch auf eine Nachfolgeschaft zu diesem in irgendeiner Weise erhoben worden. Das hängt sicher auch damit zusammen, dass Bourdieu sich generell nicht gerne als Nachfolger einer bestimmten Tradition klassifiziert sehen wollte, und selbst im Falle der kritischen Theorie im Allgemeinen wäre ihm dies angesichts seiner Verwurzelung in einer ganzen Bandbreite klassischer soziologischer Positionen mit Sicherheit zu partikularistisch gewesen. Das wollte er lieber anderen überlassen. Die Sache sieht allerdings anders aus, wenn man sich dem Verhältnis Bourdieu-Adorno im theoretischen Strukturvergleich nähert – und dabei den Bezug zu den Geisteswissenschaften und ihrem Gegenstandsbereich in den Mittelpunkt rückt. Denn dieser spielt bei beiden Autoren eine wichtige Rolle. Bourdieu führt ihn in grundlagentheoretischem Maßstab ein bei dem Versuch der Formulierung einer »Soziologie der symbolischen Formen« mit ihrer »Habitustheorie« und ihrer Theorie der »sozialen Felder«. Die Strategie einer innersoziologischen Theoriereform ist hier unmittelbar verquickt mit dem Einbezug geisteswissenschaftlicher und kunstsoziologischer Problemstellungen. Denn die soziologische Beschäftigung mit dem Symbolbegriff gehörte von Anfang an zu Bourdieus theoretischen Strategien. Dieser begründeten sich ja mit ethnographischen Studien in strukturalistischer Tradition, zuerst in Algerien und dann auch in Bourdieus Heimat. Und zu solchen gehört auch der Einbezug der kulturellen Totalität der zu untersuchenden geringer differenzierten Gesellschaft, damit: von handlungsleitenden oder gestaltenden Symbolen und Denksystemen. Die ethnologische Neugierde nach lebensweltlicher Vielfalt und ihrer symbolhaften Repräsentation

1 Leicht modifizierter, unveröffentlichter Habilitationsvortrag am 13.2.2006, Johann-Wolfgang-Goethe-Universität, FB Gesellschaftswissenschaften.

hat Bourdieu sich bewahrt in einer Verbindung von rastlosem empirischem Sozialforscher und Flaneur. So zählte er etwa auch Flaubert und Balzac schon früh zu seinen großen Vorbildern. »Ich denke, dass auch die Bücher, die ich während meiner endlosen Sommerferien las, mir die Lust eingegeben haben, in unbekannte soziale Welten einzutauchen [...] Als junger Khâgneux von einem Paris in den Bann gezogen, das all seine literarischen Anklänge Wirklichkeit werden ließ, meinte ich mich wie Balzac fühlen zu müssen, [...] so sehr, dass ich oft im Verlauf meiner sonntäglichen Ausflüge Unbekannten folgte, um ihr Viertel, ihr Haus, ihre ganze Umgebung kennenzulernen, die ich mir zunächst vorzustellen versucht hatte. Es gab kaum je eine Zeit, ich der ich nicht zugleich mehrere Forschungen über oft ganz unterschiedliche Gegenstände durchgeführt hätte. [...] Und so konnte ich mir in Gedanken Welten zueignen, die sehr weit von meinen entfernt waren, vergangene oder gegenwärtige, wie die des Adels oder der Großbanken, der Tänzer an der Oper oder der Schauspieler am Staatstheater, der Auktionatoren oder Notare. [...] Und es gab Zeiten größter Forschungsleidenschaft, nicht zuletzt, als ich mit den Untersuchungen beschäftigt war, die dann zu *Die feinen Unterschiede* führten, [...] in denen ich Stunden damit zubrachte, Gesprächen zuzuhören, in den Cafés, beim Boule oder Fußball, in den Postämtern, aber auch bei Abendgesellschaften, Cocktailpartys oder Konzerten.«[2] Wenn man nun angesichts dieser ästhetischen Motivation des Soziologen Bourdieu bedenkt, dass Adorno die empirische Sozialforschung nie von außen, sondern immer nur in der Perspektive der inneren Reform der Erfahrungswissenschaften kritisiert hat, dass er des Weiteren nicht einmal die standardisierten Verfahren als solche abgelehnt hat, sondern nur ihren unreflektierten Gebrauch, also ohne Fundierung durch eine inspirierte und grundlagentheoretisch reflektierte Hypothesenbildung, dass schließlich auch Bourdieu sich von empiristischen Formen der quantitativen Sozialforschung – etwa in der Gestalt der Forschung von Lazarsfeld – vehement distanziert hat, so könnte man durchaus auf die Idee einer habituellen Verwandtschaft zwischen beiden Theoretikern kommen. Dieser Eindruck verstärkt sich angesichts der hohen Bedeutung des Erfahrungsbegriffs in beiden Fällen. Bei Bourdieu rückt er in den Mittelpunkt im Zuge der Weiterentwicklung seiner soziologischen Symboltheorie als Ebene der inneren Reform der Soziologie im Allgemeinen. Bereits der Ethnologe Bourdieu distanzierte sich von dem Strukturalismus à la Lévi-Strauss

2 Pierre Bourdieu, Ein soziologischer Selbstversuch, Frankfurt am Main 2002, S. 75 f.

im Sinne des Marxschen Diktums, nicht »die Sache der Logik für die Logik der Sache« auszugeben. Er fand empirisch Erklärungsdefizite des Logizismus, bzw. wie Bourdieu das auch nannte, Juridismus des Regel-Modells bei Lévi-Strauss angesichts der tatsächlichen Praxis der beteiligten Akteure. Soziologisch allgemein handelte es sich dabei um eine Kritik an einem Normativismus, der explizit kodifizierte Präferenzen als die alleinig determinierende Dimension des Handelns ansieht, während es Bourdieu auch und vor allem um darunter liegende, nicht bewusst, sondern nur intuitiv repräsentierte Erzeugungsprinzipien der Praxis ging – und zwar in Hinsicht auf die Diskrepanz zwischen den institutionellen Strukturen sowie den darin verankerten Normensystemen einerseits sowie den konkret vorfindbaren praxisleitenden Prinzipien andererseits. Letztere sind gekennzeichnet durch ein gestalterisches oder stilistisches Element: als kulturell determinierter Gebrauch von Bedeutungs- oder eben symbolhaften Elementen. Aus der nachträglichen Sicht seiner späteren Begriffslandschaft spricht Bourdieu hier von der Dimension des »Spiels«. Bei dem strukturalistischen Begriff der »Regel« wisse man eben »nie genau, ob [darunter] ein juristisches [...] Prinzip zu verstehen ist, das von den Akteuren mehr oder minder bewußt hervorgebracht und gehandhabt wird, oder eine Gesamtheit von objektiven Regelmäßigkeiten, die sich jedem aufzwingt, der in ein Spiel eintritt. [...] [darauf bezieht sich,] wer von ›Spielregel‹ spricht«[3] – die ins Offene hinein mit »Instinkt« zu gestalten ist. Lévi-Strauss wird hier mit Unterscheidungen Max Webers korrigiert.

Bourdieus Bemühung um diese subjuridische oder subnormative Dimension des Sozialen ist aus der »Anstrengung erwachsen, sich dem strukturalistischen Objektivismus zu entziehen, ohne zugleich wieder dem Subjektivismus zu verfallen.«[4] Bourdieu bezeichnete diese Strukturdimension zunächst als »Ethos«, »attitude« oder auch »conduite«. Nicht zufällig klingen auch in diesen Termini Webersche Begriffe an, etwa der der »Lebensführung«. Im Anschluss an Weber, für dessen Lektüre er extra Deutsch gelernt hatte, konnte Bourdieu sein Programm, einen dritten Weg zu finden jenseits von Objektivismus und Subjektivismus, auf eine gesellschaftstheoretische Ebene heben und sich dabei auch den dafür nötigen symbol- und erfahrungstheoretischen Elementen weiter annähern. Webers gesellschaftstheoretische Unterscheidung von »Klasse« und »Stand« lieferte Bourdieu dafür einen Schlüssel. Er las daraus, dass eine soziale Klasse niemals nur durch die »ökonomische

3 Pierre Bourdieu, Von der Regel zu den Strategien, in: ders., Rede und Antwort, Frankfurt am Main 1992, S. 81.

4 Bourdieu, Regel, S. 81.

Ordnung« bestimmt wird, in die sie eingelagert ist. »Eine Reihe ihrer Eigenschaften verdankt sie nämlich dem Umstand, dass die Individuen, die diese Klasse bilden, absichtlich, ohne es zu merken in symbolische Beziehungen zueinander treten, die die Differenzen von Stellung und Lage in logischer Systematik ausdrücken und diese Unterschiede somit in signifikante Unterscheidungsmerkmale zu verwandeln trachten. Die relative Unabhängigkeit dieses Systems von Handlungen und Signalments [...] erlaubt es, eine spezifisch kulturelle Ordnung methodologisch zu autonomisieren [...], somit zum Gegenstand einer strukturalistischen Untersuchung [zu erheben].« »Sie verdankt dieser partialen Autonomie [...] die Fähigkeit, als Universum symbolischer Beziehungen eine ihr eigentümliche Logik zu entwickeln. Es ist in der Tat bemerkenswert, dass alle Züge, die Max Weber dem Stand zuschreibt, zur symbolischen Ordnung gehören.«[5] Man kann in diesem Aufsatz, »Klassenlage und Klassenstellung« aus der »Soziologie der symbolischen Formen«, unschwer einen zentralen Ausgangspunkt der nachmaligen gesellschaftstheoretischen Konstruktion erkennen, wie sie Bourdieu in den »Feinen Unterschieden« vorgelegt hat mit ihrer Homologisierung von Klassenstruktur als »Raum von Positionen« und dem »Raum der Lebensstile«. Das ist hier deswegen von zentralem Interesse, da diese theoretische Entwicklung sich über eine immanente Auseinandersetzung mit einer exponierten geisteswissenschaftlichen Position, der des Kunsthistorikers Erwin Panofsky, vollzogen hat, sowie mit Problemen der Kunstsphäre.

Wenn die Kunstsoziologie auf diese Weise in eine anspruchsvolle Reformulierung der Gesellschaftstheorie einbezogen wird, die dann sogar eine ästhetische Theorie der Distinktion als Grundpfeiler besitzt – um besagte Homologisierung durchführen zu können –, so macht dies natürlich auch jeden kultursoziologischen Adorno-Interpreten höchst neugierig. Denn dessen Verklammerung von Kunstwerkanalyse und Gesellschaftstheorie krankt nicht zuletzt an der Unterbestimmtheit von letzterer bei ihm, zumindest aus der Perspektive der neueren Entwicklungen auf diesem Felde. Die zentralen Kategorien, die Bourdieu sich auf dem Wege der angepeilten Überwindung der falschen Dichotomie von Subjektivismus und Objektivismus in der Auseinandersetzung mit dem Gegenstandsbereich Kunst entscheidend verfügbar gemacht hat, sind die des Habitus und des Feldes sowie der Korrespondenz zwischen beiden. In dem Aufsatz »Der Habitus als Vermittlung zwischen

5 Pierre Bourdieu, Klassenstellung und Klassenlage, in: ders., Zur Soziologie der symbolischen Formen, Frankfurt am Main 1974, S. 57f. und 59.

Struktur und Praxis«[6] versucht Bourdieu einen weiteren Schritt in der immanente Erweiterung des Strukturalismus im Anschluss an eine Studie Panofskys, an der er seinerseits als »Applikation der strukturalen Methode« würdigt. Gemeint ist die Strategie, eine Strukturhomologie zwischen verschiedenen, je autonomen Symboldimensionen einer historischen Totalität zu finden, wobei der symbolische Ausdruck der Gesellschaftsstruktur mit dazu gehört. Dabei dreht es sich bei Panofsky um das Verhältnis von scholastischem Denken und gotischer Architektur. Bourdieu weiß sich mit diesem einig in der Ablehnung eines Subjektivismus, der eine kulturelle oder künstlerische Innovation »auf die bewusste Absicht des Künstlers [reduziert]: als hätte sie nichts mitzuteilen, was ihr Urheber nicht ausdrücklich hätte sagen oder sie hätte sagen lassen wollen.« Es würde sich so auch »die Bedeutung eines Werkes in der Feststellung des Einflusses«, den eine Idee auf den Autor gehabt hätte, erschöpfen. Als Träger einer kulturellen Symbolik erscheint der Künstler im strukturalen Modell vielmehr als Konversionsinstanz im Übergang von einer Strukturebene zur anderen. Die Bedeutung von Panofsky würde in der konkreten und dabei für die Kultur- und Sozialwissenschaften im Allgemeinen exemplarischen Erweiterung dieses Modells bestehen. »Während sich die strukturalistische Methode im Allgemeinen (und das ist nicht wenig) damit begnügt, Homologien aufzustellen zwischen den verschiedenen Strukturen verschiedener symbolischer Systeme einer Gesellschaft oder Epoche und den Konversionsregeln, die den Übergang von der einen zur anderen bestimmen, wobei jede von ihnen an-und-für-sich in ihrer relativen Autonomie betrachtet wird, geht es Panofsky um die Entdeckung der ›konkreten Verknüpfung‹, die die Logik und Existenz dieser Homologien erschöpfend und greifbar zu erklären vermag.«[7] Da der Unterschied zwischen den Gegenstandsbereichen von Soziologie und Geisteswissenschaften hier keine Rolle mehr spielt, in beiden Fällen handelt es sich um Symbolsysteme mit ihren Strukturen, kann Bourdieu an späterer Stelle, nach der Übertragung des Struktur-Modells in das Feld-Modell, auch davon sprechen, den Unterschied zwischen soziologischer und immanenter Werkanalyse, gleichzeitig auch von sozialwissenschaftlicher Modellkonstruktion und historischer Rekonstruktion, aufgehoben zu haben. Die verschiedenen Bereiche der Sozial- und Kulturwissenschaften im Sinne dieses Modells als »Feld zu begreifen, gibt das Mittel an die Hand, bis in die kleinsten Einzelheiten ihrer historischen Singularität vorzudringen, gleich einem

6 Bourdieu, Soziologie der symbolischen Formen, S. 125-158.

7 Bourdieu, ebd., S. 138 f.

minutiösen Historiker, und sie gleichzeitig derart zu konstruieren, dass sie [...] als ›Fall des Möglichen‹ sichtbar werden oder, einfacher, eine Konfiguration unter anderen einer Struktur von Beziehungen.« Das erlaubt die Konstruktion »formaler Invarianz in materieller Variation«, also die »Kunst, phänomenologisch unterschiedliche Dinge als in ihrer Struktur und Funktionsweise ähnliche zu begreifen, und Befunde, die an einem spezifischen, konstruierten Gegenstand, etwa dem religiösen Feld, gewonnen wurden, auf eine ganze Reihe neuer Gegenstände: das künstlerische, politische Feld usw. zu übertragen.«[8] Da natürlich auch künstlerische Artefakte als bestimmende Feldelemente einbezogen werden können, spricht Bourdieu von der Möglichkeit, »über den Gegensatz zwischen interner [also immanenter Werkanalyse] und externer Analyse hinauszugelangen, ohne irgend etwas von den Erkenntnissen und Anforderungen dieser traditionell als unvereinbar geltenden Methoden aufzugeben.«[9]

Die Nähe zu Adornos Modell der Kunstsoziologie in diesen Formulierungen könnte nicht größer erscheinen, damit auch die Möglichkeit einer Perspektive, auf erweiterter theoretischer Ebene dessen überaus heikles Erbe anzutreten – zumal Bourdieu einen Praxisbegriff damit verknüpft, der in seinem Ausgangsprogramm der doppelseitigen Überwindung von Objektivismus und Subjektivismus eine basale generative bzw. kreative Dimension für die Soziologie stark machen möchte, wie sie auch Adorno in seiner Erfahrungstheorie zu formulieren versucht hat – etwa im Begriff der lebendigen Erfahrung. Die Ästhetik scheint dabei bis in die Grundfesten der Soziologie gelangt zu sein, wenn der praktische Sinn als Kombination von augenblicklicher Wahrnehmung der sich vollziehenden Sozial-Gestalt und ihrer intuitiv geleiteten Entfaltung ins Offene hinein charakterisiert wird. »Die Praxis rollt in der Zeit ab und weist alle entsprechenden Merkmale auf [...]; ihre zeitliche Struktur, d.h. ihr Rhythmus, ihr Tempo und vor allem ihre Richtung, ist für sie sinnbildend: wie bei der Musik nimmt jede Manipulierung dieser Struktur, und sei es bloß eine Veränderung der Tempi in Richtung auf Allegro oder Andante, eine Entstrukturierung an ihr vor, die nicht auf den Effekt einer simplen Änderung der Bezugsachse zurückgeführt werden kann.«[10] Auf analoge Weise macht Adorno sich in den »Kri-

8 Bourdieu, Sozialer Raum und »Klassen«: Leçon sur la leçon; zwei Vorlesungen, Frankfurt am Main 1985, S. 70f.

9 Bourdieu, Die Regeln der Kunst: Genese und Struktur des literarische Feldes, Frankfurt am Main 1999, S. 328.

10 Pierre Bourdieu, Sozialer Sinn: Kritik der theoretischen Vernunft, Frankfurt am Main 1993, S. 149.

terien der neuen Musik« an der Struktur des kompositorischen Aktes eine allgemeine Form der Entfaltung produktiver Impulse klar. Der dort beschriebene Prozess der in actu nicht begründbaren zukunftsoffenen Entfaltung einer mimetisch erfassten, determinierenden, da objektiven Gestalt wird auch in Anschlag gebracht für das konkrete, unter dem Sachhaltigkeitsgebot stehende philosophische Denken (etwa im Aufsatz »Anmerkungen zum philosophischen Denken«), für eine nichtpositivistische Form soziologischer Forschung in Gestalt der Selbstreflexion einer vortheoretisch deutenden »Spekulation« (etwa in dem Aufsatz »Wissenschaftliche Erfahrungen in Amerika«), für die Primärpraxis in Gestalt von Handeln auf der Basis lebendiger Erfahrung (etwa in dem Vortrag »Zur Theorie der Halbbildung«) und für die musikalische Analyse in Gestalt der materialen Formphysiognomik jenseits der Dichotomie von Formalismus und Inhaltshermeneutik (etwa in der Monographie über Mahler). Dem entspricht das kunstsoziologische Plädoyer für die relative Autonomie der Kunstbereiches, die dem von Bourdieu im Sinne der strukturalistischen Tradition vertretenen Modell der relativen Autonomie symbolhafter Strukturebenen einer historischen Totalität entspricht. Denn ein Objekt für die Soziologie sind die Werke nicht primär als äußerlich durch Gesellschaft determinierte, sondern aufgrund ihrer eigenlogischen symbolhaften Formstruktur, in der Gesellschaft sich bereichsspezifisch zum Ausdruck bringt. Daher gilt methodisch ein Wechselverhältnis zwischen Musikwissenschaft, die immer schon ein fait social zum Gegenstand hat, und Soziologie, die sich dafür eine geisteswissenschaftliche Methode verfügbar zu machen hat. »Musiksoziologie ist verwiesen auf das eigentliche Verständnis von Musik bis in die kleinsten technischen Zellen hinein. Nur dann gelangt sie über die fatal äußerliche Zuordnung geistiger Gebilde und gesellschaftlicher Verhältnisse hinaus, wenn sie in der autonomen Gestalt der Gebilde, als ihres ästhetischen Gehalts, eines Gesellschaftlichen innewird.« Entsprechendes hat Adorno, etwa in dem Vortrag über »Lyrik und Gesellschaft«, zur Literatursoziologie formuliert. Die immanent vorgehende literatursoziologische Analyse tut den lyrischen Gebilden keine Gewalt an, »wenn ihre Beziehung auf Gesellschaftliches an ihnen selber etwas Wesentliches, etwas vom Grund ihrer Qualität aufdeckt. Sie soll nicht wegführen vom Kunstwerk, sondern tiefer in es hinein. Dass das aber zu erwarten sei, darauf allerdings führt die einfachste Besinnung. Denn der Gehalt eines Gedichts ist nicht bloß Ausdruck individueller Regungen und Erfahrungen. Sondern diese werden überhaupt erst dann künstlerisch, wenn sie, gerade vermöge der Spezifikation ihres ästhetischen Geformtseins, Anteil am Allgemeinen gewinnen. [...] Jene

Allgemeinheit des lyrischen Gehalts jedoch ist wesentlich gesellschaftlich.«[11] Wie in den zitierten Äußerungen von Bourdieu entspricht auch bei Adorno die Aufkündigung der Trennung von materiellen Verhältnissen und geistigen Gehalten zugunsten eines Modells von Kunst als relativ autonomer Strukturschicht von Gesellschaft ein Begriff von Praxis jenseits von Determinismus und Subjektivismus. Obgleich konstituiert durch die »Dominanz des Objekts«, wie Adorno dies gerne philosophisch ausdrückt, entfaltet handlungsleitende lebendige Erfahrung sich unter dieser Dominanz nicht nur als unselbständiger Bestandteil einer gesellschaftlichen Mechanik, sondern als produktives Moment in einer offenen Vielfalt autonomer Tätigkeitsfelder.

So unbezweifelbar die Nähe zwischen Bourdieu und Adorno in den skizzierten Argumentationslinien nun ist und so sehr daher Bourdieus Soziologie zunächst höchstes Interesse anzieht als Kandidat für eine Weiterentwicklung der Adornoschen Position, so wenig tragfähig erweist sich diese Linie bei genauerer Betrachtung. Heißt das nun, dass man Bourdieu in der Konstruktion dieser Linie von vorneherein Gewalt angetan hat und diese ein nutzlos künstliches Gedankenspiel war? Im Gegenteil. Denn gerade im Kontrast zwischen der in diesem Vergleich herauspräparierten quasi-adornitischen Dimension der Theorie von Bourdieu und ihrer noch zu markierenden machttheoretischen Fundierung wird ein Bourdieu-immanentes Problem besonders deutlich: der Zusammenbruch der Grundstrategie einer praxistheoretischen Transformation des Strukturalismus bzw. der vielfach beschworenen Überwindung der Dichotomie von Objektivismus und Subjektivismus. Dieser Kollaps ereignet sich bereits in dem genannten Panofsky-Aufsatz und zeigt in Bourdieus letztem Buch, den »Meditationen«, schließlich ein beinahe mephistophelisches Gesicht in der systematischen Verneinung der Kulturbedeutsamkeit von Kultur.

Panofskys von Bourdieu gewürdigte »konkrete Verknüpfung« zwischen den Strukturebenen der gotischen Architektur und des scholastischen Denkens zielt auf die »Institution der Schule« – der in den 70er Jahren auch sein besonderes Interesse galt. »In einer Gesellschaft, in der eine Schule das Monopol der Vermittlung von Bildung innehat, finden die geheimsten Verwandtschaften, das einigende Band der menschlichen Werke (und zugleich der Lebensführung und des Denkens) ihren prinzipiellen Nexus in der Institution der Schule.«[12] Diese übermittelt den, wie Bourdieu sagt, »Geist und Inhalt einer Epoche« in übergreifen-

11 Theodor W. Adorno, Rede über Lyrik und Gesellschaft, in: ders., Noten zur Literatur. Gesammelte Schriften 11, Frankfurt am Main 1974, S. 50.

12 Bourdieu, Der Habitus als Vermittlung zwischen Struktur und Praxis, S. 139.

den mentalen Strukturen, durch die die Akteure in den verschiedenen Handlungsbereichen je bereichsspezifisch die soziale Welt erfassen und gestalten. Dieser tiefliegende Strukturkomplex wird von Panofsky, der so zu einem Paten für diesen zentralen Begriff bei Bourdieu geworden ist, Habitus genannt. Gegen dieses Modell ist für sich genommen natürlich nichts zu sagen, im Gegenteil: es könnte sogar äußerst hilfreich sein bei der Lösung des Adornoschen Problems, wie denn die eigenlogische künstlerische Transformation des sozialen Werkkontextes im Werk vorstellbar ist, und einer entsprechenden Erweiterung seiner Erfahrungstheorie. Adorno selbst hat derlei nur von ferne angepeilt, in so verstreuten Hinweisen wie dem aus seiner »Musiksoziologie« zum Vater-Sohn-Verhältnis bei Beethoven und Mozart: »Vermutlich aktualisiert sich jene Einheit [von menschlichen Produktivkräften und historischer Tendenz] in mimetischen Vorgängen, frühkindlichen Angleichungen an soziale Muster, eben den ›objektiven Geist‹ der Epoche. Außer überaus tiefliegenden, unbewußten Identifikationen – die Differenz Beethovens und Mozarts wird erläutert von der ihrer Väter – sind von sozialer Relevanz Mechanismen der Selektion.«[13]

Problematisch ist allerdings Bourdieus konkrete Bestimmung des Habitus. Sie ist zu kritisieren, da sie sich der Kritik entzieht durch immunisierenden Eklektizismus – lax gesagt, geht es bereits in dem Panofsky-Aufsatz wie Kraut und Rüben durcheinander, da alles, kompatibel oder nicht, aufgeboten wird, was nach subkutaner Steuerung des Handelns unterhalb der Ebene der bewussten, intendierten Planung aussieht. Die Rede ist gleichermaßen von einer »Axiomatik von Schemata« (152), einer »generativen Grammatik der Handlungsmuster« (150), den »Regeln einer ars inveniendi«, einer »bestimmten Gewohnheit, die Wirklichkeit zu befragen« (151), einem Reservoir von »Praktiken« (139), von »eingeübten Routinen« (142), »eingeschliffenen Methoden« (149) oder von »Verhaltensnormierung« (138). Abgesehen von der problematischen Gleichsetzung von formaler Logik, Grammatik, Gewohnheit und Disziplinierung, oder, aus einer anderen Perspektive: der Internalisierung von Schulzwängen und Interiorisierung geistiger Strukturen, kann in all den bemühten Dimensionen nicht das erfasst werden, was Bourdieu eigentlich bezeichnen wollte: die Logik schöpferischer Praxis, da diese Kategorien in der Verwendung als Grundlagendimensionen allesamt deterministisch sind. Der terminologische Eklektizismus scheint daher auf eine Verlegenheit hinzuwei-

13 Theodor W. Adorno, Einleitung in die Musiksoziologie, Frankfurt am Main 1975, S. 251.

sen in der Realisierung des dritten Weges zwischen Objektivismus und Subjektivismus. Es bleibt ein blinder Fleck, der bereits in der Grundunterscheidung von modus operandi und opus operatum auftaucht. Der Habitus steht hier ausschließlich in Relation zu einer bereits formierten Welt, eine Dialektik kann daher nicht stattfinden. Das wäre nur möglich, wenn eine weitere Dimension: die der nicht nur bereits realisierten, sondern latenten Möglichkeiten mit eingeführt wäre, das opus in statu nascendi, um das etwas hinkend im Rahmen dieser Terminologie auszudrücken. Dann erst wäre der Möglichkeitsbegriff hinreichend aufgefächert, was bei Bourdieu selbst nicht erfolgt, also unterschieden zwischen den *expliziten* Exhaustions- oder Variationsmöglichkeiten des Konstituierten, dessen unentdeckten *impliziten*, durchaus unausschöpfbaren Möglichkeiten – die Ebene, auf die Bourdieu sich gerne in seinen Repliken gegen den Determinismusvorwurf bezieht –, und den Möglichkeiten einer emergenten Konstellation in Latenz, die den Rahmen des bereits Konstituierten mit all seinen Implikationen überschreitet. Erst dann, also wenn der modus operandi auch eine Verinnerlichung des letzteren darstellen kann und nicht nur der ersten beiden Dimensionen, ist er wirklich schöpferisch – als autonome Instanz der Verwirklichung von etwas Neuem. Genauso hat Adorno sich das Verhältnis von »Mimesis« und »Sache« oder »Dominanz des Objekts« vorgestellt, da er das Modell der kulturellen Schöpfung vor Augen hatte. »Wo es [das Denken] wahrhaft produktiv ist, wo es erzeugt, dort ist es immer auch ein Reagieren. Passivität steckt im Kern des Aktiven, ein sich Anbilden des Ichs ans Nicht-Ich. [...] Kaum ein stärkeres Argument für den zerbrechlichen und einzig in der wechselseitigen Vermittlung von Subjekt und Objekt zu fassenden Vorrang des Objekts bietet sich an, als dass Denken einem Objekt sich anschmiegen muß, auch wenn es ein solches noch gar nicht hat. [...] Gedanken, die wahr sind, müssen unablässig sich aus der Erfahrung der Sache erneuern die gleichwohl in ihnen erst sich bestimmt.«[14] Mit Adorno kann schöpferische Praxis erfahrungstheoretisch gedacht werden als erzeugende Verinnerlichung latenter und nicht nur impliziter Möglichkeiten und ihrer Entäußerung, wobei die mimetische, d.h. ästhetische Gestalterfahrung eine zentrale Rolle spielt. Was Adorno dabei nicht anbieten kann, ist ein soziologischer Begriff der zu verinnerlichenden objektiven sozialen Realität, der seinem Erfahrungsmodell gerecht werden könnte – seine Anlehnung an den Gesellschaftsbegriff führt hier nicht weiter. Diese Zuspitzung der

14 Theodor W. Adorno, Anmerkungen zum philosophischen Denken, in: ders., Stichworte. Kritische Modelle 2, Frankfurt am Main 1970 , S. 13 ff. u. 16.

Objektivitätsproblematik bei Adorno fehlt bei Bourdieu. So kann also von einem Erbe nicht die Rede sein bei gleichzeitiger höchster Relevanz der Adornoschen Erbmasse auch für die Bourdieusche Problematik einer Theorie der Praxis.

Denn dessen Soziologie schnurrt bei genauerer Betrachtung doch zusammen auf einen deterministischen bzw. machtmechanistischen Dezisionismus. Dafür seien zum Schluss sehr gerafft ein paar zentrale Argumente aufgelistet: Sein Begriff der Strukturinteriorisierung fällt zusammen mit der totalen Subumtion des Akteurs bis in die Körperlichkeit hinein unter eingerichtete und immer schon werteverfilzte soziale Verhältnisse – mit ihrer je eigenen *doxa:* »jenes Ensemble von Thesen, die stillschweigend und jenseits des Fragens postuliert werden, und die als solche sich erst in der Retrospektive, wenn sie praktisch fallengelassen wurden, zu erkennen geben.«[15] Ein »Ensemble von Thesen« ist aber nicht gleichzusetzen mit einer latenten Struktur, die der sozialen Konstitution der Praxis dieser gleichzeitig die schöpferische Qualität gewähren würde. Dieser Determinismus der Verinnerlichungprozesse ist unhintergehbar, da die verinnerlichte soziale Realität bei Bourdieu sich reduziert auf Machtverhältnisse und die darin eingelagerten Spielregeln des Machtkampfes. Die ganze Vielfalt der relativ autonomen Felder illustriert ja nur auf verschiedene Weise diese historisch übergreifende Grundrealität der Konfliktmechanismen. Die »Theorie der Praxis« ist eine »Ökonomie der Praxis« und so eine Machttheorie, da die Struktur eines Feldes durch die Verteilungsstruktur des jeweils gültigen Kapitals bestimmt ist, wobei Kapital als »Verfügungsmacht im Rahmen eines Feldes« (Sozialer Sinn, 95) fungiert. Wenn Bourdieu des weiteren Macht mit »willkürlicher Gewalt«, die als solche verkannt wird und so ihre Legitimität erhält, gleichsetzt, wird auch der Dezisionismus dieser Theorie offenkundig. »Beides ist gleichzeitig zu sagen: Daß Kapital oder (Macht) zu einer symbolischen, das heißt zu einem mit genuin symbolischer Wirksamkeit ausgestatteten Kapital, nur wird, wenn es in seiner willkürlichen Wahrheit als Kapital *verkannt* und als legitim *anerkannt* wird, und dass zum anderen dieser Akt der (falschen) Erkenntnis und Anerkennung ein Akt der *praktischen* Erkenntnis ist.«[16] Hier fallen letztlich nicht nur Gewalt, Macht und Herrschaft zusammen, sondern

15 Pierre Bourdieu, Entwurf einer Theorie der Praxis auf der ethnologischen Grundlage der kabylischen Gesellschaft, Frankfurt am Main 1976, S. 331.

16 Pierre Bourdieu, Replik, in: Eder, Klassenlage, Lebensstil und kulturelle Praxis. Beiträge zur Auseinandersetzung mit Pierre Bourdieus Klassentheorie. Frankfurt am Main 1989, S. 397. Siehe dazu überdeutlich auch ders., Theorie der Praxis, S. 324 f.

auch die Durchsetzung dieses Komplexes mit Grundmechanismen der kognitiven Strukturbildung – durch Implantation symbolischer Strukturen zum Zwecke der Legitimationsbildung. So liest Bourdieu jedenfalls Durkheim. »In der Verallgemeinerung der Durkheimschen Hypothese, der zufolge die ›ursprünglichen Klassifizierungsformen‹ den Gruppenstrukturen entsprechen, läßt sich ihr [der symbolischen Anerkennung von Herrschaft. FZ] Ausgangspunkt in der ›automatischen‹ Einverleibung der sozialen Strukturen ausmachen. [...] Dieser Ausgangspunkt bewirkt einen ›logischen Konformismus‹ und einen ›moralischen Konformismus‹, einen präreflexiven, unmittelbaren Konsens über den Sinn der Welt.«[17]

Der Akteur, selbst in Gestalt des Herrschenden, instrumentalisiert sich hier selbst im Sinne eines undurchschauten Machtspiels, in das er engagiert eintreten muss, damit sein Leben überhaupt eine Richtung bekommt, – zur *doxa* gesellt sich die *illusio* als Grundvoraussetzung des Handelns und mit dieser die Universalisierung des strategischen Interesses. Die Ehrenrettung der Praxisintuition gegenüber den Rational-choice-Theorien schlägt ins Gegenteil um, wenn diese Intuition zum Knecht eines universalen Verblendungszusammenhanges wird. Da natürlich auch die künstlerische Autonomie hier nur in einer eigenen Form des strategischen Interesses an der Wertedominanz um ihrer selbst willen besteht – im Interesse an diskursbeherrschender Interesselosigkeit –, könnte dieser Autonomiebegriff von dem Adornos entfernter nicht sein. Eine Kunst ohne Sache, die immer auch die der Menschheit ist, war für diesen nicht vorstellbar. Paradoxerweise entspricht Bourdieu so viel eher dem Bild einer Position der Vernunftskepsis, das man der Adornoschen Theorie immer wieder gerne anhängen würde, als diese selbst. Denn in Bourdieus Kritik an allen universalistischen geistigen Geltungsansprüchen, wie er sie etwa formuliert hat in den »Meditationen«, kann er der Wissenschaft, also auch seiner Theorie, keinen Ausnahmestatus reservieren, was zu unlösbaren methodologischen Begründungsproblemen führt, reflexive Soziologie hin oder her. Max Miller hat dies einmal bündig formuliert: Bourdieu ist konfrontiert mit dem »Paradox einer Kritik, die einen allgemeinen sozialen und

17 Pierre Bourdieu, Meditationen. Zur Kritik der scholastischen Vernunft, Frankfurt am Main 2001, S. 220. Bourdieu vollzieht den strukturalismusinternen Schritt von Durkheim zu Piaget nicht mit, damit auch nicht den von der Konzeption der Internalisierung von Normen zu der der Interiorisierung von universellen Strukturen unterhalb der Ebene je historisch spezifischer Zwangsverhältnisse. Damit gräbt er aber seiner eigenen Kritik und ihrem logischen Status das Wasser ab.

ökonomischen Konditionierungsprozess, der in und durch alle kulturelle Praktiken (einschließlich der wissenschaftlichen Praxis) zwangsläufig und systematisch verkannt werde, gegen diesen Prozess erkennen möchte und zu erkennen glaubt. Wenn die soziale bzw. kulturelle Praxis des Erkennens der sozialen Wirklichkeit selbst nur einen Teil der von Bourdieu konzipierten ›allgemeinen Ökonomie der Praxisformen‹ darstellt, wird nämlich Bourdieus kritischen Intentionen letztlich durch seine eigenen Analysen der Boden entzogen.«[18]

18 Max Miller, Systematisch verzerrte Legitimationsdiskurse. Einige kritische Überlegungen zu Bourdieus Habitustheorie, in: Eder (Hg.), Klassenlage, Lebensstil und kulturelle Praxis, S. 218.

II. Konstitutionstheoretische Grundlagen

3. Musik als *fait social sui generis*

Reformulierung eines Schlüsselproblems von Adorno[1]

Eine paradoxe Forderung?

Adornos programmatische Ideen zu einer neuen Musiksoziologie scheinen unvereinbare Forderungen miteinander vereinen zu wollen: »Gesellschaft hat sich in ihrem Sinn [der Musik, FZ] und dessen Kategorien sedimentiert, und ihn muß Musiksoziologie entziffern. Sie ist damit verwiesen auf das eigentliche Verständnis von Musik bis in die kleinsten technischen Zellen hinein. Nur dann gelangte sie über die fatal äußerliche Zuordnung geistiger Gebilde und gesellschaftlicher Verhältnisse hinaus, wenn sie in der autonomen Gestalt der Gebilde, als ihres ästhetischen Gehalts, eines Gesellschaftlichen innewird. Was an soziologischen Begriffen an die Musik herangetragen wird, ohne in musikalischen Begründungszusammenhängen sich auszuweisen, bleibt unverbindlich.«[2] Musiksoziologische Erkenntnis stellt sich so dar als soziologische Erkenntnis im Modus immanenter musikalischer Analyse. Damit nicht genug hat die Soziologie dabei auch noch die musikalische Analyse zu reformieren. »Bedingung einer produktiven Musiksoziologie ist das Verstehen der Sprache von Musik, weit über das hinaus, worüber der bloß soziologische Kategorien auf Musik Anwendende verfügt, aber über das, was die offizielle und erstarrte musikalische Bildung der Konservatorien oder die akademische Musikwissenschaft kommuniziert. Die Zukunft der Musiksoziologie wird wesentlich von der Verfeinerung und Reflexion der musikalisch-analytischen Methoden selber und ihrer Beziehung auf den geistigen Gehalt abhängen, der nur vermöge technischer Kategorien in der Kunst sich verwirklicht.«[3]

Wie aber ist das vorstellbar – eine soziologische Erkenntnis, die gleichzeitig eine immanent musikanalytische wäre? In der Tat bereitet Adornos Idee ein Problem, aber nicht wegen dieser Forderung als

1 Bei dem Text handelt es sich um eine ergänzte und teilweise veränderte Fassung des Kapitels 9: Die kreative Kompositionalität des Sprechhandelns aus dem Buch des Autors Musikästhetik. Ein Konstruktionsprozess, Hofheim 2017, S. 197-224.

2 Theodor W. Adorno, Ideen zur Musiksoziologie, in: ders., Klangfiguren. Musikalische Schriften I-III. Gesammelte Schriften 16, Frankfurt am Main 2003, S. 10.

3 Ebd., S. 12.

solcher, sondern weil seine eigenen theoretischen Prämissen Barrieren enthalten, ihr gerecht zu werden. Diese liegen in einer doppelseitigen, sowohl soziologischen wie musikästhetischen Reduktion. Die erste liegt in der Gleichsetzung von soziologischer und gesellschaftstheoretischer Perspektive, mit der Adorno der von ihm kritisierten Form der Musiksoziologie näher liegt, als ihm lieb ist, da sie zu der monierten »fatal äußerlichen Zuordnung geistiger Gebilde und gesellschaftlicher Verhältnisse« zwingt. Wie im 1.Kapitel ausgeführt lässt diese Gleichsetzung eine fundamentale soziologische Unterscheidung nicht zu, nämlich die zwischen sozialen Gebilden mit individuellen und solchen mit austauschbaren Elementen. Gesellschaft als Inbegriff der institutionellen Verhältnisse steht für die zweite Form, und ihre Erhebung zum Fundament des sozialen Lebens blendet die erste Form aus. Aber zum einen hängt der Gesellschaftsbegriff so in der Luft, und zum anderen erlaubt er isoliert keine soziologische Formulierung tragender geistestheoretischer Kategorien wie Bedeutung, sprachliche Verständigung und erzeugende Individualität. Ein soziales Gebilde lässt sich erst dann als Sinngebilde sui generis begreifen, wenn es objektive Formen des Austausches darin gibt, die nicht ausschließlich von oben vorgegeben sind, sondern interpretativ zu erschließende, latente Möglichkeiten darstellen. Als erst zu erschließende Konstellationen sind diese objektiven Möglichkeiten nicht Bestandteil eines eingerichteten Alten, sondern neu und individuell. Ist es im Modell der bloßen Befolgung normativer Vorgaben nicht möglich, ein angemessenes Modell geistiger und so eben auch künstlerischer Leistungen zu formulieren, so stellt im interpretativen Modell bereits das Primärhandeln eine kreative geistige Leistung mit individuellem Charakter dar. Die individuelle, noch nicht fertig eingerichtete soziale Konstellation ist per se eine von individuellen Elementen, die darin nicht nur »enthalten« sind, sondern ihren Charakter mit bedingen, als gleichermaßen individuelle wie objektiv gegebene Perspektive. Die an einer solchen Konstellation beteiligten individuellen Aktoren stehen daher vor der Aufgabe, ohne vorgegebene Orientierungsvorgaben, also spontan und selbständig, hypothetische Entwürfe über die neuen Situationszusammenhänge bzw. Situationsbedeutungen zu bilden, in denen sie stehen, und diese Entwürfe miteinander auszutauschen. Als individuelle Positionen in neuen sozialen Konstellationen interpretieren bzw. denken die Aktoren im Handeln und handeln sie im Interpretieren bzw. im schöpferischen Entwerfen von Möglichkeiten. Sukzessive werden dabei eingerichtete allgemeine Modelle von Welt und der je eigenen Biographie im Handeln umformuliert. Ohne explizit pragmatistische

Kategorien zu gebrauchen, entspricht dieses elementare Modell dem pragmatistischen Interaktionsmodell.[4]

Die zu Adornos Verabsolutierung des Gesellschaftsbegriffs komplementäre musikästhetische Reduktion seiner musiksoziologischen Ideen besteht in der Gleichsetzung von immanenter musikalischer Analyse und technischer Analyse. Das Entsprechungsverhältnis liegt in der Reduktion von Symbolzusammenhängen auf determinierte Mechanismen. Wird der immanente Zusammenhang eines Werkes nur aus technischen Operationen gebildet, so gehorcht er ebenso einem voreingerichteten Herstellungswissen wie ein normativ determinierter Sozialzusammenhang. Adorno verwechselt hier zwei Bedeutungen künstlerischer Technik: Die Konstruktionsweisen in einem kompositorischen Prozess (Operationen der Verknüpfung von Motiven, der Verbindung von Akkorden usw.) lassen sich zwar nachträglich als technische Prozeduren kodifizieren und in Handwerkslehren zusammenfassen, aber dabei handelt sich um nachträgliche Abstraktionen aus imaginativ vorgehenden Gestaltbildungsprozeduren. Die laxe Redeweise, ein Komponist würde eine Technik gebrauchen, unterschlägt diesen Unterschied und projiziert ein nachträgliches abstraktes Wissen in den konkreten Schaffensprozess, anders gesagt: In actu stellt die künstlerische Technik keine »Technik« dar, auch wenn sie nachträglich so bezeichnet werden kann.

Adornos Ideen zu einer neuen Musiksoziologie leiden also an der doppelten Blockade einer für sein Programm unverzichtbaren interpretativen Perspektive. Wir konnten bereits einen ersten Hinweis darauf liefern, dass es auf der Basis eines von Adorno selbst nie in Betracht gezogenen pragmatistischen Modells wesentlich bessere Chancen hätte als im Rahmen der reinen Gesellschaftstheorie. Adornos Formulierungen enthalten jedoch einen musikästhetischen Verweis, der eine Schlüsselperspektive darauf liefert, wie der von ihm selbst beibehaltene Panzer aus soziologischem Normativismus und ästhetischem Technizismus durchbrochen werden kann, um so auf eine theoretische Ebene zu gelangen, auf der sein neues Programm systematische Plausibilität gewinnt, ja gefordert wird. Natürlich geht es auch hier wieder um einen pragmatistischen Fluchtpunkt, aber nun um in einem Diskurs, der sukzessive zu diesem Paradigma führt. Es geht dabei um das Verhältnis von Musik und Sprache, das auf dem Hintergrund der Entwicklung der Sprachtheorie zur Theorie des Sprechhandelns mittlerweile auch zentrale Bedeutung für die Bestimmung des sozialen Charakters von Musik hat. Wir werden dieser Entwicklung daher Stück für Stück folgen.

4 Siehe dazu George Herbert Mead, Mind, Self, and Society, Chicago 1967.

Der Ausgangspunkt: Adornos Charakterisierung von Musik als Sprache

Wie selbstverständlich spricht Adorno in den *Ideen zur Musiksoziologie* von dem Verstehen der Musik als Sprache, ohne das eine produktive Musiksoziologie nicht möglich sei. Nun ist die Bezeichnung von Musik ein alte und bisweilen flache Metapher. Aber hier lohnt es sich aus zwei Gründen, dabei einzuhaken. Einmal geht Adorno so über seine Gleichsetzung von technischer und immanenter musikalischer Analyse hinaus, und zwar mit einer zentralen interpretationstheoretischen Kategorie. Zum andern versucht er an anderer Stelle eine formästhetische Vertiefung dieser Metapher, die der sprachtheoretischen Diskussion lohnt, verbunden mit der Hoffnung, dem Problem des inneren Bezuges zwischen musikalischer Form und sozialem Zusammenhang durch einen linguistic turn eine neue Wendung zu geben. Dafür wollen wir aber dem Begriff der musikalischen Autonomie eine symboltheoretische Zuspitzung geben. Wir wollen der Frage nachgehen: Welches sind die Kriterien für Musik als gültige Äußerung sui generis mit einer spezifischen Erkenntnisqualität?[5]

Beginnen wir mit einer allgemeinen sprachtheoretischen Bemerkung von John Searle, die man im Sinne unserer Ausgangsfrage auch auf die Musik übertragen könnte: »Worin besteht die Beziehung von Wörtern zur Welt? Wie ist es zu erklären, daß, wenn jemand einen Laut von sich gibt, man sagen kann, er meine mit diesem Laut etwas, und daß von jemand anderem gesagt werden kann, er verstehe, was jener meine? Wie läßt sich zwischen einer Folge von Lauten oder Zeichen, die Bedeutung, und einer, die keine Bedeutung hat, unterscheiden Und was heißt es genau, daß eine solche Folge Bedeutung hat? Und wie kommt es, daß etwas genau das bedeutet, was es bedeutet, und nicht etwas anderes?«[6] Oder in einer anderen Formulierung von Searle: »Ein Satz ist ein syntaktischer Gegenstand, der mit Repräsentationsvermögen versehen wird.«[7] Eine gültige Äußerung erzeugt also auf eigenlogisch konstruk-

5 Zur systematischen Konstruktion dieser Frage und ihrer Bedeutung im Diskurs über musikalische Autonomie seit der Romantik siehe Ferdinand Zehentreiter, Musikästhetik. Ein Konstruktionsprozess, Hofheim 2017.

6 John Searle, Theorie der menschlichen Kommunikation und Philosophie der Sprache – Einige Bemerkungen, in: Rolf Wiggershaus (Hg.), Sprachanalyse und Soziologie. Die sozialwissenschaftliche Relevanz von Wittgensteins Sprachphilosophie, Frankfurt am Main 1975, S. 301.

7 John Searle, Intentionalität. Eine Abhandlung zur Philosophie des Geistes, Frankfurt am Main 1991, S. 10.

tive Weise eine Binnenbedeutung, die einen Bezug zu Bedeutungen in der objektiven Welt zum Ausdruck bringt.

Adorno hat in seinem *Fragment über Musik und Sprache* versucht, den Vergleich zwischen den beiden Symbolmedien möglichst elementar anzulegen, indem er bei der Lautebene als verbindender Dimension ansetzt. »Musik ist sprachähnlich. Ausdrücke wie musikalisches Idiom, Tonfall, sind keine Metaphern. Aber Musik ist nicht Sprache. Ihre Sprachähnlichkeit weist den Weg ins Innere, doch auch ins Vage. Wer Musik wörtlich als Sprache nimmt, den führt sie irre. Sprachähnlich ist sie als zeitliche Folge artikulierter Laute, die mehr sind als bloß Laut. Sie sagen etwas, oft ein Menschliches. Sie sagen es desto nachdrücklicher, je höher die Musik geartet ist.«[8] Adorno stellt hier einen direkten Zusammenhang zwischen Bedeutungsqualität und musikalischer Qualität her und macht letztere an der Komplexität des tektonischen Gefüges fest. »Die Sprachähnlichkeit reicht vom Ganzen, dem organisierten Zusammenhang bedeutender Laute, bis hinab zum einzelnen Laut, dem Ton als der Schwelle zum bloßen Dasein, dem reinen Ausdrucksträger. Nicht nur als organisierter Zusammenhang von Lauten ist die Musik analog zur Rede, sprachähnlich, sondern in der Weise ihres konkreten Gefüges. Die traditionelle musikalische Formenlehre weiß von Satz, Halbsatz, Periode, Interpunktion; Frage, Ausruf, Parenthese; Nebensätze finden sich überall [.]«[9] War bislang nur von der syntaktischen Komponente organisierter Lautfolgen die Rede, wird nun ein kurzer Schwenk eingeschoben zu den gestischen Eigenarten des Sprechens. Wir werden am Ende des Kapitels über Adorno hinaus systematisch auf sie zu sprechen kommen. »Stimmen heben und senken sich, und in all dem ist der Gestus von Musik der Stimme entlehnt, die redet.«[10] Da die syntaktische Dimension von Lautfolgen elementar als hierarchisch segmentale Anordnung von Zeichenelementen zu verstehen ist, muss der Vergleich zwischen Musik und Sprache auch auf diese zu sprechen kommen – wobei Adorno im Sinne der elementaren Modellbildung zunächst versucht, von den Unterschieden zwischen den beiden Medien zu abstrahieren. »Man pflegt die Unterschiede darin zu suchen, daß Musik den Begriff nicht kenne. Aber manches in ihr kommt den ›primitiven Begriffen‹ recht nahe, von denen die Erkenntnistheorie handelt. Sie benutzt wiederkehrende Sigel. Geprägt wurden sie von der Tona-

8 Theodor W. Adorno, Fragment über Musik und Sprache, in: ders., Quasi una fantasia. Musikalische Schriften I–III, Gesammelte Schriften 16, Frankfurt am Main 2003, S. 251.

9 Adorno, Fragment, S. 251.

10 Adorno, Fragment, S. 251.

lität. Wenn nicht Begriffe, so zeitigte diese doch Vokabeln: vorab die stets wieder mit identischer Funktion einzusetzenden Akkorde, auch eingeschliffene Verbindungen wie die der Kadenzstufen, vielfach selbst melodische Floskeln, welche die Harmonie umschreiben.«[11]

Bis dahin korrespondiert Adornos Vergleichsmodell bestens mit komplementären sprachtheoretischen Bestimmungen. Von deren Seite aus bietet sich hier der Begriff der »syntaktischen Kompositionalität« an. So geht etwa Searle im Anschluss an Frege von der bedeutungserzeugenden Satzkompositionalität der Sprache aus. »Für uns ist der ganze Satz die kleinste Einheit der Kommunikation [...] Es sollte uns übrigens verblüffen, daß alle Sprachen Sätze kennen [...] Die Auswahl der im Satz benutzten syntaktischen Mittel wird von dem Prinzip gesteuert, daß sie eine semantische Funktion zu erfüllen haben. Es muß wiederholbare Mittel geben, deren jedes als Kommunikationseinheit (Satz) dienen kann, und diese Mittel müssen aus Elementen (Wörtern) bestehen, die so beschaffen sind, daß der kommunikative Inhalt des Ganzen durch die Elemente und die Prinzipien ihrer Verbindung im Satz bestimmt wird. [...] Im Anschluß an Frege fassen wir den ganzen Satz nicht als etwas auf, was wir durch Verknüpfung von Nominal- und Verbalausdrücke erhalten, sondern wir begreifen die Nominal- und Verbalausdrücke als Elemente, die aus dem Gesamtsatz abgeleitet wurden.«[12] Mit Searle lässt sich auch der Vergleich zwischen sprachlichen und musikalischen Bedeutungselementen auf spezifische Weise stützen. Die Möglichkeit des Vokabelcharakters musikalischer Figuren, von der Adorno spricht, findet ihr Pendant in Searles Verweis auf die kleinsten bedeutungstragenden Teilelemente eines Satzes. Neben der »Eindeutigkeit« müssten sie gleichzeitig die Qualität der »wiederholbaren Diskretheit«[13] besitzen. In Searles Bestimmung steckt ein wertvoller Hinweis auf die Möglichkeit spezifisch musikalischer Elemente mit Bedeutungsqualität. Auch wenn ein musikalisches Element begriffslos ist und daher, anders als ein Wort, niemals zum Träger eines eindeutigen Sinnes werden kann, lässt es sich dennoch als Moment eines bestimmbaren Zeichenzusammenhanges erfassen, wenn es die Identität einer sich erkennbar wiederholenden bzw. wiederholbaren diskreten Figur besitzt. Dabei stellt die bloße Wiederholung ebenso einen Grenzfall dar wie der nackte Kontrast. Beides ist natürlich denkbar, muss aber ergänzt werden durch die Möglichkeit der identifizierbaren Variation von Figuren, da sonst

11 Adorno, Fragment, S. 251.

12 John Searle, Wie wir die soziale Welt machen. Die Struktur der menschlichen Zivilisation, Frankfurt am Main 2012, S. 132.

13 Searle, ebd., S. 110.

der Spielraum möglicher Formtypen erheblich eingeschränkt würde, es gäbe nur Reihung von Gleichem oder Verschiedenem. Unser Problem an dieser Stelle bleibt aber die Grundfrage, wie interne Zeichenbezüge in einem Medium erkenntnisbedeutsam sein können, also einen inneren Bezug auf Zusammenhänge der objektiven Welt darstellen können. Die identifizierbare Diskretheit der Elemente stellt eine notwendige, aber noch keine hinreichende Bedingung dafür dar. Man kann sagen, dass sie für sich genommen nur eine intrinsische, aber noch keine extrinsische Bedeutung und daher auch noch keine Äußerung im vollen Sinne erzeugen kann. Dem würde musikästhetisch ein nackter Formalismus entsprechen, wie er etwa Hanslick gerne unterstellt wird.

In der Kritik an Adornos Text zeigt sich auf exemplarische Weise die musikästhetische Relevanz der modernen sprachtheoretischen Diskussion. Er enthält zwei signifikante Verkürzungen, die im Verlaufe des Kapitels systematisch behandelt werden. Die Grenzen von Adornos symboltheoretischem Vergleichsmodell zeigen sich unmittelbar in der Perspektive von Searles Begriff der syntaktischen Kompositionalität, da dieser unauflösbar mit einer weiteren Schlüsseldimension verbunden ist, für die es bei Adorno kein Pendant gibt: die »Generativität«.[14] Ohne dies im gegebenen Rahmen weiter ausführen zu können, darf man sagen, dass dies für den Diskurs über musikalische Form insgesamt symptomatisch ist.

Ausblick auf den weiteren Argumentationsverlauf

Bevor wir uns dem Modell der Generativität – zunächst bei Chomsky – zuwenden, um dabei einen ersten Blick auf ein mögliches formtheoretisches Pendant dazu zu werfen, soll um der leichteren Verständlichkeit des Konstruktionsprozesses willen stichwortartig seine leitende Strategie markiert werden. Diese wird am Ende von einer grammatiktheoretischen in eine pragmatistische Theorie der Sprache führen. Entscheidend ist, dass diese Bewegung nicht von außen, sondern durch die innere Entwicklung des sprachtheoretischen Regelbegriffs selbst, quer durch unterschiedliche Disziplinen, motiviert ist. Dabei wird als erstes der Schritt von der Satzgrammatik zur Theorie der Sprechakte, also – um konkrete Positionen damit zu verbinden – von Chomsky zu Searle, gemacht. Dieser berührt drei Ebenen gleichzeitig, da die Sprechakt-

14 Searle, ebd., S. 111.

theorie sowohl eine pragmatische[15], eine semantische und eine akttheoretische Theoriekomponente enthält. Sie verbindet eine Theorie der *Illokution* als der basalen Form der sprachlichen Äußerung mit einer Theorie der *Intentionalität*[16] als der unhintergehbaren Bezugnahme von illokutionären Akten auf die kontextuierende Welt (gestaffelt vom partikularen unmittelbaren Kontext bis hin zur Welt im Allgemeinen) dar. Dabei wird die Illokution verstanden als Einheit von *Akt* und *Form*, das soll heißen als satzförmige Konstruktion einer aktspezifischen psychischen Haltung. Grammatikalisch zeigt sich diese Mehrdimensionalität als Kombination von *illokutionären* und *propositionalen* Akten in gültigen *satzförmigen* Äußerungen.[17] Mit der semantischen und der akttheoretischen Komponente der Sprechakttheorie verweist die Grammatik über sich hinaus. In ihr wird hier das Verhältnis zwischen Sätzen als *Form* und ihrem zu formenden *Gegenstand* thematisch, also zur objektiven Welt und zu aktspezifischen psychischen Haltungen. Allerdings geht es dabei stets um die grammatische Seite der Relation, um propositionale und illokutionäre Konstruktionen. Searles Verlagerung der Satzgrammatik in die Grammatik von Sprechakten stellt den ersten Schritt der Verwandlung der Sprachtheorie in eine Theorie der Pragmatik von sprachlichen Äußerungen dar. Dieser Schritt bedurfte einer zweifachen Erweiterung, wobei die zweite von der Grammatik in den Pragmatismus weist. Zunächst war zu kritisieren, dass die illokutive Adressierung eines Hörers durch einen Sprecher als der Basisdimension der Äußerung von Sätzen zwar im Prinzip die pragmatische Basis sprachlicher Äußerungen zur Geltung brachte, aber nur abgekürzt. Illokutionen stehen niemals allein oder nur in Sprecher-Hörer-Paaren, sondern immer schon in laufenden Folgen von Äußerungen. Mit der Konversationsanalyse, hier verbunden mit dem Namen Emanuel Schegloff, wurde die über-

15 Das ist nicht misszuverstehen als *pragmatistische* Komponente. Vielmehr geht es hier zunächst nur um die pragmatische Dimension sprachlicher Äußerungen im Rahmen einer *Grammatik* der Illokution.

16 Um eine Verwechslung zu vermeiden: Intentionalität ist nicht gleichzusetzen mit Intention. Die Intention *kann* zu einer intentionalen Ausrichtung gehören, *muss es aber nicht*. Bezeichnenderweise mokiert sich Searle über die Relevanz der Intention in der deutschen Denktradition mit ihrer Verwurzelung in einer Innerlichkeitskultur. Systematisch zeigt sich dies an dem Kommunikationsmodell der Sprechakttheorie: Kommunikation vollzieht sich hier nicht primär in der Übermittlung gemeinter psychischer Inhalte, sondern von Satzbedeutungen. Diese Einheit von Kommunikationsbedeutung und Form besitzt natürlich auch Relevanz für die Ästhetik.

17 Siehe dazu John Searle, Sprechakte. Ein sprachphilosophischer Essay, Frankfurt am Main 1983, S. 40.

greifende Architektonik von illokutiven Ketten als Basisdimension des Sprechhandelns zum Gegenstand gemacht. Damit kam eine Dimension der objektiven Welt ins Spiel, die bei Searle einen blinden Fleck gebildet hatte: die objektive Welt der Interaktionsprozesse. Das betrifft Searles Theorie auf doppelte Weise. Erstens muss der Weltbezug von illokutiven Formen interaktionstheoretisch begriffen werden, da sie immer schon auf Interaktionsordnungen gerichtet sind, denen sie selbst angehören und die sie in dieser Teilhabe miterzeugen. Der Weltbezug von Sprechakten liegt also auch in der illokutiven Form selbst und nicht nur in ihrem propositionalen Anteil. Zweitens ändert sich der Status der illokutiv geformten psychischen Akthaltungen. Als Ereigniselemente eines übergreifenden Interaktionsgeschehens stellen sie nicht mehr nur eine Binnendimension der illokutionären Äußerungen selbst dar. Sie treten hinaus in die objektive Welt des sozialen Ereignisverlaufes, der in den Formen des Sprechhandelns entfaltet wird. Hier liegt die Einsatzstelle des Pragmatismus, und wir werden sehen, dass der Weltbegriff der Sprachpragmatik in dieser ausgereiften Form die wichtigste Perspektive auf das Problem liefert, wie man sich denn das notwendige Korrelat eines ästhetischen Erkenntnismodus vorzustellen hat: also eine sinnhafte Wirklichkeit, die sich immer auch ästhetisch repräsentiert. Erst so gibt es die Möglichkeit einer ästhetischen Erfassung des Realen, die Gedankenqualität besitzt.

Die Dimension der Generativität als Voraussetzung von syntaktischer Kompositionalität

Adornos bedenkenswerte Ausführungen im *Fragment über Musik und Sprache* leiden an zwei Verkürzungen. Die eine betrifft seinen Begriff der »meinenden Sprache«, die andere seine Vorstellung von Syntax. In beiden Fällen kappt er die *Kompositionalität* von Sprache, die er durch die Würdigung ihrer *syntaktischen Komplexität* als Grundlage des Vergleiches von Musik und Sprache bemüht. Wenden wir uns zunächst dem syntaxtheoretischen Problem zu, auch, da dieses mitten in eine zentrale Schwierigkeit des formtheoretischen Diskurses insgesamt weist. Es ist kein Zufall, dass Adorno bei seiner Bestimmung von Musik als einer bedeutungstragenden Folge von Lauten mit einer doppelten musikästhetischen Verkürzung arbeitet. Zunächst schwebt über seiner Exemplifizierung identifizierbarer musikalischer Elemente der Schatten der historischen Relativität, wenn er dabei nur auf das Vokabular der Tonalität verweist. Der Grundlagenanspruch seiner Argumentation wackelt sofort durch jeden schnell herstellbaren Verweis auf Gegenbeispiele. Besitzt ein Stück wie Ligetis *Atmosphères* keinen musikalischen Sinn, da von diskreten Einzelelementen darin nicht mehr die Rede sein kann? Aus dieser Schwierigkeit gibt es noch einen Ausweg, indem man den Begriff des identifizierbaren musikalischen Elementes in zweierlei Hinsicht spezifiziert. Zum einen ist es nicht gebunden an die Form einer fixen Figur, sondern lässt sich auch verstehen als je neu zu fassender Kern einer offenen Folge von Varianten mit einer inneren Kontinuität zwischen unterschiedlichen Figuren. Zum anderen lässt sich der Formanspruch des bedeutungstragenden diskreten *Elementes* auch übertragen an den bedeutungstragenden *Moment*, und dieser kann durchaus fließend sein gegenüber seiner Ereignisumgebung. Ein größeres Problem in Adornos symboltheoretischem Modell stellt sein formtheoretischer Konventionalismus dar. Wenn er, um die Sprachähnlichkeit der Musik zu illustrieren, grammatische Vokabeln wie Satz, Halbsatz , Nebensatz usw. benutzt, so bewegt er sich hier nicht nur in vorläufigen Metaphern, sondern auf einer spezifischen analytischen Ebene, die auch erkennbar wird durch die Gleichsetzung von Musik als geordnete Folge von Lauten mit einer hierarchisch gegliederten Tektonik. Der formtheoretische Konventionalismus entspricht einem sprachtheoretischen, kommt hier doch beiderseits nur die Ebene der Oberflächenstruktur in den Blick. An dieser Stelle weist aber die grammatikalische Perspektive auf Lautfolgen mit Symbolqualität entscheidend über die von Adorno hinaus, wenn man dabei an eine spezifische grammatische Perspektive denkt: die der generativen Regeltheorie. Adorno stellt nur ein exponiertes Beispiel für die spezifisch musikologische Reduktion von Form auf Tektonik dar, exponiert, da gerade er zu den wenigen gehört, die auch Perspektiven geliefert haben, um über diese Beschränkung hinauszukommen. Es liegt nun also nahe, Adornos Vergleich zwischen musikalischer und sprachlicher Syntax über sich selbst hinauszuführen, indem zunächst – mit Blick auf Chomsky – ein revidierter Begriff von Grammatikalität beleuchtet wird. Dazu gehören elementar die Kategorien *Generativität, tacit knowledge* und *rekursiver Algorithmus.*

Einen zentralen Ausgangspunkt für die Transformationsgrammatik von Noam Chomsky bildete seine Kritik am sprachtheoretischen Taxonomismus mit dem ihm zugehörigen behavioristischen Modell von Sprachverstehen und Spracherwerb. Kurz gesagt konnte Chomsky zeigen, dass der Blick auf die je gegebenen Formen der hierarchischen Satzgliederung zu kurz greift, da er nur erfassen kann, *wie* die Elemente eines Satzes in gegebenen Satzmustern angeordnet sind, aber nicht, *warum* bzw. mit welcher Satzbedeutung sie innerhalb eines Schemas jeweils gerade so stehen, wie sie stehen. Kurz gesagt: die tektonische Bedeutung und die Satzbedeutung von Satzelementen fallen nicht zusammen, letztere hat einen Überschuss. Das wird manifest, wenn ein Satzelement in seiner eindeutigen tektonischen Position zwei unterschiedliche Satzbedeutungen besitzt. Im Falle von Mehrdeutigkeit können die Bedeutungen eines Satzes nicht aus der tektonischen Anordnung seiner Elemente alleine erschlossen werden, also aus seiner *Oberflächenstruktur*. Um die Bedeutung oder die Bedeutungen eines Satzes zu verstehen, ist es daher nötig, seine *subkutane* Konstruktionsweise zu erkennen, in der er – und so auch seine tektonische Gliederung – *erzeugt* wurde. Auf diese Weise kann bei Mehrdeutigkeit gezeigt werden, dass dieselbe tektonische Gliederung das Resultat zweier unterschiedlicher Konstruktionsweisen mit denselben Elementen darstellt. Und in jedem Fall wird so überhaupt erst die Ebene der Satzbedeutung erreicht.

Dem entspricht theoretisch die revolutionäre Kritik der taxonomistischen Grammatik durch die Transformationsgrammatik im Sinne von Chomsky. In ihren eigenen Worten formuliert: »Ein Hauptproblem ergibt sich aus dem Umstand, daß die Oberflächenstruktur selbst meistens nur sehr wenig Hinweise auf die Bedeutung eines Satzes gibt. Es gibt zum Beispiel etliche Sätze, die auf eine Art zweideutig sind, wie es die Oberflächenstruktur nicht anzeigt.«[18] Mehr noch: »Der irreführende und unzulängliche Charakter der Oberflächenstruktur wird schon bei der Untersuchung der einfachsten *patterns* evident.«[19] Entscheidend ist, »daß die Oberflächenstruktur oftmals irreführend und wenig informativ ist und daß unsere Sprachkenntnis Eigenschaften einer viel abstrakteren Natur involviert, die nicht direkt der Oberflächenstruktur zu entnehmen sind.«[20] Die Transformationsgrammatik möchte die Strukturen der Sprache also in der Analyse der *Sprachkenntnis* bestimmen. Diese wird verstanden als operatives Handeln bzw. als abstrakte Erzeugungsdimension unterhalb der Einordnung von Satzelementen in je gegebene tektonische Muster. Wir sehen bereits an dieser Stelle die kopernikanische Wende in der analytischen Stoßrichtung: Die Strukturen eines Phänomens werden nicht primär in der Gliederung seiner fertigen dinglichen Gestalt erfasst, sondern in den subkutanen Operationsweisen, in denen es erzeugt wird, und diese verweisen stets auf unabsehbar viele weitere individuelle Resultate. Chomsky charakterisiert die abstrakte Sprachkenntnis, die gleichermaßen die Regeln der Produktion wie die des Verstehens eines Satzes ausmacht, als Transfor-

18 Noam Chomsky, Sprache und Geist, Frankfurt am Main 1973, S. 56.
19 Chomsky, Geist, S. 64.
20 Chomsky, Geist, S. 66f.

mationsprozess: Der Erzeugungsprozess geht aus von der Herstellung einer Tiefenstruktur und setzt sich fort durch ihre Transformationen in die Oberflächenstruktur, also in die zur phonetischen Realisierung gedachte fertige Gestalt des Satzes. Die Tiefenstruktur besteht aus den abstrakten propositionalen Elementen des Satzes bzw. einer abstrakten *Konstellation von Propositionen*, die zu einem Satz geformt werden sollen. Dabei charakterisiert Chomsky eine Proposition als elementares logisches Prädikat. Um ein einfaches Beispiel von ihm anzuführen: Der Satz mit der Oberflächengestalt »a wise man is honest« besteht aus den beiden Propositionen bzw. Eigenschaftsprädikationen »a man is honest« und »man is wise«.[21] Die *Tiefenstruktur* des Satzes wird hergestellt, indem eine hierarchische Relation zwischen beiden Propositionen gebildet wird, indem also die Nominalphrase in dem tiefsten Basiselement »man is wise« an die Nominalphrase in dem übergeordneten Basiselement »a man is honest« angehängt wird. Durch Operationen der *Transformation* kann aus dieser Tiefenstruktur die *Oberflächenstruktur* des fertigen Satzes abgeleitet werden (etwa, indem die tiefergestellte Nominalphrase des Basiselementes »man is wise«, also »man«, erst ersetzt wird durch »who« und dann das so entstandene »who is« elidiert wird bei gleichzeitiger Umstellung von »man« und »wise« auf der Ebene der verbleibenden übergeordneten Nominalphrase).[22]

Entscheidend ist nun Folgendes: Die Regeln, die aus gegebenen Propositionen Tiefenstrukturen herstellen und diese wiederum in Oberflächenstrukturen transformieren, sind, anders als die Gliederungsmuster von Oberflächenstrukturen, weder für den native speaker noch für den Sprachtheoretiker sichtbar bzw. kognitiv gegeben und werden daher für den letzteren erst *im Vollzug* der Rekonstruktion des Satzbildung kategorial bestimmbar. Der Theoretiker setzt also intuitiv immer schon voraus, was er überprüfen möchte: die Urteilskriterien für die Grammatikalität eines Satzes. Chomsky spricht daher von einem durch Theorie niemals restlos einholbaren *tacit knowledge* als Bedingung der Möglichkeit des Erzeugens, Verstehens und Analysierens von Sprache. Man kann bzw. muss mit dieser Kenntnis intuitiv operieren, ohne das Bildungsgesetz zu kennen, dem es entspricht. So muss hier unterschieden werden zwischen intuitiver kombinatorischer *Vorgehensweise* im Material je gegebener Propositionen und dem *Bildungsgesetz*, dem diese Vorgehensweise entspricht, kurz gesagt: zwischen *knowing how* und dem *knowing that* über dieses reine Prozeduralgespür. Das begriffliche knowing that ist

21 Chomsky, Geist, S. 52 ff.

22 Chomsky, Geist, S. 54. Siehe dazu auch genauer: Noam Chomsky, Aspekte der Syntax-Theorie, Frankfurt am Main 1973, S. 165-187.

nicht erforderlich, um das knowing how zu beherrschen: Das eröffnet ganz neue Perspektiven auf den Begriff des Denkens mit entscheidenden Folgen für einen Begriff des *musikalischen Denkens.* Wir haben es hier mit einer zwar vorbegrifflich-intuitiven, aber dennoch typologisch geregelten Vorgehensweise im Sinne einer logischen Abfolge von Schritten zu tun. Aufgrund der Korrespondenz zu einer notwendigen Folge von Rechenschritten spricht man hier von einem *Algorithmus.* Da es sich dabei um eine gestaltbildende Kombination je gegebener Zeichen handelt, die *nicht* abhängig ist von einem *begrifflichen* Vorwissen über die zu erreichende Gestalt, eröffnet sich hier die Möglichkeit, auch im Falle musikalischer Zeichenzusammenhänge von einem *Denken* zu sprechen. Man könnte dieses charakterisieren als intuitive kombinatorische Vorgehensweise in einem je individuellen Ensemble von Elementen mit spezifischen Kombinationsmöglichkeiten. Diese Intuition prozediert ohne allgemeines Vorwissen über mögliche Resultate, metaphorisch gesprochen handelt es um einen »Riecher« für objektive Kombinationsmöglichkeiten je gegebener konkreter Elemente, wobei im Falle der künstlerischen Produktion die Erzeugung von Elementen aus einem Material und ihre Kombination Hand in Hand verlaufen – in motorischer Einbildungskraft. Chomsky verweist mit Nachdruck darauf hin, dass der Sprachtheoretiker erst mit diesem Modell der algorithmischen Sprachkenntnis der wichtigsten Qualität von Sprache gerecht werden kann: ihrem *generativen* Charakter, der sich sofort darin zeigt, dass beständig neue Satzmöglichkeiten entstehen, über deren Herstellung es im Vollzug der Herstellung jeweils kein hinreichendes Wissen gibt. Im Prinzip muss bei jedem Satz damit gerechnet werden, dass er mit Regeln operiert, die aus der Kenntnis der je anderen vorliegenden Satzbildungen nicht allgemein abgeleitet und daher nur immanent erschlossen werden können. »Die Kenntnis einer Sprache schließt die Fähigkeit ein, einer unendlichen Anzahl von Sätzen Tiefen- und Oberflächenstrukturen zuzuordnen, diese Strukturen auf angemessene Art in Beziehung zu setzen und den gekoppelten Tiefen- und Oberflächenstrukturen eine semantische Interpretation und eine phonetische Interpretation zuzuordnen. Dieser Grundriß des Aufbaus einer Grammatik scheint als erste Annäherung zur Charakterisierung der ›Kenntnis einer Sprache‹ durchaus angemessen zu sein.«[23] Eine Grammatik, die im Gegensatz dazu nur die Phrasenstrukturen gegebener Sätze klassifiziert, um daraus eine probate Subsumtionsbasis herzustellen, geht an der unendlichen Menge möglicher Sätze vorbei, die anders gebaut sind und sich daher

23 Chomsky, Geist, S. 54

der Subsumtion entziehen. »Die Diskussion dessen, was ich den ›kreativen Aspekt des Sprachgebrauchs‹ genannt habe, dreht sich [darum], daß der normale Gebrauch der Sprache in dem Sinne produktiv ist, daß vieles von dem, was wir bei normalem Sprachgebrauch sagen, gänzlich neu ist, daß es sich nicht um eine Wiederholung von irgend etwas handelt, das wir zuvor gehört haben, und daß es noch nicht einmal Sätzen oder Texten, die wir in der Vergangenheit gehört haben, im *pattern* ähnlich ist – in irgendeiner sinnvollen Verwendung der Begriffe ›*pattern*‹ und ›ähnlich‹. Das ist eine Binsenwahrheit, [...] die in der behavioristischen Phase der Linguistik [...] nicht selten geleugnet wurde, da man fast gemeinhin annahm, daß die Sprachkenntnis eines Menschen als gespeicherte Menge von *patterns* repräsentiert wird, erlernt durch ständige Wiederholung und eingehendes Training, wobei Neuerungen allenfalls eine Sache von ›Analogien‹ seien. Tatsache ist demgegenüber jedoch sicherlich, daß die Zahl der Sätze, die man in seiner Muttersprache unverzüglich, ohne Schwierigkeiten oder Befremden zu empfinden, verstehen wird, astronomisch hoch ist; und daß die Zahl der patterns, die unserem normalen Sprachgebrauch zugrunde liegen und sinnvollen und leicht verständlichen Sätzen in unserer Sprache korrespondieren, in der Größenordnung weit höher liegt als die Anzahl der Sekunden während einer Lebensdauer. Genau in diesem Sinne ist der normale Sprachgebrauch produktiv.«[24]

Der kopernikanische Wende in der Sprachtheorie, die darin besteht, nicht bloß von den wenigen allgemeinen Gliederungsmerkmalen gegebener Sätze, sondern von den unendlich schöpferischen Strukturen der Sprachintuition auszugehen, entspricht eine Umkehr der Generalisierungsrichtung. Die Strukturen der Sprache werden nicht mehr von oben nach unten, sondern von unten nach oben erfasst. Jeder neue Fall kann hier entscheidende neue Einsichten allgemeiner Art liefern, da er immanent untersucht und nicht einfach unter Kenntnisse über gegebene Schemata subsumiert wird. Kommt der Einzelfall so in seiner besonderen Qualität für den Erkenntnisgewinn maximal zur Geltung, verdünnt sich die allgemeine Erkenntnis bei der Abstraktion von oben nach unten immer mehr. Führt er im ersten Fall zur offenen Differenzierung des Erkenntnismodells, sieht er sich im zweiten Fall sukzessive auf die einfachsten Merkmale des Gegenstandsfeldes verwiesen – das heißt, die Modellbildung wird mit wachsender Allgemeinheit immer trivialer. Das lässt sich kognitionstheoretisch übersetzen. Wenn Jean Piaget zwischen dem einfachen bzw. dinglichen Abstraktionsprozess

24 Chomsky, Geist, S. 26 f.

einerseits und der reflektierenden Abstraktion andererseits unterscheidet, so entspricht dies genau der Differenz zwischen Taxonomismus und generativer Analyse. Im einen Fall geht es nur um die Merkmale der dinglichen Gliederung eines Gegenstandes bzw. die einfache kognitive Leistung der Zerlegung eines Ganzen in seine Teile, im anderen um die Bestimmung einer generativen Operationsweise, die stets über den Bereich der je gegebenen Resultate hinausweist. Die methodische Pointe daran ist: Im Vollzug der analytischen Rekonstruktion einer generativen Regel muss mit dieser selbst gearbeitet werden, wodurch ein doppelter Erzeugungsprozess entsteht. 1) Die Regeloperation gewinnt eine neue, abstrakte Gestalt, indem sie auf die Ebene der theoretischen Konstruktion gehoben wird. 2) Der Stand der theoretischen Konstruktion erfährt eine Transformation in einem neuen theoretischen Modell, das zu einer Reformulierung der allgemeinen Begründungsbasis zwingt. Das heißt auch, dass jeder neue Einzelfall zu einer allgemeinen theoretischen Wende führen kann. »Wir haben es also im Gegensatz zur einfachen Abstraktion mit einem [...] Abstraktionstypus zu tun, den wir *reflektierende Abstraktion* nennen [...]. Um eine Eigenschaft von einer Handlung oder einer Operation zu abstrahieren, genügt es nicht, sie von den Eigenschaften zu trennen, die außer acht bleiben sollen (z.B. eine Trennung zwischen der ›Form‹, die behalten, und dem ›Inhalt‹, der vernachlässigt werden soll); die so behaltene Eigenschaft muß oder Form muß zusätzlich irgendwohin übertragen werden, d.h. auf eine andere Ebene der Handlung oder Operation. Im Falle der einfachen Operation stellt sich diese Frage nicht, da wir uns mit der Eigenschaft eines Objekts beschäftigen [...]. Im Falle reflektierender Abstraktion jedoch muß das Subjekt, wenn es eine Eigenschaft oder eine Form aus Handlungen oder Operationen auf einer Ebene E_1 gewinnt, sie anschließend auf eine höhere Ebene E_2 übertragen [...]. Doch damit diese Form oder Eigenschaft auf der neuen Ebene E_2 assimiliert werden kann, muß sie dort rekonstruiert und eine neuen Denkprozess unterworfen werden; das ist dann ›Reflexion‹ im kognitiven Sinne. [...] Infolgedessen ist reflektierende Abstraktion notwendigerweise *konstruktiv* und *bereichert* die von Ebene_1 bezogenen Strukturen um neue Elemente, was letztlich heißt, daß sie neue Strukturen konstruiert.«[25] Diese Unterscheidung lässt sich auch verstehen als Differenz zwischen der taxonomistischen Klassifikation eines Objektes oder Dinges auf der einen Seite und der Rekonstruktion eines individuellen Prozesses auf der anderen.

25 Jean Piaget, Meine Theorie der geistigen Entwicklung, Frankfurt am Main 1983, S. 79 f.

In beiden Fällen geht es um eine allgemeine Strukturbestimmung. Aber im ersten Fall reduziert sich das gesuchte Allgemeine auf ein bloßes Abstraktum, ein formales Objekt, an dem nur die Eigenschaften eines in Teile gegliederten Ganzen erkennbar sind, während im zweiten Fall die innere Logik eines Erzeugungsprozesses erfasst werden soll.

Kehren wir nochmals zurück zur syntaktischen Kompositionalität als jener Vergleichsdimension von Sprache und Musik, auf der beide auf ihre Weise Bedeutungen erzeugen. Wir haben eben gesehen, dass von Kompositionalität erst dann die Rede sein kann, wenn man die Syntax auch als generative Operationsweise versteht. Diese Dimension fehlte in Adornos Vergleich zwischen Musik und Sprache, der noch innerhalb eines taxonomistischen Formbegriffes angesiedelt war – ganz im Sinne der konventionellen musikalischen Formtheorien. Darin liegt auch die erste Differenz zu dem sprachtheoretischen Vergleichsautor John Searle, der Diskretheit, Kompositionaliät *und* Generativität als unlösbare Einheit würdigt. »Das dritte Moment ist die Generativität. [...] Die Anzahl der neuen Sätze, die gebildet werden können, ist unbegrenzt. Die Möglichkeit unendlich vieler neuer Sätze schafft die Möglichkeit, unendlich viele neue Gedanken, neue semantische Inhalte zum Ausdruck zu bringen. Daher sind diese drei Merkmale – Diskretheit, Kompositionalität und Generativität – nicht nur Merkmale der Syntax, sondern zugleich die Prinzipien, durch die die Syntax die Semantik strukturiert. [...] Die Bedeutung des Satzes ist kompositional abhängig von der Bedeutung seiner Bestandteile und von ihrer syntaktischen Anordnung im Satz. Die Möglichkeit der Erzeugung unendlich vieler Sätze bringt die Möglichkeit mit sich, unendlich viele neue Satzbedeutungen zu erzeugen.«[26]

Searle spricht in diesem Zusammenhang – wie auch Chomsky – von der *Rekursivität* der grammatischen Algorithmen. Da dies sprachtheoretisch oft gleichgesetzt wird mit der bloßen Iteration einer bestimmten Operation, etwa in der Möglichkeit der unendlichen Verschachtelung von Relativsätzen, möchte ich hier für ein erweitertes, chaostheoretisches Verständnis dieser Kategorie plädieren, die ihr im Sinne eines allgemeinen Kreativitätsmodells eher gerecht wird und durch die sie auch in einen breiteren praxeologischen Rahmen gestellt werden kann. Man könnte hier von einem offenen Kumulationsprozess sprechen, in dem regelgemäß erzeugte Resultate immer auch den Input *neuer* regelgemäßer Operationen aus demselben Repertoire ad infinitum darstellen. Das ergibt Verarbeitungsprozesse, die gleichzeitig kontinuierlich und offen sind. Man kann auch von der Möglichkeit unendlich langer Verket-

26 Searle, Welt, S. 111.

tungen von Operationen in aufeinander aufbauenden Transformationsprozessen sprechen. Der Neurophysiologie Gerhard Neuweiler hat dies zum Anlass genommen, hinter den Dimensionen der Sprachkenntnis und der motorischen Intelligenz eine übergreifende Operationsintelligenz des Menschen zu bestimmen. »Das entsprechende Cortexareal des Menschen, das Broca-Areal, verbindet Handlungselemente der Arme und Hände ebenso wie die Artikulationsmuskulatur der Kiefer, Zunge und Lippen schnell und präzise zu unbegrenzten Handlungsketten. Die Komponenten werden nach Regeln verknüpft, die ganz ähnlich wie beim genetischen Code Einzelbausteine in beliebiger Reihenfolge in prinzipiell endlosen Sequenzen verbinden können. Die ›Broca-Fähigkeit‹ wirft einen Ball genau ins Ziel, baut ein Uhrwerk zusammen und generiert sich verzweigende endlose Wortfolgen auch dann, wenn wir sie gar nicht aussprechen, sondern spielerisch und stumm in unserem Gehirn ablaufen lassen. Dieses endlose, regelhafte Verknüpfen von motorischen Instruktionen beherrschen unsere Primatenvorfahren nur in begrenztem Umfang. Diese nach vorne offenen Verkettungen besitzen noch eine zweite Eigenschaft, die Rekursion. Rekursion oder Rückverweis besagt, dass eine logische Operation auf ein Objekt angewandt und das so modifizierte Objekt dann erneut dieser Regel unterworfen wird. Dieses rekursive Spiel kann endlos wiederholt werden.«[27] Die Broca-Fähigkeit ist auch verantwortlich für die Möglichkeit, auf unbegrenzte Weise Ketten aus musikalischen Klangelementen gestaltgemäß zu verknüpfen und daraus zu lernen, wieder neue Ketten herzustellen – ad infinitum.

Mit den Kategorien der syntaktischen Kompositionalität, der Generativität und der Rekursivität konnten erste Überlegungen zum Begriff der Regel gemacht werden, der im Vergleich zwischen Sprache und Musik die Formulierung eines übergreifenden Modells des Denkens erlauben soll. Mit dem Begriff des rekursiven Algorithmus und der Perspektive auf eine antitaxonomistische Theorie der Form sind bereits zwei musikästhetisch direkt verwertbare Schlüsselthemen gewonnen worden. Kehren wir nun zurück zur Ausgangsfrage des Kapitels. Dieses steht an einem entscheidenden Punkt unseres Konstruktionsprozesses. Wir hatten geltend gemacht, dass Musik als Äußerung sui generis mit eigener Erkenntnisqualität ästhetische und symbolische Darstellungsqualität miteinander vereinen muss. Die Darstellung unverstellter ästhetischer Eindrücke bildet erst dann eine Erkenntnisleistung, wenn sie in der Lage

27 Gerhard Neuweiler, Und wir sind es doch – die Krone der Evolution, Berlin 2008, S. 167 f.

ist, ästhetische Qualitäten der Wirklichkeit als individuelle Repräsentationen allgemeiner Möglichkeiten zu entfalten. Dies wiederum hängt von zwei Voraussetzungen ab: 1) Die Wirklichkeit muss (auch) das Korrelat einer künstlerischen Darstellung bilden, also Zusammenhänge besitzen, die sich auf spezifisch ästhetische Weise artikulieren, und 2) die künstlerische Darstellung muss Bedeutungen erzeugen können, in denen allgemeine Möglichkeiten der objektiven Wirklichkeit zum Ausdruck kommen. Es geht also um die Struktur von Musik als Symbolmedium, und die moderne Sprachtheorie kann zeigen, dass ein gültiges Symbolmedium nicht nur eine syntaktische Gliederung besitzen, sondern *komponiert* sein muss in einem offenen Prozess der immer neuen Erzeugung von Formen. Erzeugung heißt also *Generierung*: regelgemäße Kombination je typusgemäßer Elemente in einer je endlichen typusgemäßen Schrittfolge mit Ergebnissen, die nicht aus dem je bestehenden Stand von Ergebnissen allgemein abgeleitet werden können. Die Grundlage dieser *ars combinatoria* stellt ein *tacit knowledge* dar, das niemals restlos in begriffliches Wissen transformiert werden kann. Allerdings reicht diese Vergleichsebene noch nicht aus, um mit den Mitteln der Sprachtheorie eine befriedigende Bestimmung von Musik als gültiges Symbolmedium leisten zu können. Es fehlt noch eine ganz entscheidende Dimension: die der Bezugnahme generativer Formen auf die objektive Wirklichkeit. Denn die Grammatik von Chomsky, aus der wir den Begriff der generativen Kompositionalität gewonnen haben, kennt nur *innersprachliche* Bedeutungswelten. Sie kümmert sich nicht um den Gebrauch der Sprache in Kommunikationszusammenhängen und kennt objektive Bedeutungen, die den Gegenstand der satzförmigen Konstruktion bilden, nur in der Gestalt freischwebender, weltloser Propositionen. Es bietet sich nun an, zum Einstieg in dieses Problem ein weiteres Mal auf Adornos Vergleichsmodell zurückzugreifen.

Die kompositionale Erzeugung von Bedeutungen in der kommunikativen Formung psychischer Akte

Es wurde bereits darauf verwiesen, dass Adornos *Fragment* zwei systematische Verkürzungen enthält. Die erste, formtheoretische, wurde eben behandelt. Die zweite betrifft das Verhältnis von musikalischer Form und Bedeutung, das Adorno mit dem Begriff des Meinens als mentaler Verwendung von Bedeutungen zu fassen versucht. Zunächst unterscheidet er Musik als Sprache kategorisch von der Wortsprache als einem Medium des Meinens. Das Meinen zeigt sich dabei gebunden an

Intentionen, man könnte sagen im Sinne von geplanten bzw. bewussten Denkleistungen. »Gegenüber der meinenden Sprache ist Musik eine von ganz anderem Typus. [...] Musik zielt auf eine intentionslose Sprache.«[28] Wenn Adorno nun einräumt, dass Musik aber Intentionen in sich aufnehmen kann, ja muss, so beginnt der Begriff des intendierten Meinens unklar zwischen zwei verschiedenen Bedeutungen zu oszillieren. In einer schwächeren Weise kann auch Musik Gemeintes artikulieren, wenn sie sprachähnliche Vokabeln benutzt, die mit einer bestimmten Semantik verbunden werden können, wie etwa im Falle des Affektvokabulars des *stile rappresentativo*. Hier geht also um einen Annäherung an die Wortsprache. In einer stärkeren Weise spricht Adorno aber auch von der Dimension des Meinens und Intendierens als einer konstitutiven Bedingung musikalischen Ausdrucks. »Allenthalben ist sie [die Musik] von Intentionen durchsetzt, und gewiß nicht erst seit dem stile rappresentativo, der die Rationalisierung von Musik daran wandte, über ihre Sprachähnlichkeit zu verfügen. Musik ohne alles Meinen, der bloße phänomenale Zusammenhang der Klänge, gliche akustisch dem Kaleidoskop.«[29] Hier wird das Meinen, das eben noch eine Sache des bewussten Denkens im Medium der Wortsprache schien, unter der Hand auch zu einer zentralen Dimension des Komponierens. Adorno kommt kaum über diese indirekte Charakterisierung des musikalischen Meinens hinaus, aber die Abgrenzung gegenüber dem Klangkaleidoskop verweist auf eine formästhetische Dimension und die gegenüber dem bloßen phänomenalen Klingen auf eine bedeutungstheoretische Dimension. Es geht also um eine leitende musikalische Vorstellung, die a) nicht die Bewusstheit des begrifflichen Denkens besitzt, b) auf eine imaginäre Gestalttotalität gerichtet ist und c) dabei über den reinen Klang hinausgeht, also eine Bedeutung enthält oder sagen wir besser: mitschwingen lässt. Zur Beantwortung unserer Frage nach Musik als Erkenntnismedium trägt dies nichts bei, und zwar nicht nur wegen der Vagheit von Adornos Überlegungen. Erstens geht es hier nur um Bedeutungen im Vorstellungsraum des Komponisten und nicht um ihr Verhältnis zu Bedeutungen der objektiven Wirklichkeit, und zweitens bietet dieser ästhetische Begriff des Meinens kein starkes formästhetisches Gegenmodell zu Adornos Gleichsetzung von Form und Tektonik auf. Damit wird auch die zweite Voraussetzung des von uns gesuchten Modells, die Qualität von Musik als generatives Symbolmedium berührt. Denn wir haben es so mit einem Modell von Musik als Sprache

28 Adorno, Fragment, S. 252.
29 Adorno, Fragment, S. 252.

zu tun, in dem leitende ästhetische Gestaltvorstellungen durch die tektonischen Raster des Ausdrucksmediums kanalisiert werden. Das wäre anders, wenn Adornos Verweis auf die konstitutive kompositorische Bedeutung des Meinens die musikalische Form offensiv als Medium der Erzeugung statt nur als Behälter von Vorstellungen ins Spiel bringen würde.

Auch zu dieser zweiten Reduktion von Adornos symboltheoretischen Ausführungen über Musik als Sprache gehört ein sprachtheoretisches Äquivalent. Als Normalform des Meinens wird das wortsprachliche Meinen von ihm auf die planerische Denkleistung festgelegt. Anders als die Musik kommt die Wortsprache so überhaupt nicht mehr in den Blick als bedeutungserzeugende *Form* unterhalb des begrifflichen Denkens. Abgesehen von ihrer sprachtheoretischen Untriftigkeit, auf die wir gleich zu sprechen kommen werden, belastet diese Verkürzung auch die Suche nach Kriterien für eine gültige Äußerung, die musikästhetisch fruchtbar gemacht werden könnten – und zwar auf dreifache Weise: Erstens kommt mit der Wortsprache das Symbolmedium par excellence zu kurz, wodurch der allgemeine symboltheoretische Vergleich zwischen Musik und Sprache relativ witzlos wird, insbesondere entfällt dabei die auch musikästhetisch wertvolle Perspektive auf die algorithmische Erzeugung von Bedeutungen unabhängig von ihrem begrifflichen Vorverständnis; zweitens wird mit der Sprache als kreativer Symbolwelt auch ein wichtiger Kandidat für eine objektive Wirklichkeit mit ästhetischer Relevanz verschenkt; drittens kann Sprache so auch nicht mehr in den Blick genommen werden als mögliche Wurzel für Musik in der Qualität eines Symbolmediums. Wir werden später sehen, dass die Punkte zwei und drei massiv auf den Plan treten, sobald die Sprachtheorie sich den objektiven Prozessen der Konversation zuwendet.

Die vorliegende Argumentation folgt der Annahme, dass mit Hilfe der modernen Sprachtheorie exemplarische Kriterien für die Struktur einer gültigen Äußerung entwickelt werden können, die auch musikästhetisch übersetzbar sind. Wie die Kritik an Adornos *Fragment* gezeigt hat, kann der sprachtheoretische Strukturbegriff auch helfen, notorische Verkürzungen der musikalischen Formtheorien kenntlich zu machen. Diente dafür zunächst der satzgrammatische Begriff der kompositionalen Generativität, so geht es jetzt über die Grenzen der Satzgrammatik hinaus – und zwar mit einer doppelseitigen Erweiterung des Regelbegriffs. Dabei ist als Erstes erkennbar, dass ein Begriff der generativen Form nicht zu einem vorstellungspsychologischen Bedeutungsbegriff genötigt ist, wie Adorno ihn in seiner Theorie des sprachlichen Meinens unterstellt. Bedeutungen können vielmehr als Erzeugnis der sprachlichen

Formbildung gefasst werden, nicht anders, als es Adorno an der Musik gewürdigt hat – auch wenn bzw. obwohl es die Sprache natürlich stets mit lexikalischen Elementen zu tun hat. Genau diese Perspektive nimmt John Searle ein, wenn er für die Beantwortung der Ausgangsfrage, wie die Sprache sich auf die Welt bezieht, die regeltheoretische Transformation der »Gebrauchstheorie der Sprache« vorschlägt. Anders als mit der »Referenztheorie« und der »Vorstellungstheorie« der Bedeutung ist es regeltheoretisch möglich, Sprache nicht nur als Instrument einer vorausliegenden Reflexionstätigkeit zu verstehen. Erst so kann man auch der inneren Kompositionalität von Sprache vollends gerecht werden. »Meiner Ansicht nach ist der Begriff ›Gebrauch‹ nur als Gegengewicht gegenüber Referenz- und Vorstellungstheorien der Bedeutung nützlich. Als positive eigenständige ›Theorie‹ ist er für unsere Zwecke zu vage.«[30]

Um eine solche zu konstruieren, rückt Searle – vor allem im Anschluss an seinen Lehrer John Austin – den Begriff des Sprechaktes mit seinen zwei Polen Akt und Form in den Mittelpunkt. »Im Mittelpunkt [...] stehen die Sprechakte, die vollzogen werden, indem [...] linguistische Formen geäußert werden. [...] An die Stelle des ›Gebrauchs‹ tritt [...] die Unterscheidung zwischen den verschiedenen Arten von Sprechakten, die man mit der Äußerung von Ausdrücken vollzieht [.]«[31] Anstelle des vagen Bezuges auf den Gebrauch der Sprache tritt hier 1) die Sprache als Aktivität in den Blick und 2) diese Aktivität als regelhafte Formbildung. »Eine Sprache sprechen ist offensichtlich eine Form des Verhaltens: Sprechen ist eine menschliche Tätigkeit. Nicht so offensichtlich ist, daß diese Form der Tätigkeit von Regeln geleitet ist.«[32] Während für Chomsky der kommunikative Gebrauch eines Satzes nicht mehr zur Welt der Regeln gehört, sondern zu den äußeren Rahmenbedingungen der Spracherzeugung, charakterisiert Searle den Satz von Grund auf als kommunikative Form. »Nicht das Zeichen, Symbol oder Wort ist die elementare Einheit der Kommunikation, sondern die Produktion von Zeichen, Symbolen oder Wörtern im Rahmen von Sprechakten. [...] Wenn die fundamentale Einheit der Kommunikation der Sprechakt ist, dann ist das Einrücken der Sprache in den allgemeinen Bereich menschlicher Handlungen, Aktionen und Tätigkeiten nicht nur ein idiosynkratisches Mittel, sondern wesentlich für das Verständnis von Kommunikation.«[33]

30 Searle, Kommunikation, S. 304.
31 Searle, Kommunikation, S. 305.
32 Searle, Kommunikation, S. 305.
33 Searle, Kommunikation, S. 307.

Searles Charakterisierung von Sätzen als Kommunikationsformen liefert wie auf dem Silbertablett Möglichkeiten der Kritik an Adornos Spekulationen über das sprachliche Meinen, da die Sprechakttheorie einen eigenen Begriff des Meinens ins Feld führt – an zentraler Stelle gegen das Kommunikationsmodell von Paul Grice. Gerade dessen Bedeutungstheorie lohnte für Searle der Auseinandersetzung, da sie sich von seiner eigenen nur haarfein unterscheidet und so eine wertvolle Modellpräzisierung erlaubt. Es ist systematisch aufregend, dass Searle hier stets von einem (satz-)kompositorischen Meinen ausgeht, so wie es Adorno nur im Falle der Musik für möglich hält. Für Grice dagegen besteht ein Kommunikationsakt darin, dass ein Sprecher S den Satz X dafür benutzt, beim Hörer H durch eine *vermittels* X transportierte *intendierte Bedeutung* B eine Wirkung hervorzurufen, indem dieser die intendierte Bedeutung B erfasst. Der Satz transportiert hier also nur eine von ihm relativ unabhängige Intention als Mittel zum Zweck – das entspricht Adornos Sprachmodell. Aber so stellt die Satzbedeutung selbst und ihr Verstehen durch H einen blinden Fleck dar. Es geht hier nur bewusstseinspsychologisch um die Wirkung auf das Denken von H durch die intendierte Botschaft B jenseits des internen Verstehens des Satzes X, der sie transportieren soll – sprachtheoretisch ausgedrückt, um einen »perlokutionären« Effekt. Searle verweist darauf, dass diese Entmächtigung der Satzbedeutung zu einer Austauschbarkeit der Satzformulierung und damit zu einer Abhängigkeit der Botschaft von den situativen Rahmenbedingungen der Äußerung führt, was – aus Gründen, die hier nicht weiter ausgeführt werden können – kommunikationstheoretisch untragbar ist. Searle schlägt dagegen eine Transformation des Begriffs der »gemeinten Bedeutung« vor. Er setzt an die Stelle der beabsichtigten Botschaft B die immanente oder objektive Bedeutung einer – regelhaft – gebauten Form, der Form des Satzes als Illokution. Das »Meinen« des Sprechers bekommt so einen kompositionalen Charakter, es wird hier zur operationalen Ausdrucksintention. Der Sprecher kommuniziert so auch nicht primär perlokutionäre, sondern illokutive Effekte, erstere können allenfalls als zusätzliche Dimension hinzukommen. »Der Sprecher S beabsichtigt, beim Hörer H einen illokutionären Effekt IE dadurch hervorzurufen, daß er H dazu bringt zu erkennen, daß S IE hervorzurufen beabsichtigt.«[34] Dieser Effekt besitzt den Charakter einer *Formerkenntnis* bei H und nicht den einer durch S intendierten psychischen Beeinflussung. »Der vermittels der [Satz-]Bedeutung intendierte Effekt besteht im Verstehen des Zuhörers; Verstehen gehört aber

34 Searle, Sprechakte, S. 75.

nicht zu dem Typ von Wirkungen, der in Grices Beispielen vorkommt. Verstehen stellt keinen perlokutionären Effekt dar.«[35]

Nun könnte man vielleicht einwenden, dass die Kommunikation hier im Sinne eines kalten Strukturalismus zum kognitiven Akt gemacht wird. Ein Sprecher adressiert einen Hörer, indem er ihm einen Satz zum Studieren gibt, und dieser reagiert darauf, indem er den Satz durch gemeinsam geteilte Regeloperationen bzw. Formoperationen zu verstehen sucht. Man verständigt sich dabei unpersönlich über die Bedeutung einer Äußerung. Musikästhetisch würde dem die Adressierung eines Hörers durch einen Komponisten im Medium einer rekonstruierbaren kompositorischen Leistung entsprechen. Damit wäre diese sprachtheoretische Position ein schlechter Kandidat für die Bestimmung von musikästhetisch übersetzbaren Kriterien für eine gültige Äußerung. Aber die Pointe von Searles Theorie liegt gerade darin, das Verhältnis von Ausdruck und Form in den Mittelpunkt zu rücken. Werfen wir nochmals einen Blick auf Searles Kommunikationsmodell. Darin zeigt sich auf klare Weise die Praxisqualität der von ihm gekennzeichneten kommunikativen Relation. Der illokutive Effekt, den Searles Modellsprecher S beim Hörer erzielen möchte, besteht nicht nur darin, dass H die Illokution regelgerecht identifizieren kann, sondern sich durch die Äußerung von S illokutionsspezifisch angesprochen fühlt. Wenn S also eine Frage an H richtet, ist die erste Voraussetzung für das Gelingen der Kommunikation in der Tat, dass H die Bedeutung der Äußerung als Frage erkennt, aber das reicht nicht. H muss sich im Sinne des von ihm erkannten Illokutionstypus angesprochen fühlen, also in einer praktischen Beziehung als Befragter und nicht nur als native speaker in einer Verstehensgemeinschaft.

Aber die praxistheoretische Seite von Searles Illokutionsmodell reicht noch tiefer. In Sprechakten sind für ihn stets die beiden Dimensionen der a) kommunikativen psychischen Haltung unterhalb der sprachlichen Formenwelt – wie sie zum Teil auch schon bei subhumanen Gattungen existiert – und ihrer b) (idealiter) satzförmigen Artikulation unauflöslich miteinander verbunden. Die kommunikative Primärbedeutung liegt im psychischen Aktimpuls, und die geformte Illokution muss ihr entsprechen. Den dimensionalen Bezug zwischen habitueller Ausrichtung und Äußerungsform macht Searle explizit deutlich in seiner Taxonomie illokutionärer Akte. Er geht davon aus, dass die gesamte Welt von illokutionären Formen sich auf fünf Grundtypen zurückführen lässt: Assertive, Direktive, Kommissive, Expressive und Deklarationen.

35 Searle, Sprechakte, S. 75.

Diesen entsprechen vier Grundtypen kommunikativer Ausrichtung. »Es gibt fünf [...] mögliche Typen von Sprechakten, fünf Typen von illokutionären Akten. [...] Zu den ersten vier Typen von Sprechakten gibt es im Bereich der intentionalen Zustände genaue Entsprechungen: den Assertiva entsprechen Überzeugungen [...], den Direktiva entsprechen Wünsche [...], den Kommissiva entsprechen Absichten [...], und den Expressiva entspricht der ganze Bereich der Emotionen [...]. *Den Deklarationen hingegen entspricht kein vorsprachliches Analogon.*«[36] In dieser Formulierung werden die mentalen *Zustände*, die in den verschiedenen Sprechaktformen ausgedrückt werden können, explizit als vorsprachliche gekennzeichnet.

Man könnte hier auf die Idee kommen, dass sich die Sprechakttheorie unter der Hand doch wieder einem bewusstseinspsychologischen Bedeutungsmodell nähert, wenn Sätze als Illokutionen die Bedeutung von psychischen Einstellungen zum Ausdruck bringen sollen. Aber man kann dieser Relation nur gerecht werden, wenn man sie im Zusammenhang zweier von Searle stark gemachter polarer Grundbedingungen von Kommunikation sieht: die Wahrhaftigkeitsbedingung und das Prinzip der Ausdrückbarkeit. Im regelgeleiteten und daher formgerechten Meinen einer *Satzbedeutung* muss gleichzeitig eine affine *Aktbedeutung* enthalten sein, oder genauer: Ein Sprecher muss die Satzbedeutung so formulieren, dass sie der affinen Aktbedeutung entspricht, die sie artikuliert. Dies versteht Searle unter der zur »wesentlichen Regel« erhobenen »Wahrhaftigkeits«- oder »Aufrichtigkeitsbedingung«. Am Beispiel des Aktes des Versprechens macht er unmissverständlich klar, dass es sich hier um eine pragmatische Regel und nicht um ein ethisches Prinzip handelt. Der Sprechakt des Versprechens ist gelungen geäußert, wenn durch seine *Form* seine Bindung an die Bedeutung des gemeinten Aktes zum Ausdruck gebracht wird. Dies gilt auch dann, wenn der Sprecher dabei eine Täuschung im Sinne hat. Es ist ja gerade so, »daß nur dann, wenn der Akt als der Ausdruck eines psychischen Zustandes gilt, Unaufrichtigkeit möglich ist.«[37] Der Akt des Versprechens gilt hingegen als misslungen, wenn seine Form der praktischen Einstellung, die sie ausdrücken soll, zuwiderläuft. Es entsteht dann Unsinn, etwa in der gescheiterten Äußerung. »Ich verspreche Dir, dass X, werde das aber nicht einlösen.«

Gleichzeitig gilt auch die umgekehrte Relation: Jede gemeinte Akthaltung kann immer auch sprachlich ausgedrückt werden. Das heißt

36 Searle, Welt, S. 118 f.

37 Searle, Sprechakte, S. 107.

nicht einfach, dass es zu jeder Akthaltung Sätze gibt, mit denen man sie übermitteln kann. Das würde in der Tat der Vorstellungstheorie der sprachlichen Bedeutung entsprechen, in der Sätze nur instrumentell gebraucht werden. Vielmehr möchte Searle geltend machen, dass jede gemeinte Akthaltung nur dann verstehbaren Sinn besitzt, wenn ihre Bedeutung in einer ihr logisch entsprechenden sprachlichen Form artikuliert wird – Ausdrückbarkeit bedeutet also notwendige regelhafte Artikulierbarkeit. Allgemein gesprochen: Ausdrucksprozesse werden hier einerseits verwurzelt in subsprachlichen Haltungen, die sich zum Teil berühren mit subhumanen Regungen, aber gleichzeitig werden sie immer schon als Sinngebilde verstanden, die nur in einer artikulierten Form Leben gewinnen. Die Regeltheorie steht so im Gegensatz zu einer Zwei-Faktoren-Theorie mit ihrem Dualismus von somatischer Regung und begrifflichem Verstehen, und sie vermag diesen Dualismus zu überwinden, da sie die Welt der sinnhaften Formen als unendlich offenen und nuancenreichen Artikulationsprozess versteht. In ihrem Sinne kann man von einer phasischen Kontinuität zwischen der Dimension der Ausdrucksimpulse und der der Sinngestalten sprechen. Das dürfte erneut die musikästhetische Relevanz dieser Position zeigen.

Eine weitere Bedeutungsdimension von Sprechakten: die Verknüpftheit illokutiver Akte mit ihrer Bezugnahme auf Bedeutungen der objektiven Welt

Wir haben die Sprechakttheorie von Searle mit hinzugezogen, da sie die bedeutungstheoretische Ausgangsfrage nach dem Verhältnis von Sprache bzw. Symbolmedien und Welt offensiv angeht durch eine spezifische Weiterentwicklung der Regeltheorie. Wir haben gesehen, dass Searle diese dabei aus dem zu engen Rahmen der Satzgrammatik hinaus auf das Feld der Sprachpragmatik führt. Dort stellen sprachliche Bedeutungen primär Kommunikationsbedeutungen in illokutiven Äußerungen zwischen Sprechern und Hörern dar. Man könnte daher sagen, dass sprachliche Bedeutungen sich primär auf die Welt der sozialen Austauschbeziehungen beziehen. Die innere Bedeutung eines Fragesatzes ist direkt auf die objektive Bedeutung der Fragesituation gerichtet, in der er geäußert wird, da er einen Teil von ihr darstellt. Allgemeiner formuliert: Illokutive Äußerungen bringen immer auch die Bedeutung ihres kontextuierenden pragmatischen Rahmens zum Ausdruck, da er von diesen miterzeugt wird. Es ist nun aber so, dass Searle selbst die Dimension der *Kommunikationsbedeutung* einer Illokution und die ihres *Bezuges auf die objektive Welt* trennt – wodurch die Kommunikationsbeziehung, die eine Illokution besitzt, nicht per se den Status einer objektiven Welt besitzt, auf den die Aktbedeutung sich bezieht. Das zeigt sich etwa daran, dass Searle Äußerungen, die nur aus Illokutionen bestehen, wie etwa Grußformeln, nicht auch als Form der Bezugnahme auf eine kontextuierende Sozialität, also die Begrüßungssituation, versteht. Sie würden zu den Expressiva gehören, also zu Sprechakten, »die überhaupt keinen Inhalt haben«, wie etwa »Aua«.[38] Searle geht hier systematisch von der grammatischen Struktur vollständiger Satzäußerungen aus. Diese bestehen eben nicht bloß aus illokutiven Akten, sondern verbinden drei verschiedene Aktdimensionen, wozu auch die Bezugnahme auf die Welt der objektiven Sachverhalte gehört. Und für diesen Akt reserviert Searle den Bezug von Satzbedeutungen auf die Welt überhaupt. Es gibt »drei Arten von Akten, die wir unter dem Oberbegriff des Sprechaktes zusammenfassen [...]: (a) Äußerung von Wörtern (Morphemen, Sätzen) = Vollzug von *Äußerungsakten*; (b) Referenz und Prädikation = Vollzug *propositionaler Akte*; c) Behaupten, Fragen, Befehlen, Versprechen usw. = Vollzug *illokutionärer Akte*. Dabei handelt es sich nicht um getrennte Dinge, die die Sprecher zufällig tun.«[39] In der Äußerung eines vollständigen Satzes werden stets alle drei Ebenen gleichzeitig mit ihren je eigenen Regelstrukturen vollzogen, allerdings mit variablen Bezügen zueinander. Gerade dadurch wird ihre Unterscheidung unmittelbar evident. Um eine von Searle gebrauchte Variationsfolge zu nennen: »1. Sam raucht gewohnheitsmäßig. 2. Raucht Sam gewohnheitsmäßig? 3. Sam, rauch gewohnheitsmäßig! 4 Würde Sam doch gewohnheitmäßig rauchen«.[40] Alle vier Sätze veranschaulichen dieselbe Basisrelation. Es handelt sich um syntaktisch regelgerechte Äußerungen, in denen jeweils eine praktische Haltung gegenüber einem Sachverhalt in der Welt dargestellt wird: die des Behauptenden, des Fordernden, des Fragenden und des Wünschenden. Die analytische Unabhängigkeit der Ebenen zeigt sich darin, dass der Verweis auf denselben Sachverhalt bzw. derselbe propositionale Akt mit vier verschiedenen illokutionären Haltungen verbunden sein kann. »Bei jeder Äußerung verweist der Sprecher auf ein bestimmtes Objekt Sam [Referenz], oder erwähnt und bezeichnet es, und prädiziert das Objekt, auf das er verweist, als ›raucht gewohnheitsmäßig‹ [...]. Wir können also sagen, daß bei der Äußerung sämtlicher vier Sätze Referenz und Prädikation die gleichen sind, obwohl in jedem einzelnen Fall die gleiche Referenz und

38 Searle, Intentionalität, S. 22.
39 Searle, Sprechakte, S. 40.
40 Searle, Sprechakte, S. 39.

die gleiche Prädikation beim Vollzug verschiedener Sprechakte vorkommen können.«[41]

In der Gleichsetzung des Bezuges propositionaler Akte auf die Welt der Sachverhalte einerseits mit dem Bezug von Satzbedeutungen auf die objektive Welt im Allgemeinen andererseits unterläuft Searle eine Verwechslung. Zu Sachverhalten werden Gehalte der objektiven Welt erst in der Perspektive von Aussagen bzw. kognitiven Bestimmungen – Searle spricht ja deutlich genug von Prädikation. Aber unterhalb bzw. noch vor dieser Bezugnahme tritt die Welt dem Handelnden als Feld von latenten Möglichkeiten entgegen, die erst im Vollzug der Realisierung dieser Möglichkeiten als denkbare Sachverhalte erscheinen. Halten wir daher fest: Illokutive Äußerungen sind per se bezogen auf die objektive Welt von Äußerungssituationen, da sie ihr zugehören, und dieser Bezug vollzieht sich primär ohne Vermittlung durch Prädikationen. Würden etwa Partner in einer Beziehung diese wechselseitig nur als Sachverhalt behandeln, würden sie sich darüber nur noch unpersönlich verständigen. Dieser Unterschied bildet für Searle gerade deswegen einen blinden Fleck, da seine Sprechakttheorie zwischen unterschiedlichen illokutiven Bezügen auf die Welt unterscheidet, und darin gehören Aussagen über Sachverhalte nur zu einer von fünf Illokutionstypen, also zu den Assertiva. Aber in der Vermittlung ihres Bezuges auf die Welt durch propositionale Akte sind alle Typen auf kognitiv identifizierbare bzw. denkbare Weltzustande gerichtet, die sie je illokutionstypisch behandeln.

Um ein Beispiel zu nennen: Wenn ein Sprecher S einem Hörer H lächelnd fragt, ob er ihm Wein nachschenken darf, so ist der primäre Weltbezug der Äußerung die Gestaltung der Beziehung zwischen S und H. Diese kann gleichbedeutend im reinen Lächeln zum Ausdruck gebracht werden, also in einem Expressivum, das ja keinen propositionalen Inhalt hat, wie wir von Searle wissen. Im satzförmigen Ausdruck der Bedeutung »Ich frage Dich, ob ich Dir Wein einschenken darf?« gibt es in der so zum Ausdruck gebrachten Beziehung den Fragebezug auf den eindeutigen Sachverhalt des Einschenkens von Wein in ein Glas. Dieser muss von beiden Beteiligten als solcher verstanden werden, damit die Adressierung glückt. Aber dieser propositionale, also kognitiv eindeutige Bezug, der den allseits bekannten Weltzustand des Weineinschenkens zum Inhalt hat, ist Bestandteil eines praktischen Bezuges der Äußerung, der nicht auf einen bloßen Sachverhalt gerichtet ist, da es um eine persönliche Beziehung geht. Für diese wäre es tödlich, wenn der Akt von einer argumentativen Begründung geleitet würde: »Da es

41 Searle, Sprechakte, S. 39.

in Situationen wie der aktuell gegebenen immer dazu gehört, dass ich dir Wein einschenke, behandle ich die Situation im Sinne dieses Sachverhalts und leite das Weineinschenken ein.« Derlei kann auch soziologisch relevant sein, etwa in der Verwechslung von rationalem Beziehungsarrangement und reifer Beziehung.

Wir sehen nun den eigentlichen blinden Fleck der Sprechakttheorie von Searle, er liegt auf der Ebene der pragmatischen Dimension des Sprechhandelns. Searle kann den primären Bezug von Illokutionen auf die objektive soziale Realität nicht systematisch würdigen, da er den Weltbezug des Sprechhandelns erst dann gegeben sieht, wenn ein Sprecher und ein Hörer sich über Sachverhalte in der Welt verständigen. Dies wiederum liegt daran, dass er den Aktimpuls, der vom Sprecher illokutiv geformt wird, nicht als Element der objektiven Beziehung zwischen Sprecher und Hörer und damit als objektiven Gegenstand der Verständigung zwischen beiden betrachtet, sondern nur als psychischen Bestandteil der Illokution selbst, als reine Binnenangelegenheit des Sprechers. Hier mangelt es der Sprechakttheorie an soziologischem Denken. Dieser subjektivistischen Seite von Searles Sprechakttheorie entspricht eine schon früh kritisierte regeltheoretische Verkürzung: Die Regeln des Sprechhandelns werden hier nur für die einzelne illokutive Äußerung geltend gemacht, aber nicht für die Organisation immer schon ablaufender Verkettungen von Illokutionen. Damit entfällt der Blick auf das Sprechhandeln als einer regelgemäß geformten objektiven Welt, in der nicht mehr die einzelne Illokution die basale Realität darstellt, sondern die übergreifende Gestalt der Verkettung. Aber ist damit diese Dimension der Regeltheorie von Searle ohne Wert für eine musikästhetische Übersetzung? Mit Searle kamen ja zwei entscheidende neue Dimensionen ins Spiel: 1) An Sprechakten zeigt sich exemplarisch, dass gültige Äußerungen stets eine innere Beziehung zwischen Ausdrucksimpuls und generativer Form besitzen. Dadurch gewinnt das Modell der syntaktischen Kompositionalität die nötige ausdruckstheoretische Seite, wenngleich, das muss festgehalten werden, nur von grammatiktheoretischer Sicht aus. Bislang geht es nur um die Frage, wie muss die Form gültiger Äußerungen aussehen, damit sie ihrer Ausdrucksfunktion gerecht wird? Aber allein damit liefert der regeltheoretische Vergleich von Sprache und Musik Perspektiven, die ins Innerste der musikalischen Formtheorien reichen. 2) Gültige kompositionale Äußerungen stellen Aktformen dar, in denen a) ein Sprecher einen Hörer adressiert, und in denen b) S in seiner kommunikativen Hinwendung zu H symbolisch auf Sachverhalte in der objektiven Welt verweisen kann. Auch wenn Searle selbst dabei den Weltbezug dieser Akte auf die Dimension b) reduziert, heißt das nicht, dass dieses Aktmodell untriftig und so musikästhetisch unbrauchbar wäre – im Gegenteil! Die mit ihm konstruierbare Frage: Stellt eine musikalische Äußerung in ihrer *inneren* Qualität eine *kommunikative* Aktform dar (anders als eine private Konstruktion), die die Möglichkeit realisiert, kommunikativ auf *Sachverhalte* in der objektiven Welt Bezug zu nehmen, reicht ins Herz der musikalischen Autonomieästhetik.

Die musikalische Organisation von Konversationsprozessen

Wir sprachen davon, dass nicht die einzelne Illokution die elementare Dimension des Sprechhandelns darstellt, sondern die übergreifende Gestalt der Sequenzierung von Illokutionen. Damit führt der sprachtheoretische Regelbegriff in die Interaktionstheorie, zunächst über die Grammatik von Konversationsformen. Darin besitzt der illokutive Akt immer schon mindestens zwei Bedeutungsdimensionen: In seiner Bedeutung als illokutionärer Typus besitzt er immer auch die Bedeutung als typisches Organisationselement in der Architektonik von Konversationsprozessen. So kann eine Frage etwa die Bedeutung einer Eröffnungsphase in einer Unterhaltung besitzen oder die der Eröffnung der Beschließung einer Diskursrunde (»Hat noch irgendjemand eine Frage? Sonst würde ich zum Schluss meiner Ausführungen kommen.«). Exemplarisch für diese Perspektive ist die »Konversationsanalyse«, wobei unter Konversation hier ganz allgemein »talk in interaction« verstanden wird. Zu Noam Chomsky und John Searle gesellt sich nun Emanuel Schegloff, der Begründer dieser Theorie, neben (dem leider viel zu früh verstorbenen) Harvey Sacks. Analytisch wird hier der »Sprechakt« zum »conversational turn«, also zum Bedeutungselement in einer Interaktionsfolge. Bereits in dieser kategorialen Bezeichnung klingen die beiden zentralen Charakteristika von Konversationen an. Sie bilden phasische Sequenzierungen von Äußerungen und vollziehen sich dabei in einem beständigen Wechsel der Redebeiträge. Von grundlegender Bedeutung ist dabei, dass Konversationsprozesse eine basale und autonome Schicht des sozialen Lebens darstellen, die nicht auf äußere gesellschaftliche Zwänge oder Einflüsse reduzierbar sind – nebenbei einer der wichtigsten Gegenstände der Soziologie, die die populäre Gleichsetzung des Faches mit Gesellschaftstheorie verbieten. Ebenso wie die Erzeugung von Sätzen bzw. von Sprechakten besitzt auch die von Konversationen eine endogene Logik, die eigenen Kriterien der strukturellen Wohlgeformtheit gehorcht. Man spricht dabei von einem spezifischen »coherence principle«.[42] »Whatever their other characteristics, it appears that all societies and sub-units of them have as a central ressource for their integration an organization of interaction – an organization of interaction informed by the use of language. [...] When societies undergo the upheaval of massive transformation of their macro-structures – of economy, polity, and social organization – what remains largely untouched is this robust structuring of the coming together, co-mingling and interaction of members of the society. [This] web of practices that is so deeply rooted that it can transcend linguistic and cultural diversity – indeed, that is the natural ecological niche for language [.]«[43] Und auch für diese Ebene gilt die konstitutive Bedeutung des intuitiven kompositorischen Urteils, das in konkreten Bedeutungselementen je individuelle Möglichkeiten der gestalttypischen Kombination erfasst. Nicht zufällig wird hier immer wieder von »compositional features« in der Erzeugung von konversationalen »types«[44] gesprochen.

Worin liegt nun die eigene kompositionale Dimension von Konversationsprozessen – und: Lässt sie sich musikästhetisch interpretieren? Von zentraler Bedeutung ist natürlich ihr Regelcharakter. Durch ihre sprachliche Form bzw. ihre Sequenzierung von sprachlichen Formen besitzen auch sie eine eigene Weise der regelgeleiteten Konstruktivität. Auch die Interaktionsgestalten entfalten sich durch jene ars kombinatoria, die darin besteht, aus einem Reservoir typologisch erfassbarer Kombinationselemente je konkret typusgemäße Gesamtgestalten zu entfalten. Auf das typologisch identifizierbare Eröffnungselement »Guten Tag« erfolgt im Sinne der Regeln einer Begrüßungssituation der symmetrische Tausch durch die gleichlautende Antwort »Guten Tag«, symbolischer potlatch. Dabei wird kompositionell darauf geachtet, ob die Adressierung in der Situation, in der sie geäußert wurde, passend war, ob die Person, die sie darin geäußert hat, dazu legitimiert war – also etwa kein fremder Passant im Vorübergehen – und ob der Sprecherwechsel zum richtigen Zeitpunkt erfolgte, also nicht, bevor der Eröffnende seine Äußerung identifizierbar beendet hatte und auch ohne zu große Pause danach. Gleichzeitig muss die ästhetische Detailgestaltung der Äußerungen dem individuellen Zuschnitt der Situation entsprechen. Worauf also geachtet wird, ist das Befolgen einer inneren *objektiven Logik* des Handelns, nicht anders als bei der Formierung von Darstellungsmedien wie vor

42 Amy B.M. Tsui, Sequencing Rules and Coherence in Discourse. Journal of Pragmatics, Vol. XV, No. 1, 1991, S. 177f.

43 Emanuel A. Schegloff, Sequence Organization in Interaction, Cambridge 2007, S. XIII

44 Schegloff, Sequence, S. 81, 186 u. 197.

allem der Sprache. Stets operieren Algorithmen mit dem leitenden Kriterium der strukturellen Wohlgeformtheit.

Hier zeigt sich: Es gibt auch in der objektiv erfahrbaren Welt wie der von Handlungsprozessen und nicht nur in der mentalen Welt von Symbolkonstruktionen eine Logik. Die Konversationstheorie betont daher, dass die basale Dimension der *Sequenzierung* nicht als kontingente Kausalabfolge begreifbar ist – die saubere klassifikatorische Unterscheidung von äußerer empirischer Ursache-Wirkung-Beziehung und denknotwendiger Grund-Folge-Beziehung funktioniert hier nicht mehr. Wir nähern uns so einem Begriff der objektiven Welt mit innerem Gedankencharakter, wie wir ihn als Korrelat der musikalischen Erkenntnis suchen, und wir werden sehen, dass auch die Dimension der ästhetischen Repräsentation dieser Bedeutungswelt noch hinzukommt. Es handelt sich »bei diesen gesprächsorganisierten Interpretationsressourcen um Prinzipien der Organisation von Äußerungssequenzen, aufgrund derer zwei zeitlich aufeinanderfolgende Äußerungen nicht bloß in einer seriellen Beziehung, sondern in einem [inneren] Bedingungszusammenhang stehen. Dies ist immer der Fall, wenn eine Äußerung für den (oder die) nachfolgenden ›turn(s)‹ vorgreifend festlegt, von welchem Sprecher, mittels welcher Aktivität(en), über welche Äußerungstypus etc. er realisiert werden soll.«[45] Das lässt sich noch genauer fassen im Sinne eines kompositorischen Vorgehens auf der Ebene des sozialen Austausches. Denn zur ständigen *Vorausschau* des jeweiligen Sprechers, in der die aktuellen Äußerungen gestaltet werden mit Bezug auf passende Nachfolgeäußerungen, dabei eben auch auf eine passende Übergabe der Sprecherposition an einen der gegebenen Nachfolgerkandidaten, gehört gleichzeitig die ständige *Rückschau* auf je geleistete Äußerungen und ihre passende Fortsetzung, auch bei der eigenen Übernahme der Sprecherposition.

Wer würde bei dieser gestaltentwickelnden Gleichzeitigkeit von immer neuer Vorausschau und Rückschau nicht auch an den Prozess des musikalischen Hörens denken? Eben dadurch charakterisiert Adorno den »voll bewußten Hörer«: »Während er dem Verlauf auch verwickelter Musik spontan folgt, hört er das Aufeinanderfolgende: vergangene, gegenwärtige und zukünftige Augenblicke so zusammen, daß ein Sinnzusammenhang sich herauskristallisiert.«[46] Aber die Korrespondenzen

45 Jörg R. Bergmann, Schweigephasen im Gespräch – Aspekte ihrer interaktiven Organisation, in: Hans-Georg Soeffner (Hg.), Beiträge zu einer empirischen Sprachsoziologie, Tübingen 1982, S. 148.

46 Theodor W. Adorno, Einleitung in die Musiksoziologie, Frankfurt am Main 1975, S. 18.

zu musikalischen Formen gehen noch viel tiefer. Auch in der Konversationspraxis wird der Wechsel von distinkten Figuren, hier eben von Redebeiträgen, durch die überleitende Entwicklung eines Beitrages aus dem anderen, etwa auf der Ebene der thematischen Fokussierung, vollzogen. Des Weiteren ist der Aufbau von Entwicklungsprozessen gerahmt durch regelgerecht gestaltete Eröffnungen und Beschließungen, letzter können auch eine interne Phase der Eröffnung besitzen; es gibt die dramatische Entwicklung von Pointen; und nicht zuletzt bildet die Vordersatz-Nachsatz-Kombination (»adjacency pairs«, wie die eben erwähnte Folge von Gruß und Grußerwiderung) die Kerngestalt von Konversationsprozessen. Diese wiederum kann periodisch wiederholt oder auch intern erweitert werden, etwa durch Zwischengruppen oder vorthematische Einleitungssegmente. Die protomusikalische Formgestalt dieser Handlungswelt ist mit Händen zu greifen.

Wir haben bereits darauf verwiesen, dass sich die Welt der konversationalen Formen als der geeignete Kandidat für das gesuchte Korrelat der spezifisch musikalischen Erkenntnis anbietet. Sie besitzt 1) eine objektive Gedanken- bzw. Bedeutungsqualität, die nicht gleichzusetzen ist mit der Welt der begrifflichen Zusammenhänge. Vielmehr konstituiert sie sich je neu als Welt von objektiven Möglichkeiten, deren Realisierung die Kapazitäten des jeweils gegebenen begrifflichen Wissens überschreiten muss. Diese Möglichkeiten besitzen 2) eine eigene Formdimension. Die Bedeutungen der objektiven Welt entfalten sich stets in generativen Formen, die als solche zum Gegenstand einer Darstellung werden können. Diese wiederum lassen 3) eine innere Verwandtschaft mit musikalischen Formen erkennen. Bereits auf dieser logischen Ebene kann man von einer inneren Musik des Lebens sprechen, um nochmals Wagners Metapher zu verwenden. In der Musik würde diese Protomusik als solche zur Darstellung gebracht, musikalische Erkenntnis wäre so eine weltbezogene Erzeugungsleistung, da sie spezifische Formmöglichkeiten der Welt realisiert. Jetzt fehlt noch die Dimension 3): die spezifisch ästhetische Repräsentation der bedeutungserzeugenden Formen. Auch diese spielt für die Welt der Konversationsprozesse eine tragende Rolle.

Wie vor allem die Forschungen von Peter Auer und seinen Mitarbeitern gezeigt haben, ist die rhythmische Gestaltung des Sprechens unverzichtbar für die Organisation von Sprecherwechseln. »[...] we argue that the temporal notions inherent in turn taking may be interpreted rhythmically in English conversation. The coordination of turns at talk thus yields *interactional* rhythms. [...] In addition to its turn-coordinating function in conversation, interactional rhythm makes an important contribution to the interpretation of utterances as conversational activities.«[47] Dazu gehört etwa, dass der nachfolgende Sprecher beim Wechsel seinen Beitrag in dem rhythmischen Muster eröffnet, mit dem der Vorgänger seinen beschlossen hat. Eine analoge Bedeutung spielt auch die Intonationskontur des Sprechens. Wir haben also auch eine konstitutive rhythmisch-melodische Gliederung der konversationalen Formenwelt, von der mimisch-gestischen nicht zu reden. Hier liegt noch ein weites Feld für die einschlägige Forschung.

Insgesamt lässt diese aber keinerlei Zweifel an einer protomusikalischen Qualität des für den Menschen basalen Konversationsgeschehens. Musikalisch besonders relevant ist diese objektive Konversationsästhetik im Falle der frühesten Mutter-Kind-Szenen, deren Bedeutung fast ausschließlich in den ästhetischen Qualitäten der ausgetauschten Äußerungen repräsentiert wird – als soziales Ineinander von sprachlichen Intonationskonturen, Körpergesten, Mimik, Stimmvolumen usw. »Die Untersuchung bringt ein komplexes Interaktionssystem zutage, das dadurch gekennzeichnet ist, daß die Koordination des motorischen Verhaltens des Neugeborenen vom koordinierten Sprachverhalten der Erwachsenen in seiner Umgebung induziert und mit ihm synchronisiert wird. Wenn sich das Kind von Anfang an präzise im gleichen Rhythmus mit der rhythmischen Struktur der Sprache seines Kulturkreises bewegt, dann partizipiert es im Zuge seiner Entwicklung durch komplexe, sozio-biologische Induktionsvorgänge an millionenfach induzierten Sprachgestalten, lange bevor es sie später selbst sprechend und kommunizierend benutzt. [...] Das Neugeborene vermittelt der Mutter in Form dieses subtilen motorischen Eingehens auf ihren Sprechrhythmus eine Rückkopplung, der sie kaum widerstehen kann. Wie wir festgestellt haben, wird diese Synchronizität zu einem wichtigen atmosphärischen Faktor für ihre spätere emotionale Kommunikation. Ihre Zwiegespräche enthüllen sich als eine Art von ›Paarungstanz‹, wenn man sie im Film festhält und diesen Bild für Bild analysiert.«[48] Die Ästhetik bzw. Konversationsmusik einer Szene ist bisweilen auch die einzige Dimension, auf der ein Verstehen noch möglich ist, etwa im Falle des therapeutischen Dialoges mit Überlebenden von Konzentrationslagern, der sich nicht mehr auf eine gestaltete Narration stützen kann. Dies entspricht

47 Peter Auer, Elizabeth Couper-Kuhlen, Frank Müller, Language in Time. The Rhythm and Tempo of Spoken Interaction, New York, Oxford 1999, S. 57.

48 W. S. Condon, L. W. Sander, Neonate movement is synchronized with adult speech: interactional participation and language acquisition, zitiert in: Marshall H. Klaus, John H. Kennell, Mutter-Kind-Bindung. Über die Folgen einer frühen Trennung, München 1987, S. 111.

der künstlerischen Erkenntnis, dass die Erinnerung an das nicht Erinnerbare nicht der literarischen Darstellung vorausgeht, sondern sich in ihr selbst erst vollzieht, als Konstruktion und nicht als Narration – weil es *nicht* erzählbar ist.[49] »Das Szenische hat in der psychoanalytischen Praxis wie in den zwischenmenschlichen Beziehungen eine grundlegende Bedeutung und beinhaltet neben dem Sprachlichen alles über das Verbale Hinausgehende, also den Ton, den Tonfall, der wie ein Musikstück einer Interpretation bedarf, die Gestik, die Mimik, den Blick mit seinem Gefühlsausdruck in den Augen, die Dimension des Handelns, die inszenierte Abwehr und die unbewusste Bedeutung dieser Vorgänge. Auch die Reihenfolge der Geschehnisse und Einfälle ist relevant.«[50]

Ausblick: Jenseits einer Grammatik des Sprechhandelns

Ein Vergleich zwischen Sprache und Musik erfordert zum gegebenen Stand der Theoriebildung den Einbezug des regeltheoretischen Diskurses, wie er in der Revolution der Linguistik durch Chomsky eröffnet wurde.[51] Auf dieser Ebene ergaben sich für die Behandlung der Frage nach den Kriterien von Musik als einer gültigen Äußerung sui generis mit Erkenntnischarakter wesentliche Einsichten. Musik lässt sich hier verstehen als Kommunikationsakt, der in generativen Formen an einen Hörer Bedeutungen adressiert, die auf ästhetische Sachverhalte in der Welt verweisen. Sowohl im Rahmen der Satzgrammatik, der Sprechakttheorie als auch der Konversationsanalyse haben wir aber bislang nur etwas erfahren über die *formale* Seite dieses Kommunikationsaktes, also darüber, welche Qualitäten eine symbolische Form besitzen muss, damit sie Ausdruck eines Kommunikationsaktes mit seiner Bedeutung und seinem Gegenstand sein kann. Das gilt auch noch für die Konversationsanalyse, die den Regelbegriff am tiefsten in die Gefilde der

49 Siehe dazu Ferdinand Zehentreiter, ›die Hölle aber nicht.‹ Stefan Litwin komponiert Imre Kertész, in: Dietmar Ebert (Hg.), Das Glück des atonalen Erzählens. Studien über Imre Kertész, Dresden 2010, S. 181-204.

50 Kurt Grünberg, Friedrich Markert, Todesmarsch und Grabeswanderung – Szenisches Erinnern der Shoah. Ein Beitrag zur transgenerationalen Tradierung extremen Traumas in Deutschland, in: Psyche – Zeitschrift für Psychoanalyse. Vol. 76, 11, Stuttgart 2013, S. 1073.

51 Es wird Zeit, auf Ludwig Wittgenstein zu verweisen, den eigentlichen Ahnvater dieses Paradigmas. Auf die Behandlung seiner Philosophie wurde in unserem Konstruktionsprozess verzichtet, da sie den gegebenen Rahmen gesprengt hätte und der Autor ihr eine eigene Studie widmen möchte.

sozialen Realität hineingetragen hat. Denn auch hier geht es nur um die Frage: Welche typologische Bedeutung besitzt ein Konversationsakt innerhalb einer gegebenen konversationalen Organisation, aber nicht: Welche Bedeutung besitzt die individuelle Wahl eines Akttypus an einer konkreten Aktstelle in einer konkreten Gestaltung? Diese Wahl wird nicht durch die Regeln selbst gesteuert, mit denen bei der Formierung des Aktes operiert wird, sondern durch die Bedeutung der konkreten Situation mit ihrer Konstellation individueller Aktoren. Es gibt keine Welt von Superregeln, die die individuelle Auswahl aus den jeweils gegebenen Operationsmöglichkeiten bzw. Formierungsmöglichkeiten bestimmen würde. Daher übersteigt dieses Problem auch die Erklärungsreichweite jeder Grammatik.

Soziale Konstitution der musikalischen Form und des musikalischen Denkens

Mit der Konversationsanalyse konnte eine konkrete Perspektive auf innere Korrespondenzen zwischen sozialen Formen und musikalischen Gliederungen gezeigt werden. Insofern liefert diese einen direkten Beitrag zu der Forderung, soziologisch in die Binnenstrukturen musikalischer Formen zu leuchten. Im Lichte der Konversationstheorie zeigen sich diese als Resultat einer Verlagerung (im Sinne von Piaget) von basalen Interaktions-Choreographien in das Symbolmedium Musik. Damit konnte durch die Theorie des Sprechhandelns die von Adorno erkannte, übergreifende *syntaktische Kompositionalität* von Musik und Sprache als neuartiges *soziologisches* Faktum in den Blick treten. Durch den Begriff der generativen Regel lässt sich dieser Befund noch entscheidend erweitern: im Sinne eines soziologischen bzw. interaktionstheoretischen Begriff des musikalischen Denkens. Da nicht nur Sätze und illokutive Akte durch Regeln generiert werden, sondern auch Konversations- bzw. sprachlich vermittelte Interaktionsformen, lassen sich nicht nur diese Formen selbst als Grundlagen musikalischer Gliederungscharaktere verstehen, sondern überdies das schöpferische Gestaltdenken des Sprechhandelns als soziale Grundlage des musikalischen Formdenkens verstehen. In Bezug auf Chomsky konnte dieses als rekursiv algorithmische Operationsweise *unterhalb* des begrifflichen Denkens charakterisiert werden. Die Leistung des Regeldenkens liegt darin, aus einer je offenen Menge von Möglichkeiten, die noch nicht auf der Basis einer vorliegenden begrifflichen Konzeptualisierung gedacht werden können, in einer bestimmten endlichen Schrittfolge gestaltrelevante Elemente auszuwählen und sie zu je neuen, also aus alten nicht ableitbaren, wohlgeformten Gestalten zu kombinieren. Diese Leistung besitzt rekursiven Charakter, da die jeweils gebildeten Resultate ihrerseits wieder zum Input einer neuen Operation werden können – in einer offen-kumulativen Sukzession.

Um es nochmals zu wiederholen: Die algorithmische Schrittfolge von Regeloperationen besitzt nicht den Charakter eines – und sei es auch unbewussten – abstrakten Gesetzeswissens, sondern einer stets je konkreten Vorgehensrichtung oder -vorschrift, eines *knowing how*, aber nicht eines *knowing that*. Im Sinne der Theorie des Sprechhandelns kann man davon sprechen, dass dieses konkrete, erzeugende Gestaltdenken die mentale Seite von Interaktionsprozessen darstellt. Denn die Basis der Spracherzeugung ist nicht die Erzeugung von Sätzen oder einzelnen Illokutionen als solchen, sondern die von Figuren des Austausches von Sätzen bzw. von konversational geformten Satzfolgen. Sätze werden primär gebildet im Zuge der schöpferischen Komposition von Konversationsformen. Wir erkennen also erstens, dass mit der Theorie des Sprechhandelns die von Adorno als unfruchtbar beklagte Trennung von geistigen und sozialen Sachverhalten insgesamt aufgehoben ist – und zwar im Sinne einer materialen Theorie des Geistes. Zweitens löst sich auch die Grenze zwischen sozialen Prozessen und schöpferischen symbolischen Kompositionsprozessen auf. Die Musik erscheint so als ein mögliches Medium der Verlagerung von Strukturen sozialer Figuren in generative symbolische Strukturen – analog zu der von Piaget rekonstruierten Ontogenese des logischen Denkens: Dieses bildet sich in der mentalen Verlagerung objektiver sozialer Konfigurationen, zu denen der Sozialisand gehört, nach innen, als Gegenstand der Tätigkeit der Symbolkoordination. Drittens gibt es im Symbolmedium Musik einen Bezug zwischen der intrinsisch konstruierten Bedeutung von Werken und der Bedeutung externer Bezugsbereichen in der objektiven Welt. Damit entfällt die vordergründige Entgegensetzung von musikalischer Autonomie und musikalischer Bezugnahme auf die Welt – und nur daher kann man von Musik als einer gültigen Äußerung sui generis mit spezifischer Darstellungsqualität sprechen.

Am Ende: der Pragmatismus

Es bleibt aber noch ein Problem, das bei Adorno selbst nicht klar zum Ausdruck kommt. Wenn er von Musik als einem *fait social* sui generis spricht, so sind dabei immer wieder unterschiedliche Dimensionen im

Fokus. Für die Immanenz des Musikalischen als Gegenstand musiksoziologischer Erkenntnis steht einmal die technische Konstruktion, dann die Form und dann auch wieder die Ausdrucksgestalt. Sieht man von der Version der technizistischen Reduktion einmal ab, kann Adorno natürlich die Einheit von Form und Ausdrucksbedeutung geltend machen, auf die musiksoziologische Erkenntnis sich zu richten hätte. Aber er selbst hat in der Zeit seiner Ideen zur Musiksoziologie, nämlich in seiner Monographie über Gustav Mahler, auf einen flüchtigen Bedeutungsüberschuss des *Werkes* über seine fassbare *Form* hinaus verwiesen, der seinen Rätselcharakter ausmachen würde. Die methodologische Pointe daran ist, dass Adorno diesen Überschuss nicht als Grenze der musikalischen Analyse betrachtet, der nur noch subjektiv erlebbar sei, sondern als ihren eigentlichen Gegenstand, nämlich als Gegenstand der musikalischen Physiognomik. Diese hat es mit dem Problem zu tun, etwas nicht eindeutig Fassbares zu dechiffrieren. Dem kann an dieser Stelle nicht weiter nachgegangen werden, aber festzuhalten ist, dass Adorno diesen Gedanken nicht in seine Musiksoziologie aufgenommen hat.

Am Ende stellt sich für uns die Frage, was die Theorie des Sprechhandelns bzw. die Theorie der generativen Regel dazu sagen kann. Wir hatten die in den Gestalten des Sprechhandelns enthaltene Differenz von Form und Ausdrucksgestalt bereits erwähnt. Die Theorie der Regeln kann nur den Formaspekt erfassen: die offene Erzeugung der Formen von Sätzen, Illokutionen und Konversationsprozessen. Daher kann auch der Vergleich zwischen Musik und Sprache nur die Formdimension beleuchten bzw. die Ausdrucksdimension nur indirekt, mit Blick darauf, dass generative Formen nur Sinn haben als Artikulationsmittel von sozialen Ausdrucksprozessen. Searle hat dem im Begriff der »wesentlichen Regel« von Sprechakten Rechnung getragen durch seine Unterscheidung von Aktbedeutung und illokutiver Form. Die konstitutive praktische Voraussetzung des Regelgebrauchs kann in Theorien des Regelgebrauchs selbst nicht mehr expliziert werden.[52] Wir hatten am Anfang davon gesprochen: Soziale Gebilde sind primär zu verstehen als individuelle Räume je neuer Möglichkeiten, die von den darin positionierten Teilnehmern in ihrer Individualität – rückhaltlos und spontan – erfasst und entfaltet werden müssen. Dem entspricht eine praktische Form des Verstehens, ein erzeugendes Verstehen: Der zu verstehende Gegenstand, also die zur Entfaltung stehende soziale

52 Siehe dazu vor allem das Modell von Ulrich Oevermann, Genetischer Strukturalismus und die Erklärung der Entstehung des Neuen, in: Stefan Müller-Doohm (Hg.), Jenseits der Utopie, Frankfurt am Main 1991, S. 267-336.

Situation, wird verstanden im Akt seiner Entfaltung, und nicht schon vorher. Am Anfang steht ein ganz und gar unfertiger Verstehensimpuls, der nur konkrete Signale möglicher Vorgehensweisen aufnimmt noch ohne jede allgemeine Konstruktion – begriffen wird also erstmal gar nichts, der konkrete »Riecher« entscheidet. Der Entfaltungsprozess selbst vollzieht sich in einer Folge von sprachlich bedeutungserzeugenden Regeloperationen. Aber selbst im Falle der Regeln für übergreifenden Konversationsordnungen gilt: Das Handeln folgt nicht einfach nur einer möglichen Folge von Regeloperationen, denn dann würde die konkrete Situationen verdampfen und das soziale Leben zu einem Feld von Formen ohne Individualität. Vielmehr folgt die Verknüpfung von Regeloperationen einer fundierenden Sozialgestalt bzw. Repräsentationen von sozialen Grundgestalten, die, worauf auch Searle verwiesen hat, bereits vor dem Sprechhandeln existierten.

G.H. Mead hat dem Rechnung getragen in der Dialektik von Sprache und Austausch. Die basalen Austauschgestalten existieren bereits subhuman. Die Spezifizität der Reziprozität auf der Ebene der Gattung Mensch liegt in der (evolutiv emergierten) Individualität der Austauschpartner, durch die soziale Gestalten bzw. Situationen immer schon in einer unvertauschbar individuellen Weise repräsentiert werden, und der damit einhergehenden Kommunikation mit signifikanten Gesten – die die ausgefallene Instinktregelung ersetzen muss. Die Besonderheit dieser neuen Gestenform liegt in der bereits erwähnten Möglichkeit der symbolkonstruktiven *Verlagerung*, also des inneren Entwerfens hypothetischer Entwürfe objektiver sozialer Verlaufsmöglichkeiten. Diese kommen sukzessive zur Konstruktion in der reziproken Koordination der Interaktionspartner. Der Entfaltung einer sozialen Situation in der Folge von Regeloperation liegt also die originäre Erfassung von sozialen Gestalten in ihrer je neuen und konkreten Individualität zugrunde. Die Erfassung von objektiven Möglichkeiten in der Perspektive objektiv positionierter individueller Interaktionspartner liegt auf doppelte Weise unterhalb des Regelurteils: 1) Sie liegt begründet in einer je individuellen biographischen Motivationsbasis, also biographisch originär verwurzelten Direktiven der Aufmerksamkeit und der Entscheidungsfindung. 2) Sie geht aus von leitenden Signalen der *ästhetischen* Repräsentation von objektiven Situationsbedeutungen. Der Pragmatismus lehrt uns also die fundamentale Bedeutung der ästhetischen Erkenntnis für die Handlungsorientierung.

Damit zeigt sich die Ästhetik bzw. die Theorie der ästhetischen Erfahrung als eine praxeologische Schlüsseldisziplin. Denn die Kunstwerke, vor allem die nichtsprachlichen, zeigen uns Felder ästhetischer Bedeutungen, die die tiefste und niemals vollständig auslotbare Schicht unseres Weltverstehens ausmachen. Eine triftige Musiksoziologie hat also noch einen weiten Weg vor sich, und erst an seinem Ende wird sich auch zeigen, was unter Kritischer Theorie verstanden werden kann.

4. Warum Musik keine »Sprache der Gefühle« ist[1]

Eine erfahrungstheoretische Kritik

»Weil in allen Sprachen nur [die Musik] diese Eigenschaft in sich vereinigt, nämlich zugleich verständlich und unübersetzbar zu sein, wird der Schöpfer von Musik zu einem göttergleichen Wesen und die Musik selbst zum höchsten Geheimnis der Wissenschaften vom Menschen.«

Claude Lévi-Strauss

»... als ob je der Affect im Stande gewesen sei, etwas Künstlerisches zu schaffen.«

Friedrich Nietzsche

»Ein unerhörtes Glücksgefühl, das ganz für sich allein bestand und dessen Grund mir unbekannt blieb, hatte mich durchströmt. [...] gleichzeitig aber fühlte ich mich von einer köstlichen Substanz erfüllt: oder diese Substanz war vielmehr nicht in mir, sondern ich war sie selbst. Ich hatte aufgehört mich mittelmäßig, zufallsbedingt, sterblich zu fühlen.«

Marcel Proust

Musikalische Affektkommunikation als Handlungsmodus der Prähistorie

In den phylogenetischen Forschungen, die der Sprache eine zentrale Rolle für die Menschwerdung einräumen, wird immer wieder über die musikalischen Qualitäten einer Ursprache spekuliert. Dabei geht es auch gerne um die Möglichkeit einer quasi-musikalischen Sprache der Gefühle. So sahen etwa Colin Trevarthan und im Anschluss daran Ellen Dissanayake[2] in dem anthropologischen Existenzmerkmal des »ext-

1 Erstmalig publiziert in Musik und Ästhetik, Heft 79, Juli 2016, S. 54-68.

2 Siehe dazu etwa Colin Trevarthan, Musicality and the intrinsic motive pulse: Evidence from human psychobiology and infant communication, Musicae Scientiae Special Issue 1999–2000, S. 155-215, sowie Ellen Dissanayake, Antecedents of the temporal arts in early mother-infant interaction, in: N.L.

ra-uterinen Frühjahrs« (Portmann)[3] das entscheidende Nadelöhr für die evolutive Ausbildung der sprachlichen Kommunikation. Die biologische Unfertigkeit des menschlichen oder auch bereits schon humanoiden Neugeborenen erzwingt eine spezifische Bindungsform zwischen Mutter und Kind mit einer eigenen Kommunikationsqualität. Tragend für diese Bindung ist nicht nur die körperliche Versorgung und Pflege, sondern auch die stabil kommunizierte affektive Nähe mit besonderen Austauschmodalitäten, die ein Basisvertrauen bzw. Urvertrauen ermöglichen. Sprache wäre daher phylogenetisch zunächst in Gestalt einer Art, salopp gesagt, Baby Talk entstanden. Anders als die entwickelte Sprache des homo sapiens kennt eine solche Kommunikationsform weder Begriffe noch Grammatik, stattdessen aber ein multimodales Ineinander von Gestik, Mimik, körperlichen Bewegungen und Austauschmustern, verbunden mit einer führenden Rolle von ästhetisch-musikalischen Qualitäten des Stimmgebrauchs wie Intonationskontur, Stimmlage, Stimmintensität, Äußerungsrhythmik usw. Sie dient ausschließlich der primären Affektabstimmung. Es gibt kein besseres Beispiel für »Musik als Sprache der Emotionen« als diese Ausdrucksform. Aber das Beispiel zeigt auch, dass eine solche musiko-affektive Sprachlichkeit an eine Entwicklungsphase gebunden ist, in der weder Musik noch Sprache existieren. Sobald diese sich als eigene Sphären ausdifferenziert haben, muss die Affektmusik als Sonderfall neben diesen gesehen werden – es sei denn, man erhebt den Baby Talk zum übergreifenden exemplarischen Modell von Sprechen, Musik und Affekt-Äußerungen.

Die »eindeutig bestimmbaren Gefühle« – zur erfahrungstheoretischen Bestimmung einer ästhetischen Kritik

Von E.T.A. Hoffmanns Kritik an den »eindeutig bestimmbaren Gefühlen« als musikalischer Ausdrucksquelle[4] bis hin zu Roland Barthes' Ästhetik der Signifikanz, die Gefühlsprädikate als uniformierende Codierungen musikalischer Erfahrung bespöttelte[5], zieht sich eine Linie

Wallin, B. Merker, S. Brown (ed.), The Origins of Music, Cambridge, MA 2000, S. 389-410.

3 Adolf Portmann, Die biologische Bedeutung des ersten Lebensjahres beim Menschen, Schweiz. Medizin. Wochenzeitschrift 71 1941, S. 921-1001.

4 E.T.A. Hoffmann, Ludwig von Beethoven, 5. Sinfonie (April/Mai 1810), in: ders., Schriften über Musik, München o.J., S. 34-51.

5 Siehe dazu etwa Roland Barthes, Die Rauheit der Stimme, in: ders., Der entgegenkommende und der stumpfe Sinn, Frankfurt am Main 1990, S. 269-278.

der ästhetischen Kritik an dem Modell von Musik als »Sprache der Gefühle«. Festzuhalten ist dabei, dass es sich hier nicht um eine formalistische Distanzierung von Musik als Ausdrucksmedium, sondern im Gegenteil um die Verteidigung ihrer expressiven Inkommensurabilität dreht. Das ist in der oft stereotypen Diskussion über diese Perspektive kaum je hinreichend zur Geltung gekommen.

Hier wird nun ein anderer Weg beschritten, um diese Fragestellung neu und unabhängig davon zu beleuchten. Denn die Ablehnung der Gefühlsästhetik ist nicht nur eine Sache der Ästhetik, sie lässt sich auch von Seiten der Emotionstheorie begründen – und zwar in einer Komplementarität zur musikalischen Autonomieästhetik. Dabei kommt auch die Kehrseite der Ablehnung des gefühlsästhetischen Ausdrucksmodells zum Tragen, nämlich die Erweiterung des Ausdrucksbegriffs mit Blick auf die spezifische affektive Erfüllungsqualität musikalischer Form, ihre texthafte »Wollust«, um nochmals Barthes zu zitieren. Ohne Würdigung dieser landet man bei jener stereotypen Entgegensetzung von geistiger Qualität und sinnlicher Wirkung, die gerade heutzutage im Rahmen des Lifestyle-Dispositivs eine massive Diskursmacht besitzt. Nicht zufällig spielt darin die Fetischisierung von Emotionen als Ausstattungsobjekt für das gemanagte Selbst eine zentrale Rolle.

Zuvor müssen aber zwei elementare Voraussetzungen geklärt werden. Erstens ist die Kritik an dem gefühlsästhetischen Ausdrucksmodell nicht misszuverstehen als Leugnung der Möglichkeit von Musik, auch Gefühle auszudrücken. Der Topos von der »Sprache der Gefühle« geht entschieden weiter, möchte er doch die Wiedergabe von Gefühlen als Kern des musikalischen Ausdrucks verstanden wissen und als Verständnisschlüssel für diesen. Dabei kann hier nicht weiter eingegangen werden auf die saloppe Metapher der »Sprache«. Klarer wird der Unterschied, wenn man die Autonomiefrage daran bindet. Im einen Fall gibt es die prinzipielle Möglichkeit einer eigenständigen musikalischen Ausdruckswelt in den immanenten ästhetischen Bedeutungen musikalischer Zusammenhänge. Ausdruck ist hier immer auch zu verstehen als autonome artikulatorische Transformation außermusikalischer Erfahrungsquellen, seien es Gefühlsäußerungen, Gestalten oder Stimmungen

Aufschlussreich ist der Artikel »Bürgerliche Gesangskunst«, der in der vollständigen Sammlung der »Mythen des Alltags« erschienen ist und in denen Barthes am Beispiel des Liedvortrages von Gerard Souzay die Hervorhebung emotionaler Gesten als Paradigma einer bürgerlichen Konsumhaltung kritisiert, die sich die Musik als Feld klar intendierter Ausdrucksgehalte verfügbar machen möchte, in: Roland Barthes, Mythen des Alltags. Vollständige Ausgabe, Frankfurt am Main 2012, S. 220-222.

der Natur, soziale Konfigurationen usw. Die Autonomie besteht gerade in der uneingeschränkten Offenheit der Einflussqualitäten. Musik als spezifische Äußerungsweise von Gefühlen hingegen kennt diese Autonomie nicht. Sie kann nichts weiter zum Ausdruck bringen als das, was die Gefühle selbst besagen – zwischen den Polen eines ungestalteten Naturalismus und codierender Stilisierung. Eben darin liegt die Kritik von Hoffmann bis Barthes: die *mimikry* der Musik an die Welt der Gefühle macht sie nicht zum Organ leiblicher Unmittelbarkeit, sondern führt vielmehr zur Stereotypisierung ihres Ausdrucksradius. Sie wird ebenso »eindeutig bestimmbar« wie die Gefühle selbst, statt ihre eigene texthafte »Wollust« (Barthes) zu erzeugen. Über diese »Eindeutigkeit« wird gleich aus der Sicht der Emotionstheorien mehr zu sagen sein.

Die zweite Voraussetzung für die Behandlung unseres Ausgangsproblems ist eine entscheidende terminologische Zuspitzung. Geht es darum, ob Musik *Gefühle* ausdrückt oder *Emotionen*? Auch wenn die Alltagssprache dabei keinen Unterschied macht, ist dieser elementar für jede theoretische Bestimmung. Gefühle werden darin als nur *eine* von mehreren Dimensionen, die eine Emotion besitzt, verstanden, nämlich als die ihrer notwendigen Empfindungs- oder Erlebnispräsenz. Emotionen sind jeweils erst voll ausgebildet, wenn sie als solche verspürt werden. Nun betrifft diese Empfindungsdimension aber noch viele andere Bereiche des leiblichen Geschehens bzw. leibliche Zustände, die nicht zu den Emotionen gezählt werden – wie etwa Müdigkeit, Hunger/Durst, Schmerz, Temperaturempfindung, somatosensorische Veränderungen im Herz-Kreislauf- oder Verdauungsbereich, Gänsehaut, Juckreiz, Niesreiz und schließlich sexuelle Lust. Und bei nur wenigen Sensationen aus dieser Palette wird man auf die Idee kommen, sie auch im musikalischen Ausdruck zu verorten. Es geht hier also um *Emotionen*, wenn musikästhetisch von Gefühlen die Rede ist, und nicht um diese im Allgemeinen. Aber wie werden Emotionen als Gefühlsphänomene spezifiziert?

Als höchst brauchbar hat sich hier mittlerweile ein Mehrdimensionenmodell erwiesen[6], das mindestens von folgenden Ebenen ausgeht: Empfindungspräsenz bzw. Gefühl, leibliche Veränderungen, Gestik, Mimik, Intonationskontur, wobei zu den drei letztgenannten die gestaltende Darstellung (in diesem Sinne »Ausdruck«) hinzukommt, sowie schließlich Bedeutung und Situationsinterpretation – vor allem letztere schließen ein rein physiologisches Emotionsmodell aus. Ohne hier darauf näher einzugehen, hat sich die mangelnde Spezifizität der leiblichen

6 Siehe dazu etwa Klaus R. Scherer, 1. Kapitel: Theorien und aktuelle Probleme der Emotionspsychologie, in: ders., Psychologie der Emotionen, Göttingen – Toronto – Zürich o.J., S. 2-38.

Veränderungen bei Emotionen als entscheidende Begrenzung dieser Perspektive erwiesen. Viele lassen sich auf dieser Ebene nicht unterscheiden (Herzklopfen bei Angst und bei Verliebtheit etc.), es muss also eine Dimension der supraphysiologischen Identifikation hinzukommen, was nun wiederum eine kognitivistische Emotionstheorie[7] auf den Plan gerufen hat. Diese scheitert aber daran, dass Emotionen unabhängig bzw. unterhalb von kognitiven Operationen vollzogen werden.[8] Wir werden sehen, dass nur eine pragmatistische Bedeutungstheorie aus diesem Dilemma herausführt. Besondere Beachtung verdienen hier zunächst die »neodarwinistischen« Forschungen von Paul Ekman und seinen Mitarbeitern, die die Emotionen als gestische, damit soziale Ausdrucksweise verstehen. In interkulturellen Studien konnten sie zeigen, dass der Mensch nicht nur ein universelles mimisch-gestisches Darstellungsvokabular besitzt, sondern auch, dass dieses einer universellen Palette an Grundemotionen entspricht.[9] »Ekman und Friesen stellten die Hypothese auf, dass die Beziehung zwischen bestimmten Bewe-

7 Siehe dazu den »cognitive appraisal«-Ansatz von Richard S. Lazarus, etwa in: ders., Susan Folkman, Stress, appraisal and coping, New York 1984, oder den »Zwei-Faktoren«-Ansatz von Stanley Schachter, etwa in seinem Aufsatz The interaction of cognitive and physiological determinants of emotional states, in: L. Berkowitz (Hrsg.), Advances in experimental social psychology, New York 1964, S. 49-79.

8 Siehe etwa Robert Zajonc, Feeling and Thinking: Preference Need no Inferences, American Psychologist 35, 1980, S. 151-175.

9 Dabei konnte Ekman an seinen Lehrer Silvan Tomkins anschließen. Dieser unterschied neun fundamentale Emotionen, von denen jede entlang einer Intensitätsdimension variiert, etwa auf der Linie von Furcht zu Entsetzen, von Zorn zur Wut oder von Geringschätzung zur Verachtung. Es gibt polare Paare wie Freude und Traurigkeit, Zorn und Furcht oder Interesse und Ekel, und natürlich vielfältige Mischungen. Siehe dazu S. Tomkins, Affect, imagery, consicousness. Vol I, II, III, New York 1962, 1963. Siehe auch die daraus entwickelte grundlegende Konzeption einer »differentiellen Emotionsthorie« des Tomkins-Schülers Carroll E. Izard (mit zehn Basisemotionen), etwa in seinem Buch Die Emotionen des Menschen. Eine Einführung in die Grundlagen der Emotionspsychologie, Weinheim und Basel 1981. Ein interessantes systematisches Darstellungsmodell bietet Robert Plutchiks »Kegel der Emotionen« (mit acht Basisemotionen). In einer kreisförmigen Anordnung stehen miteinander verwandte Emotionen jeweils nebeneinander und gleichzeitig polare Paare einander gegenüber. Dabei ist jede Emotion in drei Stärkegraden eingetragen. So ergeben sich etwa die Pole Langeweile – Abneigung – Abscheu und Akzeptanz – Vertrauen – Bewunderung. Siehe Robert Plutchik, The Emotions: Fact, theories and an new model, New York 1962.

gungen der Gesichtsmuskeln und besonderen Emotionen (wie Freude, Trauer, Ärger, Furcht, Überraschung, Abscheu, Interesse) universelle Elemente beinhalten.«[10] Ekman verweist darauf, dass es zwar kulturelle Unterschiede in der *Verwendung* von Emotionen gäbe, dies aber an deren Universalität nichts ändern würde. Differenzen bestünden in der *Situierung* jeweiliger Emotionen – eine Situation, die in der einen Kultur Trauersignale auslöst, kann in der anderen mit Gesten der Freude kommentiert werden – und in der *sekundären Gestaltung* der spontanen mimischen Gebärde. Ekman spricht hier von »Darbietungsregeln«, eine Dimension, in der Emotionstheorie und Soziologie – man denke etwa an Erving Goffmans Begriff des »impression managements« in der »Face-to-Face Interaktion«[11] – sich unmittelbar berühren. Von entscheidender Bedeutung ist dabei, dass Emotionen hier als gestalterische Darstellungsformen erkennbar werden – und diese kreisen um einen elementaren Bestand an universellen Kommunikationsbedeutungen. Denn in der interkulturell vergleichenden Erforschung des Gesichtsausdruckes hatte sich die Dimension einer universellen, spontan sich vollziehenden Basismimik herauskristallisiert, die auch den Schluss auf ein Basisrepertoire von emotionsspezifischen gestischen Bedeutungen nahelegt. »Wir sind mit Darwin und Tomkins der Meinung, dass es für eine bestimmte Anzahl von primären Gefühlszuständen korrespondierende, unterschiedliche Bewegungen der Gesichtsmuskeln gibt und dass diese Relationen universell sind.«[12]

Es handelt sich um diese Basisemotionen, wenn im Alltag von »Gefühlen« oder »Leidenschaften« die Rede ist. Ekmans Ansatz liefert so auch die zentrale Perspektive dafür, was mit der »eindeutigen Bestimmtheit« von Emotionen gemeint sein könnte. Als gestische Ausdrucksäußerungen besitzen »Emotionen« die Qualität kommunikativer Signale, die an einen sozialen Adressaten gerichtet sind (mag dieser auch nur in der Vorstellung existieren), und als solche artikulieren sie einen kommunikativen Gehalt, durch den sie für den Adressaten einen Sinn ergeben – das heißt eben: eine »bestimmte Bedeutung« besitzen. Da Emotionen eine direkte Äußerungsform in elementaren »Alarmsituationen« (etwa »fight or flight«) darstellen, die eine symbolisch vermittelte oder gestaltete Reaktion nicht mehr erlauben, müssen sie naturgemäß auch umstandslos verständlich sein. Dabei ist ästhetisch relevant, dass

10 Paul Ekman, Zur kulturellen Universalität des emotionalen Gesichtsausdrucks, in: Klaus R. Scherer (Hg.), Psychobiologie, München 1987, S. 259.

11 Erving Goffman, Interaktionsrituale: Über Verhalten in direkter Interaktion, Frankfurt am Main 1971.

12 Ekman, Psychobiologie, S. 261.

Emotionen sich zwar auf der einen Seite durch eine hohe sinnliche bzw. leibliche Präsenz auszeichnen, was sie für den musikalischen Gebrauch besonders zu empfehlen scheint, sie aber auf der anderen Seite jeweils nur eine »simple« Botschaft enthalten, und das wiederum macht sie zu höchst unbefriedigenden Quellen für künstlerischen Ausdruck – er wäre recht stereotyp, wenn er nicht mehr zu bieten hätte als diese Elementargehalte.

Entscheidend ist dabei eine weitere Dimension, die man als »Kontextindexikalität« von Emotionen bezeichnen könnte. Auch als Träger einfacher Botschaften treten Emotionen stets in je individueller Nuanciertheit und Mischung auf, stellen sie im Kommunikationsgeschehen stets mehr dar als nur isolierte Vokabeln. Es hieße, von ihrem konkreten Leben unzulässig zu abstrahieren, reduzierte man sie auf diese semantische Mindestbedingung. Diese ist unlösbar gekoppelt an die konkrete Verfasstheit des je *individuellen Kommunikationskontextes,* in dem Emotionen stets eingelagert sind.[13] Nochmals umgekehrt gesagt: Sieht man von dieser Bindung ab, wird die Emotion zu einem Abstraktum, einer Formel. Diese je materiale Kontextverortung und -qualität von Emotionen impliziert auch eine weitere Bedeutungsdimension. In ihrer konkreten Gestalt besitzen die Emotionen mit ihren Basalgehalten immer auch eine je individuelle Kontextbedeutung. Ein rotes Wutgesicht drückt dem Adressaten gegenüber die dieser Geste eigene strafende Aggressivität aus, aber nur als Bedeutungselement eines übergreifenden Kommunikationsprozesses mit seiner individuellen Gehalt: Es handelt sich wie stets um ein individuelles Wutgesicht, das im Sinne der inneren Logik eines solchen Kontextes gerade an einer spezifischen Ablaufstelle einem bestimmten Adressaten gegenüber auf eine bestimmte »gestaltete« Weise geäußert wird. Und so kehrt sich das übliche Verständnis des Verhältnisses zwischen Emotionen und Kommunikationsbeziehungen um. Zu sagen, in kommunikativen Äußerungen werden Emotionen ausgedrückt, stellt die Sache auf den Kopf. Vielmehr drücken emotionale Äußerungen stets die Bedeutung fundierender Kommunikationskontexte aus. Sie indizieren nicht bloß leibliche Zustände, sondern artikulieren Interaktionsbedeutungen. Aufgrund der individuellen pragmatischen Kontextindexikalität von Emotionen sind diese stets immer auch Artikulationsgestalten. Das heißt: Leiblicher Ausdruck

13 Dem entspricht die sprechakttheoretische Einsicht, dass Emotionen nicht die Form einer vollständigen Proposition artikulieren, sondern nur »im Rahmen eines Netzes weiterer intentionaler Zustände« existieren. Siehe John Searle, Wie wir die soziale Welt machen. Die Struktur der menschlichen Zivilisation, Frankfurt am Main 2012, S. 58.

und kontextspezifische gestaltete Artikulation fallen hier *unauflöslich* zusammen. So lässt sich auch die interne Interpretationsdimension emotionaler Impulse ohne Inanspruchnahme unhaltbarer kognitivistischer Annahmen bestimmen. Der typologische Sinn einer emotionalen leiblichen Erregung muss nicht erst zusätzlich durch eine kognitive Einschätzung ihrer Ursachen ermittelt werden, damit eine ganze Emotion aus ihr wird. Er steckt bereits im objektiven Situationsbezug der Impulse selbst, die als sinnhafte Situationselemente spontan geäußert werden ohne Bezug auf ein Wissen über den Kontext. Diese spontane Selektion einer situationsspezifischen emotionalen Geste enthält noch keine kognitive, also allgemeine prädikative Einschätzung, sondern vielmehr eine je konkrete Gestaltkennung, die aus wenigen Signalen blitzhaft eine Situationsgestalt erfassen kann, ohne zu »wissen«, worum es sich dabei handelt – eine Übergangszone zwischen subhumaner und humaner Felderfassung.[14]

Dies alles zusammengenommen liefert die Emotionstheorie eine doppelte Bestätigung der Kritik an der Gefühlsästhetik seit der Romantik. (a) Wie bereits Hoffmann klar erkannte, besitzen Emotionen eine immanente Semantik, die als Basis musikalischen Ausdrucks unverträglich wäre mit der Entfaltung eines offenen Horizontes eigener ästhetischer Bedeutungen. Es ist daher ästhetisch gesehen zweitrangig, ob und wie sehr Musik Emotionsfiguren treffen kann, sondern, welchen Variationsspielraum sie in diesem Bezug besitzt. (b) Emotionen sind untrennbar verortet in Kommunikationskontexten mit ihrer individuellen Materialität. Um sie *gefühlsästhetisch* nutzbar zu machen, steht man also vor einer sowohl künstlerisch wie praxeologisch unliebsamen Alternative. Die eine beruht darauf, die Emotion aus dieser Verortung abzulösen. Damit hat man sie aber nur als Abstraktum aus Mindestkriterien der bloßen Identifizierbarkeit zur Verfügung. Paradoxerweise gründet die vermeintliche Sinnlichkeit der musikalischen Nähe zu den Emotionen so in ihrer Entsinnlichung zu bloßen Vokabeln. Das wäre der Weg der Codierung. Der entgegengesetzte Weg bestünde in einer falsch verstandenen Form von musikalischer Prosa, einer direkten Mimesis an den konkreten Kommunikationsverlauf, in dem Emotionen situiert sind. Das folgt dann aber dem Ideal der Selbstaufhebung von Musik, ohne dabei gleichzeitig dem eigenen konkreten Leben der Emotionen Genüge tun zu können. Die Vulgärform davon besteht in der bloßen musikali-

14 Zu den neuronalen Grundlagen dafür siehe Eric Kandel, Gedächtnis. Die Natur des Erinnerns, Heidelberg/Berlin/Oxford 1999.

schen Amplifizierung von Leibzuständen, eine Grundlage für den kulturindustriellen Personenkult von Musikperformern.

Emotionen als ästhetische Gestaltbewegung

Es gibt nun aber auch eine emotionstheoretische Perspektive auf den musikalischen Ausdruck von Emotionen jenseits der Gefühlsästhetik, eine autonomieästhetische. Wie wir gehört haben, vollziehen Emotionen sich notwendig als individuell gestaltete bzw. artikulierte Figuren. Kann die Musik als solche nicht in das konkrete Leben der Emotionen hineinreichen, ohne sich in solche zu verwandeln, so stellt sie gleichzeitig ein ausgezeichnetes Medium dafür dar, ihre ästhetischen Gestaltqualitäten zur Geltung zu bringen. Die Musikgeschichte kennt genügend Beispiele auch für die klar identifizierbare melodische Nachzeichnung emotionstypischer Figuren, man denke an die vielen musikalischen »Seufzer« von der Renaissance bis heute. Versteht man die Äußerung von Emotionen als Artikulation dramatischer Gesten, die ihre Bedeutung als Momente von individuellen Kommunikations- oder eben dramatischen Prozessen gewinnen, so liegt darin ein entscheidender Hinweis auf die Möglichkeit ihrer ästhetischen Transformation. Das setzt die Möglichkeit voraus, die grundlegende Kontextindexikalität emotionaler Äußerungen spezifisch musikalisch geltend zu machen – also die *ästhetisch* artikulierten Emotionsfiguren in einem dramatischen Kontext von genuin musikalischem Charakter zu verorten, und das heißt: in einer eigenständigen musikalischen Form. So stellt also gerade die musikalische Autonomie die Voraussetzung für eine unrestringierte ästhetische Würdigung von Emotionen dar. Wie als Gestalten der Primärpraxis besitzen die emotionalen Gesten auch als klangliche »Ikonen« eine unaufhebbare Zweiwertigkeit. Auf der einen Seite teilen sie mit den primären Bezugsfiguren ihren »eindeutig bestimmbaren« gestischen Gehalt. Auf der anderen Seite stellen sie dramatische Augenblicke in einem *musikalischen Kontext* dar. Wie alle anderen musikalischen Figuren erfüllen auch die ästhetischen Emotionsmotive jeweils eine spezifische formdramatische Funktion und besitzen sie einen entsprechenden Form-Sinn. Auch wenn eine musikalische Seufzerfigur »intrinsisch« als »Seufzer« identifizierbar ist, trägt sie durch ihre konkrete Position im musikalischen Zusammenhang mit ihrer individuellen Nuancierung gleichzeitig eine spezifisch dramatische Bedeutung. Dadurch gilt auch hier analog zur Primärpraxis: Man stellt die Sache auf den Kopf in der Perspektive, musikalische Figuren würden Emotionen ausdrücken.

Vielmehr drücken umgekehrt emotionale Gesten hier die Bedeutung des musikalischen Zusammenhangs aus, der sie trägt – mit seiner nicht eindeutig bestimmbaren Textqualität. So lässt sich etwa Schopenhauers Einsicht interpretieren, Musik würde die Gefühle (= Emotionen) nur als »Formen« ohne ihren »Stoff« zum Ausdruck bringen und dabei ihre »Quintessenz« erfassen – zu der auch ihre proteushafte Wandelbarkeit gehört, wie sie etwa in den »zahllosen Nuancen« einer Symphonie Beethovens zur Darstellung kommt.[15] Es sei noch auf eine Hintertür für die Gefühlsästhetik hingewiesen, die dazu benutzt wird, um Musik jenseits der emotionalen Figuren mit ihren Gehalten direkt auf die Leibebene zu beziehen: durch ihre Erzeugung von *chills* oder *thrills* bzw. von Gänsehaut. Hier wird der Blick einfach nur von den Emotionen auf den Bereich der somatosensorischen Empfindungen gelenkt, also einer Teildimension der Emotionen, und die Perspektive ist entsprechend dürftiger. Musikalischer Ausdruck reduziert sich dabei auf eine bloße physiologische Auslöserqualität.[16]

Der Affektkcharakter der reinen ästhetischen Wahrnehmung

Nun sind wir an einem Schlüsselpunkt der Argumentation angekommen. Zunächst gilt es festzuhalten, worin der Ausdrucksgehalt der genuin musikalisch verarbeiteten emotionalen Gesten besteht. Es kann hier nicht um die leiblichen Antriebe in diesen Gesten gehen, da diese sich nur in primärpraktischen Kontexten mit ihrem ganz eigenen »Stoff« vollziehen können. Es ist aber nicht möglich, auf musikalische Weise wirklich emotional zu *handeln*. Also kommen die Emotionen hier nur in ihrer charakteristischen ästhetischen Gestalt zum Ausdruck, als *Gegenstand* der ästhetischen *Wahrnehmung* oder Erfahrung. Nun

15 Arthur Schopenhauer, Die Welt als Wille und Vorstellung, Band I. Teilband 1, Zürich 1977, S. 328.

16 Siehe dazu etwa Avram Goldstein, Thrills in response to music and other stimuli, Physiological Psychology 1980, Vol 8 (1), S. 126-129, oder Jaak Panksepp, The emotional sources of ›chills‹ induced by music, Music Perception, Vol. 13, S. 171-207. Es soll aber auch darauf hingewiesen werden, dass selbst Adorno beim Versuch, die Emotionsästhetik durch einen radikalen Begriff eines Expressionismus jenseits des ästhetischen Scheins zu sprengen, in die Nähe eines positivistischen Thrill-Konzeptes geriet, in dem musikalischer Ausdruck sich reduziert auf das reine seismographische Protokoll von »leibhaften Regungen«, und zwar in seiner Philosophie der neuen Musik, Frankfurt am Main 1975, S. 44.

verwandelt sich dabei aber unter der Hand der Ausdrucksbegriff – mit der Gefahr einer ästhetischen Spaltung. Schopenhauers Argument weist in die Richtung einer zentralen autonomieästhetischen Bestimmung, nämlich der ästhetischen *Erkenntnisfunktion v*on Musik, die natürlich nur eine Angelegenheit der Kunstmusik mit ihren reichen Artikulationsmöglichkeiten sein kann. Ausdruck besteht hier in der präzisen, permanent formerweiternden Darstellung von genuin ästhetischen Gestalterfahrungen. Dabei geht es uns hier nicht darum, diese »sprachliche« oder geistige Perspektive weiter zu verfolgen, sondern analytisch im Rahmen der Ausdruckstheorie zu verbleiben. Um der bereits genannten Gefahr, der Kunstmusik die eigene Affektdimension abzusprechen und diese am Ende nur als Angelegenheit einer simplen musikalischen Emotionswirtschaft zu betrachten, zu begegnen, hat man zunächst die erfahrungstheoretische Schlüsselfrage zu stellen: Besitzt die reine ästhetische Wahrnehmung bzw. Erfahrung eine eigene Affektqualität? Und: kann diese in der werkhaften Darstellung, also durch »Besonnenheit« der Formbildung (E.T.A. Hoffmann), potenziert werden?

Zu ersterem liefert zunächst Daniel Sterns Theorie der frühkindlichen Erfahrung durch eine spiegelbildlich dazu stehende Bestimmung einen entscheidenden Beitrag. Er spricht von einer elementaren Affektdimension, die sich in rein ästhetischen Wahrnehmungsprozessen vollzieht und dabei radikal von »bestimmten Emotionen,« die er »kategoriale Affekte« nennt, zu unterscheiden ist (natürlich auch von bloßen somatosensorischen Erregungsempfindungen). Es handelt sich hier um die Erfassung von gestaltspezifischen Prozessqualitäten (Anschwellen, Absterben, Vermehrung oder Verminderung von Intensitäten), die »Vitalitätsaffekte« erzeugen, da sie vorgegenständlich *erlebt* werden. Darin sind sogar in einer »supramodalen Wahrnehmung« die Wahrnehmungsmodi noch nicht voneinander getrennt. Nicht zufällig kommt Stern dabei auch auf die Ausdruckskurven der Musik zu sprechen. »Abstrakter Tanz und Musik sind ausgezeichnete Beispiele für die Ausdrucksfähigkeit der Vitalitätseffekte. Der abstrakte Tanz führt dem Zuschauer/Zuhörer eine Vielfalt an Vitalitätsaffekten mit ihren Abwandlungen vor, ohne auf eine Handlung oder kategoriale Affekte zurückzugreifen.«[17] Vitalitätsaffekte entsprechen nicht bestimmten Emotionen, sondern »charakteristischen Veränderungen des Ablaufmusters«, in das der Erlebende jeweils einbegriffen ist. »Diese zeitlichen Veränderungen des Ablaufmusters oder der Aktivierungskonturen liegen den jeweiligen Vitalitätsaffekten zugrunde.« Dazu führt Stern in der Fußnote »Explosio-

17 Daniel Stern, Die Lebenserfahrung des Säuglings, Stuttgart 1998, S. 87.

nen«, »Verblassen« oder »Anstürme« als charakteristische Beispiele für die Eigenarten von »Ablaufkonturen« an, die unterhalb der Inhalte des »tatsächlichen Verhaltens« liegen.[18] Nur nebenbei sei gesagt, dass diese Theorie auch eine ausdruckstheoretische Interpretation von Hanslicks Modell von Musik als »tönend bewegter Form« erlaubt, denn man darf hier auch von energetischer Bewegtheit sprechen.

Hommage à Proust – der Scheincharakter der ästhetischen Erfüllung in Béla Grunbergers Narzissmustheorie

Daniel Sterns Begriff der »Vitalitätsaffekte« enthält eine zentrale erfahrungstheoretische Perspektive: die Auflösung der Ich-Grenzen im vorgegenständlichen ästhetischen Wahrnehmungsprozess bzw. die Verschmelzung von Wahrnehmendem und Wahrgenommenem in diesem. Die rein ästhetisch wahrgenommenen Gestaltqualitäten werden nicht auf ein Gegenüber in der äußeren Welt bezogen, sondern nur innerlich empfunden. Das bedeutet einen gegensinnigen Prozess der Entgrenzung, eine Gleichzeitigkeit von Infiltration bzw. Introjektion und Expansion. Die Innenwelt wird einerseits von Empfindungen äußerer Gestaltbewegungen erfüllt, andererseits bildet diese Welt der inneren Empfindungen die Welt schlechthin. Diese Entgrenzung wird – unter dem Stichwort des »ozeanischen Gefühls« – auch der Musikrezeption zugeschrieben, wenn sie, etwa gesteigert durch das Schließen der Augen, im Zustand der völligen Versenkung in die musikalischen Prozesse vollzogen wird. Die Musik erfüllt »die Brust« bzw. das Innenleben, und die Empfindung dieser Infiltration löst den Bezug zur Außenwelt auf. Dabei handelt es sich um ein Affektgeschehen, das das Gegenteil von »bestimmten Emotionen« oder »kategorialen Affekten« darstellt. Anstelle eines eindeutigen Objektbezuges gibt es hier überhaupt keinen mehr, und an seine Stelle tritt das Empfinden eines offenen Kosmos von ästhetischen Qualitäten. So lässt sich auch E.T.A Hoffmanns Entgegensetzung zwischen der Welt der bestimmten Gefühle und dem visionären Taumel in Beethovens Fünfter verstehen. Letzterer stellt einen Raum von reinen ästhetischen Vorstellungen dar, die den Zuhörer in ein bloßes Wahrnehmungsorgan verwandeln. Aber woher rührt die inkommensurable Affektintensität solcher Wahrnehmungszustände, die bedrängender sind als alle Passionen und dabei so unfassbar? Stern hat gerade als Säuglingsforscher einen elementaren Hinweis dazu geliefert. Die ästhe-

18 Ebd., S. 88, mit Fn. 8.

tische Wahrnehmung stellt eine Regression dar, die durch die Auflösung der Ich-Grenzen in einen Zustand führt, der noch die Wahrnehmung von »Wundern« erlaubte, in die Kindeswelt der inkommensurablen »großen Eindrücke« vor aller Gegenstandsnormalität und *auch* im Gegensatz zum Triebgeschehen der »großen Wünsche« (Freud). Aber während Stern von Zuständen spricht, die bereits mit anderen Affektanteilen gemischt sind, gibt es eine biographische Phase, die ausschließlich in einer Einheit von reinen Eindrücken ohne Triebspannung, anstrengungsloser Passivität, grenzenloser Versorgtheit oder Erfülltheit sowie der Empfindung einer idealen organischen Integrität besteht – der vorgeburtliche Zustand.

Es ist auch für die musikalische Ausdrucksästhetik von unschätzbarem Wert, dass eine der wichtigsten Revisionen der Freudschen Psychoanalyse, die Narzissmustheorie von Bela Grunberger, diesen Zustand affekttheoretisch ausgeleuchtet hat. Drei Punkte sind hier von zentraler Bedeutung: die grundlegende Erweiterung des psychoanalytischen Instanzenmodells jenseits des triebtheoretischen Rahmens, der dazu gehörige biographietheoretische Einbezug der vorgeburtlichen Phase und schließlich der unaufhebbare Scheincharakter des darin wurzelnden Erfüllungsmodus. Ihren Ausgangspunkt nahm diese Revision in spezifischen Erfahrungen der therapeutischen Situation. Es zeigte sich, dass diese an Wert gewinnen, »wenn sie durch die Konzeption des *Narzißmus* [kursiv FZ] ergänzt werden, und man diesem den Rang einer autonomen psychischen Instanz zugesteht. Dann könnten wir der Lösung einiger zentraler Probleme [...] noch näher kommen, als es der gewöhnlich verwendete dreiteilige klassische Rahmen erlaubt.«[19] Mit diesem »Rahmen« ist natürlich die Unterscheidung von »Ich«, »Über-Ich« und »Es« gemeint. Es dürfte klar sein, dass der »Narzissmus« als weitere gleichrangige Instanz anders gefasst ist als bei Freud selbst. »Freud hat ja bekanntlich den Narzißmus eingeführt, jedoch in einem Rahmen, dar auf der Trieblehre gründete und die Herausbildung einer kohärenten Narzißmustheorie verhinderte. Denn für Freud ist der Narzißmus [...] eine Form libidinöser Besetzung.«[20] Dagegen postuliert Grunbergers Narzißmustheorie eine psychische Dimension, die über den Rahmen einer rein triebbestimmten Konzeption hinausgeht.[21] Die Konzeption

19 Béla Grunberger, Vom Narzißmus zum Objekt, Frankfurt am Main 1976, S. 109.

20 Béla Grunberger, Narziß und Anubis. Psychoanalyse jenseits der Triebtheorie. Band 2, Frankfurt am Main 1988, S. 178.

21 Grunberger trifft sich hier im Übrigen mit John Bowlbys Erweiterung der Triebtheorie. Auch dessen Modell von Bindung reklamiert einen Erfüllungs-

eines »reinen Narzißmus« noch vor dem Triebleben vollzieht sogar den Schritt von der »psychoanalytischen« zur »bioanalytischen« Theorie. Sie betrachtet die fötalen Reifungsprozesse mit ihren spezifischen psychischen Repräsentanzen als eigene Phase der biographischen Entwicklung. Grunberger spricht hier auch von »primitiver Koenästhesie«, also einem spezifischen Vitalgefühl vor jeder, auch psychischen, Aktivität und Objektbindung. »Ich bin nämlich der Ansicht, [...] daß der pränatale Ursprung des Narzißmus ein höchst bedeutsames Faktum ist, dessen Auswirkungen tendenziell unerkannt bleiben [in der bewussten Selbsterfahrung, nicht theoretisch. FZ], jedoch in den Tiefen des Unbewußten fortbestehen. Der Fötus kennt weder Konflikt noch Wunsch, da sein ›Wirt‹ für seinen Stoffwechsel sorgt; er lebt in vollkommener Einheit, einer Koenästhesie, die genügend Spuren hinterläßt, um später als Zustand vollkommener Glückseligkeit, absoluter Souveränität und Allmacht phantasiert zu werden. Folklore, Religion und Literatur bestätigen diese Phantasien, ein Ideal, das der Mensch verloren hat, nach dem er jedoch unaufhörlich sucht.«[22] Noch mehr als Grunberger selbst sollte man bei diesen Charakterisierungen darauf achten, dass nicht die Qualitäten des primären und des sekundären Narzissmus miteinander vermischt werden. Letztere gehören zur Formen der Ichbildung, in denen der Narzissmus zur Emotion wird, also etwa in »eindeutig bestimmten« Größengefühlen. Mit diesen teilt die unvermischte narzisstische Glückseligkeit des natalen Lebens zwar das kosmische Unendlichkeitsgefühl der Koenästhesie. »Diese typisch narzißtische Formation« lässt an einen »›kosmischen Narzißmus‹ denken (der Fötus verschmilzt mit seinem Universum, das das Universum schlechthin ist).«[23] Aber anders als die emotionshaften Omnipotenzstimmungen repräsentieren die psychischen Spuren des primären Narzissmus ein Ineffabile, eine nie erreichbare unfassbare Erfüllungsqualität, die auch nicht in Ersatzhandlungen ausagiert werden kann, im Gegensatz etwa zu ozeanischen Größengefühlen in Massenveranstaltungen. »Dem entspricht ein ungewisses, unaussprechliches Wohlbefinden, ein besonders befriedigendes Glücksgefühl, das die Empfindung einer bis ins Unendliche erweiterten Existenz auszudrücken scheint.«[24] Die innere Beziehung zwischen dieser

zustand jenseits der Libido und überschneidet sich dabei mit Grunbergers Begriff der nachgeburtlichen Monade aus Mutter und Kind. Siehe John Bowlby, Bindung. Eine Analyse der Mutter-Kind-Beziehung, München 1975.

22 Grunberger, Narziß und Anubis, S. 140.
23 Grunberger, Narziß und Anubis, S. 194.
24 Grunberger, Narziß und Anubis, S. 122.

unaussprechlichen Form entgrenzender Glückseligkeit und Zuständen der ästhetischen Wahrnehmung hat Grunberger selbst immer wieder hervorgehoben, etwa am Beispiel der kindlichen Verzückung angesichts der ästhetischen Qualitäten eines Apfels. »Stellen wir uns ein Kind vor einem Schaufenster vor, in dem ein Apfel liegt. Es ist ein wundervoller, gut gereifter, appetitlicher Apfel, und das Kind hat natürlich Lust, ihn zu essen. Es ist durch den Wunsch nach diesem Apfel plötzlich wie verwandelt. Es wird sich später dieses außergewöhnlichen Augenblicks erinnern und sein Gedächtnis wird ein getreues Bild dieser köstlichen Frucht, ihrer Form, ihrer Farbe, ihres Lichtspiels [sic] wiedergeben, vor allem den allgemeinen Eindruck, den es von diesem Erlebnis behalten hat.«[25] Signifikant ist Grunbergers Verweis auf eine spätere malerische Verarbeitung des Apfel-Erlebnisses (»ein getreues Bild« von »Farbe« und »Lichtspiel« des Gegenstandes). Der Apfel wird also von einem Objekt des Begehrens zum Feldelement bloßer ästhetischer Wahrnehmung und entgrenzender innerer Vorstellung. »Das Kind stellt sich den Geschmack und den Duft des Apfels vor, als ob es schon hineinbisse. Das Kind vermischt sich sozusagen mit dem Apfel und bildet mit ihm eine Einheit. Das Universum Kind-Apfel enthält unter anderem das Schaufenster, in dem der Apfel liegt, den Straßenlärm, der die Szene begleitet, die gesamte Umgebung, kurz die Einheit Kind-Apfel dehnt sich bis an die äußersten Grenzen seiner libidinösen Besetzung, also bis an die Grenzen seiner sensorischen Aufnahmefähigkeit aus. Später kann dieser Apfel in den Träumen des Kindes wieder auftreten, und wenn es älter ist, wird es all die mit dem Apfel verbundenen Empfindungen auf die verschiedensten hierzu sich anbietenden Objekte übertragen. […] und auch andere Objekte gewinnen aus diesem Abenteuer, […] aus der Wiederbelebung dieses ursprünglichen, einzigartigen und unbeschreiblichen Gefühls eine große Erlebnisqualität. Das Kind hat also den Apfel auf halluzinatorische und erhaben-erhebende Weise gekostet.«[26]

Diese Ästhetik eines vorgeburtlich verwurzelten, daher fundamentalen Erfüllungserlebnisses, das gerade in seiner Unfassbarkeit aufrührender ist als alle bestimmten Passionen, liefert einen entscheidenden Hinweis auf die *immanente* Affektseite der ästhetischen Werkerfahrung. Es ist an die reine ästhetische *Versenkung* gebunden, das nur durch autonome ästhetische Gebilde ermöglicht wird, im Gegensatz zum musikalischen Konsum von Affektgesten, der Körperbewegung zur Musik oder kollektiven Rauschzuständen beim musikalischen Erle-

25 Grunberger, Narziß und Anubis, S. 173 f.
26 Grunberger, Narziß und Anubis, S. 174.

ben usw. Diese analytische Differenzierung ist von vorneherein nicht möglich, wenn man unter der summarischen Kategorie der »strong experiences in music« eine eigene Erfüllungsqualität der reinen Versenkung in ästhetische Gestaltzusammenhänge analytisch nicht in Betracht zieht.[27] Diese kann natürlich noch weiter aufgefächert werden. Dazu würde etwa auch die Neugierde bzw. der Explorationstrieb gehören, der gerade durch die immanente Labyrinthik kunstmusikalischer Formen befriedigt wird, soweit man sich rückhaltlos auf deren Individualität einlässt. Eine andere zentrale, seit der Romantik immer wichtiger gewordene Dimension wäre die Befriedigung der Angstlust durch die tabulose Weitung des Ausdrucksradius in den nicht mehr schönen Künsten. Sie ermöglicht die quasitherapeutische Versenkung in gefährliche Gehalte ohne Realgefahr. Insgesamt entscheidend für diese Dynamik ist ihr paradoxes Ineinander von höchster Erfüllung und Erschütterung. Wie Grunberger ausgeführt hat, hat man es hier mit der Erfahrung einer nicht nur nicht erfassbaren, sondern auch gleichzeitig nicht völlig integrierbaren oder verarbeitbaren Form der Erfüllung zu tun, die, wenn man so will, immer auch eine nichtpathologische Form der Traumatisierung bedeutet. Um es nochmals deutlich zu machen: Wenn hier von Nichterfassbarkeit der Rede ist, wird damit nicht einer bloß konsumistischen Durchflutung des Hörers durch Werke das Wort geredet. Vielmehr geht es hier um die konkrete Erfahrung ihres »Rätselcharakters« mit der dazu erforderlichen Aufmerksamkeitsleistung, also um die Einheit von Hingabe und Konzentration bzw. »Besonnenheit« (E.T.A. Hoffmann), ohne die man gerade die Nichterfassbarkeit versäumt bzw. zum austauschbaren Eindruck reduziert.

Grunbergers Anmerkung, das Paradies sei nur als verlorenes Ideal wiederzuhaben, trifft ins Zentrum. Es war an einen rein biologischen Zustand gebunden, der mit den nachgeburtlichen Bedingungen nicht vereinbar ist und nachträglich den unauslöschlichen Makel der Unfertigkeit besitzt. Alle Versuche, ihn zu fassen, besitzen daher den Illusions- oder Scheincharakter der Idealbildung. Sie müssen notwendig seine rein biologische Verwurzelung leugnen und können sich ihm nur nähern, indem sie sie sich von ihm entfernen, durch schöpferische Entfaltung kultureller bzw. ästhetischer Fülle. Sie verlieren diesen Zustand, indem sie ihn gewinnen, in einer Gleichzeitigkeit von Nostalgie und utopischem Impetus. »In meiner bioanalytischen Theorie [...] leite ich das

27 Wie etwa Alf Gabrielsson, Emotions in Strong Experiences with Music, in: P. Juslin, J.A.Sloboda (ed), Music and Emotion. Theory and Research, Oxford 2001, S. 431-449, einer der Versuche, Maslows Begriff der »peak-experiences« musikpsychologisch umzusetzen.

Phänomen des Narzißmus aus einer von mir postulierten *pränatalen Koenästhesie* her, einem in erster Linie biologischen Faktor also, einem archaischen und unbewußten Erleben, [...] das [...] zudem die Tendenz hat, um jeden Preis diesem Ursprung sowie jedem biologischen Bezug zu entrinnen.«[28] Das Wiedererleben des koenästhetischen Paradieses in den Spuren seiner ästhetischen Restitution ist unauflösbar verbunden mit dem Schmerz über eine unaufhebbare Überforderung. Das Ersehnte lässt sich nicht wieder erfassen und wird nur erfahren in immer neuartigen Anläufen der rückwärtigen Projektion. Diese stellen stets Dokumente des Scheiterns dar, vergebliche Versuche, ein ewig verlorenes Ideal in utopischer Weise zu vollenden. Das gilt sowohl psychologisch als auch ästhetisch. »Die Erinnerung betrifft die [abgeschlossene. FZ] Vergangenheit, wohingegen das Hochgefühl, das pränatalen Ursprungs ist, ein Element der Zukunft enthält, eben weil es seiner Natur nach unvollendet ist. Das ist einer der Gründe für seine verführerische Kraft, und es erklärt seine sanfte nostalgische Färbung [...]. Es handelt sich um den narzißtischen Entwurf einer absoluten Vollständigkeit, deren bereits erfahrenes Vorhandensein durch die zu frühe Geburt des Menschen, durch seine Neotonie unterbrochen wurde.«[29] Grunberger trifft sich hier mit Adorno, der Mahler als den größten Meister des musikalischen Glücks erkannte. »An der Utopie hält Mahlers Musik fest in den Erinnerungsspuren der Kindheit, die scheinen, als ob allein um ihretwillen zu leben sich lohnte. Aber nicht weniger authentisch ist ihm das Bewußtsein, daß dies Glück verloren ist und erst als Verlorenes zum Glück wird, das es so nie war.«[30]

28 Grunberger Grunberger, Narziß und Anubis, S. 190.

29 Grunberger Grunberger, Narziß und Anubis, S. 160.

30 Theodor W. Adorno, Mahler. Eine musikalische Physiognomik, in: ders., Die musikalischen Monographien. Gesammelte Schriften 13, Frankfurt am Main 1986, S. 287.

III. Biographie und Deutungsmuster

5. Zu einer Physiognomik Wilhelm Furtwänglers

Empirische Rekonstruktionsskizze einer biographischen Grundgestalt[1]

Es gibt wohl kaum einen anderen Dirigenten des 20. Jahrhunderts, der auf so, wie es scheint, zeitlose Weise das Charisma der interpretatorischen Tiefe für sich vereinnahmen darf wie Wilhelm Furtwängler. Ein erstaunliches Phänomen, das nach Klärung verlangt, da doch der Nachruhm so vieler anderer Dirigenten, deren künstlerische Ausstrahlung, sieht man von der künstlerischen Qualität mal ganz ab, nicht minder suggestiv war, bei weitem nicht so bestandsfest zu sein scheint wie der Furtwänglers – man denke etwa an Fritz Busch, Erich Kleiber oder Jewgenij Mrawinsky. War Furtwängler wirklich jene Ausnahmeerscheinung auch unter den Größten, als die er bis heute immer wieder behandelt wird – oder wird sein Nimbus vor allem von Veteranen eines kunstreligiösen Geniekultes kolportiert, bei denen sich persönliche Ausstrahlung und künstlerische Größe miteinander verwirren? Eine objektive Bestimmung scheint hier nur schwer möglich zu sein. Darin knüpft sich eine weitere, unheilbar erscheinende Gespaltenheit in das Bild, das von Furtwänglers Figur im Nationalsozialismus existiert. Auf der einen Seite gibt es den karrieristisch Verstrickten, der sich hat in Dienst nehmen lassen als eines der exponiertesten Aushängeschilder des nationalsozialistischen Systems, auf der anderen Seite einen Hauptvertreter der subkutanen Resistenz, die den innerlich anständig gebliebenen Deutschen in schlimmsten Zeiten Halt gegeben hat durch seinen Verbleib im Lande als Statthalter der Gegenmacht Kultur, sprich: des großen musikalischen Erbes. Für beide Perspektiven gibt es starke Belege, so dass man sich dabei zuweilen fragt, ob wirklich von demselben Phänomen die Rede ist. Aber vielleicht macht ja gerade dies die unverwechselbare Eigenart der Sache aus? Wir nehmen diese Problematik als Leitperspektive für eine Versenkung in die biographischen und habituellen Grundlagen des Künstlers. Wie ist der besondere Modus bestimmbar, den diese Biographie sich gewählt hat, und wieso führte dieser aus gegebenen Ausgangsbedingungen gerade in eine Dirigentenkarriere mit

1 Vorlesung im Rahmen der Bürgervorlesungen der J.W. Goethe-Universität Frankfurt am Main im Wintersemester 2009/10.

ihrer künstlerischen Eigenart? Diese Modus-Dimension entspricht der pragmatistischen Kategorie des »habit«. Die vorliegende Analyse versteht sich also als empirischer Beitrag zur Diskussion dieser Kategorie mit ihren Möglichkeiten, die zu enge Alternative zwischen Subjektivismus und gesellschaftstheoretischem Determinismus zu überwinden, wie sie auch noch den Versuch von Bourdieu, sie zu überwinden, belastet. Für die biographische Analyse heißt dies hier: Wie lassen sich soziologische, geistesgeschichtliche, historische und musikwissenschaftliche Perspektiven ineinander übersetzen? Dazu müssen im Prinzip zwei Analyseschritte miteinander verknüpft werden. Zunächst ist der Ausgangskontext einer Biographie zu beleuchten und zwar gleichsam in konzentrischen Kreisen: also erst die historisch-gesellschaftliche Ausgangslage mit ihren zentralen kollektiven Deutungsmustern, dann der Familienkontext. Dadurch wird ein grundlegendes Bearbeitungsfeld für die darin objektiv eingelagerte Biographie entfaltet, in dem diese die elementaren Züge ihrer Physiognomie erwirbt. Erst dann ist es möglich, den Fortlauf der Biographie als aktiven Gestaltbildungsprozess zu verstehen, der mehr darstellt als nur eine chronologische Ereignisfolge. Ich werde bei der Darstellung von Furtwänglers Biographie der Ausleuchtung ihres Entstehungskontextes großen Raum geben: Denn ich habe bei der Rekonstruktionsarbeit gemerkt, dass in dieser Matrix auf verblüffend dichte Weise Schlüsselelemente von Furtwänglers Charakter präfiguriert sind und es für die Porträtdarstellung im gegebenen knappen Rahmen günstig ist, diese Tiefendimension in die beiden Leitfragen nach dem Interpretentypus und abschließend auch der politischen Identität Furtwänglers zu übersetzen.

Beginnen wir mit einem Blick auf die Generationslage von Wilhelm Furtwängler. Geboren wurde er 1886 (am 25.1.). Er wuchs also, noch ganz allgemein gesagt, in die Phase einer nationalspezifischen Auflösung der alten bürgerlichen Welt hinein, äußerlich markiert durch den Regierungsantritt Kaiser Wilhelms II. 1888 begannen gesellschaftliche Veränderungen, aus denen in heftigen Krisen und schwindelerregenden Innovationen das 20. Jahrhundert hervortrat. Das Staat breitete sich aus, mit ihm die Bürokratie. Er wurde »interventionistisch«, griff über auf Bereiche, die das klassische Wirtschafts- und Kulturbürgertum der autonomen Selbstregelung vorbehalten sehen wollte. In dem Prozess verschränkten sich retardierende und progressive Elemente. Auf der einen Seite wuchs in typisch deutscher Tradition die staatliche Kontrolle. Eisenbahn, Verkehrsbauten, das Wohnen, die technischen Institutionen wie die Post, das Telegraphen- und Telefonwesen, viele kommunale Betriebe, selbstverständlich die sich aufblähende Rüstungsindustrie und anderes mehr unterlagen der öffentlichen Regelung. Aber auf der anderen Seite betraf die sich ausbreitende Normierung auch die kollektive Daseinsvorsorge – der Staat wurde in diesem Prozess zum »Sozialstaat«, die alte Feudalwelt begann erste Züge einer modernen Massengesellschaft auszubilden. Die enorme Ausweitung der öffentlichen Aufgaben war natürlich nicht zu leisten ohne entsprechende Vergrößerung des bürokratischen Apparates (die Reichsämter haben ihr Personal zwischen 1876 und 1914 mehr als verdreifacht) und ohne Zunahme der öffentlichen Ausgaben, was wiederum erhöhten gesetzlichen Regelungsbedarf nach sich zog. An die Seite dieses Komplexes gesellte sich eine boomende Industrie mit Großbetrieben, neuartigen Managementstrukturen und technischer Verwertung wissenschaftlicher Forschung. Die »verwaltete« und »technisierte Welt« begann sich zu formieren als autonome Macht jenseits der ideologischen Parteiungen, auch wenn sie hier noch paternalistisch gefärbt war.

Die zweite große »politisch-gesellschaftliche Prägekraft« Ende des 19. Jahrhunderts war der Nationalismus. Dieser hatte sich in den Jahrzehnten zuvor gewandelt von einer liberalistisch-progressiven Bewegung, die, vor allem in Deutschland, stark an kulturellen Symbolen orientiert war, zu einer erheblich politisierten Ideologie der Rechten. Seine Macht kann man unter anderem daraus ersehen, dass er letztlich alle Parteien erfasste, also selbst den katholischen Regionalismus und die Sozialdemokratie. Dabei besaß er intern durchaus verschiedene, zum Teil sogar miteinander unvereinbare, Gewichtungen und Zielsetzungen. Es gab den Patriotismus, der sich orientierte an den politisch-gesellschaftlichen Traditionen der Heimat, es gab den an der kaiserlichen Reichsidee und ihren imperialistischen Großmachtphantasien sich berauschenden Untertanengeist, auch trat bereits der völkisch-rassistische Radikalnationalismus auf den Plan, und schließlich gab es einen integrativen Nationalismus. Darunter waren alle jene verbunden, die ein Missbehagen empfanden gegenüber dem seelenlosen Materialismus der Gründerzeiteuphorie mit ihrer militärisch-industriellen Hochrüstung, ihrem Drang zur geographischen Expansion sowie dem Pathos einer hochtechnisierten, kolonialistischen Abenteuerlust. Und natürlich waren viele abgestoßen von der international berüchtigten Beschränktheit Wilhelms II. Man suchte nach einer anderen, tieferen Integrations- und Legitimationsbasis des Reiches, aber ohne intakte Verbindung zum alten liberalistischen Kulturnationalismus. Dabei entstand eine ambivalente Haltung gegenüber der politischen Sphäre: Auf der einen Seite suchte man nach einem überpolitischen Deutschtum mit geistesaristokratischen Distanzierungen gegenüber den Niederungen des politischen Machtkampfes, auf der anderen Seite ging man doch letztlich konform mit diesem, da gerade aufgrund dieser Distanz keine politischen Gegenentwürfe, sondern nur luftwurzelhafte Mythenbildungen formulierbar waren, und schließlich auch der Imperialismus den Gedanken der deutschen Kulturmission aufs Schild gehoben hatte. Auf dieser Ebene konnte man sich durchaus treffen. Aber insgesamt war der integrative Nationalismus durchwirkt von einem sorgenvollen Abgrundpathos, das dem Gründerzeitaktivismus durchaus fremd war. Der Beschwörung der germanischen Urkraft des deutschen Volkes, die man der Technisierung des Lebens entgegenstellte, entsprach düsteren Ahnungen einer Götterdämmerung.

Diese Form des Nationalismus berührte sich mit einem für das Deutschland an der Schwelle des 20. Jahrhunderts überaus zentralen Denkmuster: der Entgegensetzung von »Kultur« und »Zivilisation«.[2] Diese entstand aus der extremen Spannung zwischen dem »stahlharten Gehäuse der Hörigkeit«[3], in das die moderne Gesellschaft zu wandeln sich anschickte und der radikalen Individuierung der Lebensentwürfe im Zuge der Verbürgerlichung. Vor allem am Beispiel der westlichen Gesellschaften sah man den drohenden Verlust übergreifender Sinnhorizonte im Interessensmateralismus von Parteienpolitik und kapitalistischer Ökonomie einerseits sowie durch totale bürokratische Uniformierung andererseits. Dem entsprach eine Distanzierung von diesen Bereichen durch die Orientierung an national bedeutsamen kulturellen Leistungen und Symbolwelten. Politisch zentral für dieses politikfeindliche Denkmuster war, dass es als kulturchauvinistische Kampfparole für die Superiorität Deutschlands gegenüber der seelenlosen westlichen Moderne diente – am Ende auch wesentlich die demokratiefeindliche Hoffnung auf einen politischen Erlöser jenseits der Politik nährte.

Soweit also zum gesellschaftlich-ideologischen Kontext der Geburtsstunde Wilhelm Furtwänglers – am 25. Januar 1886. Natürlich möchte

2 Siehe dazu die grundlegende Interpretation von Norbert Elias, Über den Prozeß der Zivilisation. Bd. 1 und 2, Frankfurt am Main 1976. Siehe auch als eines der wichtigsten Dokumente Thomas Mann, Betrachtungen eines Unpolitischen, Frankfurt am Main 1983. Darin heißt es etwa in der Vorrede: »Der Unterschied von Geist und Politik enthält den von Kultur und Zivilisation, von Seele und Gesellschaft, von Freiheit und Stimmrecht, von Kunst und Literatur; und Deutschtum, das ist Kultur, Seele, Freiheit, Kunst und nicht Zivilisation, Gesellschaft, Stimmrecht, Literatur.«, S. 31.

3 Max Weber, Die protestantische Ethik und der Geist des Kapitalismus, in: ders., Gesammelte Aufsätze zur Religionssoziologie I, Tübingen 1978, S. 203 f.

man jetzt wissen: Welche Bedeutung hat diese objektive historische Lage für die Familie Furtwänglers, wirkte sie dort auf eine Weise fort, die für den Dirigenten lebensbestimmend wurde? Das darf man auf entschiedene Weise bejahen. Der Vater von Wilhelm, Adolf Furtwängler, machte eine Karriere als hochrenommierter Professor. Nun war der deutsche Professor dieser Zeit typischerweise ein exponierter, elitärer Vertreter des nationalen Kulturmenschentums mit Blick auf das geistige Wesentliche und Ganze, gerichtet gegen Materialismus, Utilitarismus und den Markt der Interessen auf dem politischen Felde. Ich sage typischerweise – aber vielleicht sah das bei Adolf Furtwängler ja ganz anders aus? Vielleicht war er ja Chemiker, der für die Großindustrie Auftragsforschung betrieb und möglicherweise bei Wilhelm II. deswegen hoch im Kurs stand. Dem war aber keineswegs so. Adolf Furtwängler vertrat ein kulturwissenschaftliches Fach: die Archäologe. »Er studiert(e) in Freiburg, Leipzig und München Archäologie, promovierte über ›Eros in der Vasenmalerei‹, und seine dreibändige ›Geschichte der antiken Steinschneidekunst‹ wird zu einem bedeutenden Standardwerk. Adolf Furtwängler arbeitet(e) an den Ausgrabungen in Olympia mit, wird Privatdozent in Bonn und Berlin und ist international als Gutachter geschätzt. [...] 1894, mit 41 Jahren, beruft man ihn nach München, auf einen der begehrtesten Lehrstühle des Faches. Zudem wird er Direktor der Glyptothek und Konservator der Vasensammlung beziehungsweise des Abgußmuseums.«[4]

Gerade Adolfs passionierte Beschäftigung mit dem *Hellenentum* besitzt eine Schlüsselbedeutung für die bislang nur hypothetisch in Betracht gezogene Berührung von Furtwänglers Familienmilieu mit dem deutschen Kulturnationalismus der damaligen Zeit. Zeitgeschichtlich verwurzelt ist der Neo-Hellenismus in diesem Syndrom durch die Entgegensetzung zwischen der »Barbarei der Moderne«, wie sie als charakteristisch angesehen wurde für die westeuropäischen Zivilisationen, und einem durchaus positiv bewerteten »modernen Barbarentum«, eine Unterscheidung, wie sie sich etwa beim frühen Stefan George formuliert findet. Dieses Barbarentum wurde verstanden als Ausdruck eines von zivilisatorischer Domestikation und Bildungszwängen noch nicht deformierten schöpferischen Potentials, das gleichzeitig vorrational und kulturbedeutsam sein sollte – in astronomischer Entfernung von der Welt der etablierten politischen und kulturellen Verhältnisse. Der Deutsche würde dies durch sein »Germanentum« besitzen. So schwadronierte Ludwig Klages darüber, dass das »germanische Wesen« eine beson-

4 Herbert Haffner, Furtwängler, Berlin 2003, S. 12.

ders geglückte »Mischung aller Erdelemente« besitzen würde, welche »bis in die feuerflüssigen Allnebel hinabreicht«[5], also eine besonders innige, instinkthafte Nähe zu den kosmischen Kräften besitzt. Um diesem Urgermanentum größeres kulturelles Gewicht zu verleihen, konstruierte man schließlich eine innere Verwandtschaft mit der Wiege des Abendlandes, dem Hellenentum – so etwa George: »Dass ein strahl von Hellas auf uns fiel: dass unsere Jugend jetzt das Leben nicht mehr niedrig, sondern glühend anzusehen beginnt [...]: dass sie schließlich auch ihr volkstum groß und nicht im beschränkten sinne eines stammes auffasst: darin finde man den umschwung des deutschen wesens bei der jahrhundertwende.«[6] In diesem Vergleich von deutscher Jugend und Griechentum findet auch das vorrational-energetische Aufbruchspotential des deutschen Wesens seine geistige Qualifizierung. Friedrich Gundolfs George-Paraphrase bringt dieses Deutungsmuster auf den Punkt: »Nur der Grieche und der Deutsche haben das Menschtum als Jünglinge erfüllt, auf der Stufe des vollendeten Blühens, des erwachenden Geistes und des schönen Leibes. [...] Nur die Griechen und die Deutschen kennen drum auch den eigentlichen *›Idealismus‹*, den platonischen, die Schau des Geistes in der Gestalt, und den hölderlinischen, die Suche der Gestalt für den Geist. Griechische Jugend hat den Leib vergottet, Deutsche Jugend kann den Gott verleiben.«[7] George vermag den neuen Barbaren gleichzeitig als Idealisten zu charakterisieren, der die Idealgestalt verleiblicht durch seine Partizipation an ebenso ungeformten wie unverbrauchten Welt-Energien. Andere sprachen einfach von einer »gleichgerichteten Blutkraft« zwischen Deutschen und Hellenen. Der Phantasie waren hier wenig Grenzen gesetzt.

Furtwänglers Vater lebte diesen Kulturvitalismus. Das entsprach recht genau der biographischen Schlüsselfunktion, die die Archäologie für ihn besaß. Auf der einen Seite führte er darin eine aufsteigende biographische Linie fort, die er von seinem eigenen Vater übernommen hatte, den Aufstieg nämlich aus einer provinziellen bäuerlichen Lebenswelt in eine hochgeachtete akademische Existenzform. Adolfs Vater Wilhelm – also der Namenspatron für den Dirigenten-Enkel – entstammt einem Bauerngeschlecht, das im Badischen einen Erbhof, das »Furtwängle« (in der Nähe von Furtwangen), bewirtschaftete. Er selber erreichte nach dem Studium von Theologie, Philologie und Archäologie und nach Reisen durch Griechenland und Italien die Position des

5 Ludwig Klages, Rhythmen und Runen, Leipzig 1944, S. 250.

6 Zit. in: Achim Auernhammer u.a. (Hg.), Stefan George und sein Kreis. Ein Handbuch. Band 2, Berlin 2012, S. 666.

7 Friedrich Gundolf, George, Berlin 1920, S. 205.

Direktors am altsprachlichen Berthold-Gymnasium in Freiburg, »dem damaligen Flaggschiff des badischen Humanismus.«[8] Es ist hinlänglich gezeigt worden, dass Kinder von Lehrern oft besondere Schwierigkeiten mit der Institution Schule besitzen. Das zeigt sich an der Karriere und bestimmten Äußerungen von Adolf Furtwängler, der das Legat seines Vaters zwar übernahm, aber, indem er diesen auf zweifache Weise ausbootete. Zum einen überholte er ihn durch seine Universitätskarriere und versäumte dabei nicht, etwa dem Sohn Wilhelm gegenüber, von dieser Eliteposition aus abfällige Bemerkungen über die Philistrosität des Lehrerberufs zu machen. Wir werden sehen, inwieweit dadurch bei dem Sohn eine grundlegende Haltung gegenüber der Schule gepflanzt wurde. Zum anderen bot die Archäologie Adolf Furtwängler Gelegenheit, sein ländliches Erbe in die biographisch aufsteigende Linie der erfolgreichen Akademisierung zu reintegrieren, also auf seinem Felde die unverbildete Kraft seiner Vorväter geltend zu machen und diese dabei auch als Resistenzpotential gegen die Welt der Bildungsphilister zu nutzen. Denn die Archäologie ist nicht nur eine hochstehende Wissenschaft der Gestaltinterpretation, sondern bisweilen auch körperlich einfach anstrengend. Die berufsspezifische Anforderung der Grabung, die einige Wind- und Wetterfestigkeit verlangt, stellte einen eine so hohe Herausforderung für Adolf Furtwängler dar, dass sie ihm am Ende sogar das Leben kostete. 1907 begibt er sich trotz schlechter körperlicher Verfassung auf eine Ausgrabungsreise nach Griechenland. Dort erkrankt er an der Ruhr. Da er seine Arbeit nicht schleifen lassen will, ärztliche Hilfe zurückweist und stattdessen auf die Heilkraft der Natur vertraut, erliegt er, vierundfünfzigjährig, dieser Krankheit. Der Neu-Hellene wird in Athen in einem Staatsakt zu Grabe getragen. In einem Brief an Stefan George beklagt Karl Wolfskehl, dass mit Adolf Furtwängler ein »starkes Bollwerk« gegen die »seichte Geistlosigkeit« zusammengebrochen sei.[9]

Der Gegensatz zur »Seichtheit« scheint indessen vor allem in einer gewissen temperamentvollen Rudesse bestanden zu haben. Weder als Gastgeber in seinem vielbesuchten Professorenhaushalt noch als Wissenschaftler bestach Adolf durch geistigen Schliff. So berichtet ein Freund der Familie, Ludwig Curtius. »Seine wissenschaftliche und rhetorische Technik war primitiv. [...] Er reihte die Werke nach ziemlich äußerlichen Merkmalen von Ähnlichkeit aneinander und hatte, um sie zu charakterisieren, ein beschränktes Vokabular von ›schön‹, ›köstlich‹ und ›entzückend‹ [...] In dieser phrasenfeindlichen schlichten Echtheit

8 Haffner, Furtwängler, S. 12.

9 Ebd., S. 45.

der Persönlichkeit […] lag Furtwänglers mit sich fortreißende Wirkung im Hörsaal.«[10] Zu diesem eigensinnigen Temperament, das sich nicht einwickeln lassen wollte in das Gespinst von Klischeebildungen, gehörte natürlich auch eine enorme Durchsetzungsfähigkeit und das Demonstrieren von Stärke. Halten wir also fest, dass Adolf Furtwängler zumindest eine starke Affinität zum nationalen Kulturvitalismus des Neo-Griechentums aufwies, ja dieses sogar noch zuspitzte: Er trug dessen Polarisierung von kultureller, und das heißt hier: griechisch-germanischer Vitalität und zivilisatorischer Dekadenz bis in das akademische Milieu selbst hinein durch eine Art von nonkonformistischer Ungeschliffenheit gegenüber dem verachteten Bildungsphilistertum.

Jetzt möchte man gerne wissen, inwieweit dieses Syndrom auch das Familienleben im Hause Furtwängler bestimmte und daher fortwirkte in der Charakterstruktur der Kinder, vor allem natürlich bei Wilhelm, dem nachmaligen Dirigenten. Als nächstes stellt sich die Frage: Wie steht es mit der Mutter und wie war das Verhältnis der Eltern zueinander? Bezeichnend war bereits die Art und Weise, wie sie zueinander gefunden haben, nämlich blitzartig. 1884, während der Berliner Zeit von Adolf, begegnen die beiden sich zum ersten Mal. Wilhelms Vater war zu dem Zeitpunkt 34 Jahre alt, seine Mutter, die Karlsruherin Adelheid Wendt, 21. Bereits am zweiten Abend verlobten sich die beiden. Kurze Zeit später wurde Hochzeit gefeiert. Wieso so stürmisch? Sicher: Adelheid entstammte einem bildungsbürgerlichen Haushalt, sie war klug, talentiert, selbstbewusst, vielseitig, musikinteressiert, eine fähige Porträtmalerin, die auch imstande war, archäologische Funde zu dokumentieren. Ihre Familie führte ein offenes Haus, in dem etwa Johannes Brahms verkehrte, Adelheids Vater war immerhin Organisator des badischen Schulwesens, die Tochter geübt darin, einen Salon zu führen. Für Adolf sicher die ideale Frau. Aber umgekehrt? Er war immerhin 13 Jahre älter, noch kein Professor, wenngleich auf dem Weg dahin, und vor allem pflegte er das neue Barbarentum der deutschen Jugend überzeugt in seinen Umgangsformen. Legte die bourgeoise Tochter denn keinen Wert auf zivilisatorische Courtoisie? Denn davon dürfte bei ihrem Bräutigam keine Rede gewesen sein. Seine Umgebung schildert ihn als ebenso schüchtern wie ungeschliffen, den Salon seines Akademikerhaushaltes sollte Adelheid führen, nicht er. Wieso hat sie denn so überaus schnell zugegriffen? Hatte sie es nötig trotz aller Eliteausstattung? Man darf allein aus diesen Daten auf eine Sonderbedingung schließen für diese Partnerentscheidung – und in der Tat lässt sich eine anführen. Wil-

10 Ebd., S. 44.

helm Furtwänglers Mutter Adelheid war schwer stigmatisiert. Bei ihrer Geburt ist ein Teil ihrer Nerven zerstört worden mit der Folge einer halbseitigen Gesichtslähmung. Das scheint immerhin hin so gravierend gewesen zu sein, dass Adelheid sich genötigt sah, ihre Schwiegereltern zu fragen, ob sie sich nicht wundern würden über die Brautwahl ihres Sohnes, woraufhin sie die altgermanisch ungeschminkte Antwort bekam, dieser sei an kaputte Köpfe gewöhnt – gemeint waren die antiken Statuen, deren Gestalt er wieder zur Geltung brachte. So hat man hier eine talentierte junge Frau, die das Zeug zur Künstlerin gehabt hätte, aber nur innerhalb des Patrimoniums ihres Professorengatten als Frau und Mutter ihr Lebensglück machen durfte. Das musste natürlich schwerwiegende Auswirkungen haben auf ihr Verhältnis zur Nachwuchsfrage. Denn diese war in ihrem Fall nicht abzutrennen von den Anforderungen ständischer Familiengestaltung und vor allem eines tiefgehenden Kompensationsbedürfnisses. Die Kinder mussten die versagte Karriere für sie übernehmen. Dankenswerterweise liefert Adelheid selbst in ihren Tagebuchaufzeichnungen die Bestätigung dieser Vermutung auf dem Silbertablett. Sie schreibt rückblickend: »Wie namenlos schwer mir der seelische Kampf damals wurde, als mir aufging, dass ich nicht Künstlerin und Mutter zugleich sein könne, dass wenn ich das zweite recht sein wollte, ich auf das erste verzichten müsse. Damals habe ich nur um eines gebeten: dass dann mein Kind als Künstler all das aussprechen dürfe, was mir als Frau und Mutter immer gebunden bleiben müsse.«[11]

Aber müsste der Satz nicht enden: » was mir selbst als Künstlerin immer gebunden bleiben müsse?« – oder soll das einfach nur bedeuten: »künstlerisch gebunden, da ich nur Frau und Mutter bin?« Wie auch immer, jedenfalls ist hier von einer tiefgehenden Knebelung die Rede, in der eine gewisse Seelentaubheit in der Ehe sich verbindet mit dem Verlust der künstlerischen Ausdrucksfreiheit. Komplementär dazu ist dabei die Hoffnung auf eine fundamentale Seelenverwandtschaft mit dem Kinde ausgesprochen, das sich zur mimetischen Erfassung der tiefsten mütterlichen Fantasien aufgefordert sieht – *und* gleichzeitig, diese künstlerisch zu artikulieren – ein Legat, das vor allem bei Komponisten immer wieder anzutreffen ist. Solche Bezüge betreffen vor allem die Erstgeborenen, und wenn dieser wie im Hause Furtwängler ein Sohn ist, schließt sich eine lebensbestimmende Struktur. Üblicherweise sind die Erstgeborenen mit dem Wertsystem der Eltern besonders verpflichtend konfrontiert, loten dieses besonders talentstimulierend und gleichzeitig krisengefährdet aus. Wilhelm Furtwängler hatte sich mit

11 Ebd., S. 14.

einer solchen Position auseinanderzusetzen. Etwa ein nach Jahr nach der Eheschließung kam er als erstes von vier Kindern (zwei Jungen und zwei Mädchen) von Adolf und Adelheid Furtwängler zur Welt. Welche Wertbezüge hatte *er* zu vereinen? Er sollte sich ja auf der einen Seite als mimetisch-künstlerisch begabter, auserwählter Busenfreund der Mutter qualifizieren.

Hier nun kam auch die Musik ins Spiel, und zwar von beiden Elternteilen ausgehend. Die Mutter entstammte einem sehr musikalischen Haus, das zahlreiche Kontakte mit Musikern pflegte. Selbstverständlich brachte sie ihrem Wilhelm die Anfangsgründe des Klavierspielens und der Notenschrift bei. Bald macht er bei seiner Tante Minna, Schwester des Vaters und Klavierlehrerin, weiter, schließlich fängt er auch an zu komponieren. So entsteht etwa zu Papas vierzigstem Geburtstag am 30. Juni 1893 ›das »›Stückche von den Tieren‹ in Es-Dur für Klavier«, Wilhelm selbst ist damals sieben Jahre alt, und das Komponieren wird ihn von nun an nicht mehr loslassen. Das Klavier stellte auch deswegen ein Medium der Überbrückung zwischen den Welten und Anforderungen von Mutter und Vater dar, da der Vater die Form der wildgewordenen Klavierimprovisation pflegte. Sein vitalistisches Ethos der unverbildeten Kundgabe des Inneren fand so auch einen musikalischen Weg. Auch Wilhelm wurde ein passionierter Klavierimprovisator, das Träumen am Klavier behagte ihm mehr als die Pflege technischer Disziplin. Mit seinen musikalischen Tätigkeiten fand Wilhelm eine Nische, in der er seine symbiotische Fantasietätigkeit im Regium der Mutter gleichzeitig vatergefällig entfalten konnte. Denn der Vater hatte an Wilhelms talentvoller musikalischer Expressivität Gefallen als Ausweis einer spezifischen Exzellenz des Familienlebens. Über diesen Weg stand der kleine Wilhelm im Aufmerkamkeitsfokus *beider* Eltern – und das kann bewunderungsabhängig machen. Katja Mann spottete darüber: »Willi Furtwängler [...] wurde von seiner Mutter als Wunderknabe im Hause gehalten. Er wurde auch scheinbar nicht älter, weil er eben ›Wunderkind‹ blieb.« (24)

Aber gleichzeitig gab es da noch die Welt der väterlichen Anforderungen, denen Willi nur zum Teil genügen konnte. Denn Adolfs Neo-Hellenismus war auch ausgerichtet auf eine spartanische Interpretation preußischer Disziplin, unverbrüchlicher Kraft und Durchsetzungsfähigkeit – für einen sensiblen, mutterfixierten Träumer wie Willi Furtwängler nicht die geeignete Lebensmethode. Und so äußert sich sein Vater auch recht unzufrieden über ihn in der ebenso regelmäßigen wie rohen Katalogisierung der Wachstumsmerkmale seines Ältesten: »Körperlich kräftig, ohne Krankheit. Der Bart wächst immer mehr. Nur die Nase leider immer noch dick und vorstehend; Untergesicht etwas schwach. Mangel an Energie der Kiefer, auch beim Essen sehr deutlich, isst gar langsam. Auch in der Haltung und im Gang manchmal etwas Schlaffes. Im ganzen Gebaren nichts schneidig Lebhaftes, Sieghaftes. [...] Er zeigt auch keine Spur von Ehrgeiz, gar kein Streben bekannt zu werden und seine Kraft zu zeigen.«[12] Was letzteres angeht, sollte sich Vater Adolf gründlichst in seinem Ältesten getäuscht haben, denn Furtwängler war zeitlebens enorm ehrgeizig und anerkennungssüchtig, allerdings nicht in einer offensiven Durchsetzungshaltung. Stellt sich also systematisch die Frage, wieso ein Kind, das einerseits dauerhaft mit narzisstischen Größengefühlen gespeist wird, dazu kommt, den dazu gehörenden Ehrgeiz gegenüber der väterlichen Autorität ebenso dauerhaft unkenntlich zu machen? Zum einen schien der Grad sicherer mütterlicher Anerkennung bis auf weiteres ausreichend, um den Narzissmus nicht zu enttäuschen, zum anderen schien es wohl geboten, die familiäre Anerkennung nicht durch allzu exponiertes Scheitern aufs Spiel zu setzen – also exponiert man sich erstmal nur, soweit es sein muss. Dazu gehörte auch der Gehorsam gegenüber dem Vater, der mit seinem cholerischen, der Beherrschungssucht zuneigenden Temperament unüberwindlich schien. Und Willis erste Karriereschritte auf dem Felde der Musik waren auch durch den *Vater* angeleitet, nämlich öffentliche Profilierungen als angehender Komponist. Der Druck, dem der Sohn hier ausgesetzt war, wird deutlich in einem Brief des 15-Jährigen: »Ich weiß, dass ich ein außerordentlicher Komponist werden muss und sehr schöne Sachen schreiben kann, aber wenn meine Kraft nicht groß genug ist, und ich nicht das erreichen kann, was ich weiß, das ich erreichen muss, dann weiß ich, dass ich einer der unglücklichsten Menschen werde, der sich immer über die Schlechtigkeit seiner eigenen Werke hinwegsetzen muss, um es überhaupt ertragen zu können.«[13] Wilhelm selbst war eher unsicher über die Außerordentlichkeit seiner Begabung – aber er sah kein Entrinnen, stattdessen im schlimmsten Fall nur die Flucht in die Selbsttäuschung, also hier: den Größenwahn. Der Vater agierte dabei strukturell als *overprotective mother* mit all seinen reichen Verbindungen, die er aufgrund seiner einflussreichen öffentlichen Position hatte – und er ging damit Vielen auf die Nerven. Denn er sah seinen Ältesten als den bedeutendsten Erben der deutschen Musiktradition Ende des 19. Jahrhunderts, als den bedeutendsten kompositorischen Neo-Hellenen, wenn man so will. Adolf hat immer wieder Grund, mit dem vermeintlichen Unverständnis

12 Ebd., S. 15.
13 Ebd., S. 30.

der Begutachter seines Sohnes zu hadern, zu denen aufgrund familiärer Protektion solche Berühmtheiten wie der Geiger Joseph Joachim oder der Dirigent Felix Mottl gehören. Über Joachim beschwert er sich: »Joachim besonders war eine Enttäuschung. Er war gebeten worden, Wilhelms Quartett anzuhören.[…] Wilhelm spielte es vor, er [Joachim] hört es gar nicht ganz an, sondern unterbrach Wilhelm und erklärte ihm, das sei ja Unsinn, sei gar keine Musik oder dergleichen. Unglaublich – der Mann ist alt und beschränkt, aber dennoch – er kann ja den späten Beethoven nie verstanden haben, wenn er nicht merkte, dass hier wirklich einmal auf dessen Bahn weitergegangen war…Es ist das beste Quartett, das seit Beethoven gemacht ward, das weiß Wilhelm sehr wohl.«[14] Letzteres sollte auch zu den Gehorsamspflichten des Sohnes gehören, denen er sich, wie wir gesehen haben, beugte. Das dürfte ein wichtiger Grund gewesen sein, wieso er in der Pubertät zunehmend in Depression, Schlaflosigkeit und Hypergeschäftigkeit verfiel. Nun war es durchaus auch nicht so, dass Wilhelms kompositorisches Talent in keiner Weise förderungswürdig gewesen wäre. Und der Unterricht, den er hatte, erst bei Anton Beer-Walbrunn, dann sogar bei Joseph Rheinberger und Max von Schillings, brachte, trotz aller disziplinarischen Reibungen, einiges zuwege und war natürlich für seine musikalische Entwicklung generell von unschätzbarer Bedeutung. Aber es entsprach eben nicht den völlig überspannten Exzellenz-Erwartungen des Vaters und natürlich auch nicht den Hoffnungen der Mutter – Wilhelms Größe war nicht zu vergleichen mit der von Reger, Pfitzner, Mahler oder Schönberg. Auch wenn in diesem Rahmen nicht weiter auf die kompositorische Entwicklung von Furtwängler eingegangen werden kann, ist doch nicht zu bestreiten, dass hier eine unschlichtbare Differenz zwischen elterlichen Erwartungen und künstlerischer Realität vorliegt. Kurz, Wilhelm Furtwängler dürfte bewusst gewesen, dass das Familienlegat der musikalischen Eliterelevanz, das er sich zu eigen gemacht hatte, auf diesem Felde nicht würde realisiert werden können.

Andererseits war er auf einem anderen, das sich ihm langsam eröffnete, nämlich das Dirigieren, ebenfalls blockiert durch den Vater. Denn dieser hielt das Dirigieren für weitaus weniger kulturbedeutsam als das Komponieren. Galt ihm dieses als direkte seelische Kundgabe, so stellte er ersteres unter den Verdacht äußerer Exzellenz, – was nicht hieß, dass Wilhelm sich nicht auch darin ruhig erproben sollte. Aber auch hier gibt es Probleme, erst in Breslau, dann in München, wo Wilhelm die Leitung des Kaim-Orchesters nicht übernehmen darf, oder 1906/07 in Zürich

14 Ebd., S. 35.

als 3. Kapellmeister an der Oper. Wieder sieht der Vater allen Grund, mit der unverständigen Umwelt zu hadern.

Jetzt sollte aber nicht der Eindruck entstehen, es hätte nur ein autoritäres Befehl- und Gehorsamverhältnis zwischen Vater und Sohn Furtwängler gegeben. Beide konnten durchaus auch als Kumpane miteinander verkehren, das betraf vor allem die sportive Seite des Kulturvitalismus von Adolf. Stets wurden die Familiendomizile in ländlichen Randgebieten von Adolfs Hochschulorten gesucht. 1899, fünf Jahre nach der endgültigen Etablierung in München, erwarb er ein wahres Familienidyll: »ein Grundstück auf einer Landzunge am damals wenig besiedelten Westufer des Tegernsees, in der Nähe von Bad Wiessee; er erbaut darauf [...] in Eigenarbeit und nur von einem Zimmermann unterstützt, aus Stämmen des eigenen Waldes ein kleines Landhaus, das ›Tanneck‹ genannt wird.«[15] Die Familie frönte dort jährlich über Wochen einem freien Leben in der Natur. Man konnte segeln und baden, »es wird nach Schmetterlingen gejagt, man kann Lurche fangen, in Bäumen herumkraxeln oder in den Bergen Ski fahren. [...] Nahezu alle von Wilhelms Freizeitbeschäftigungen späterer Zeit sollten mit der Natur zu tun haben: Er reitet, fährt Ski und ist [...] bis in seine letzten Lebenstage hinein ein strammer Wanderer, der gerne Bergtouren macht.«[16] Auch begleitete er bisweilen den Vater auf Ausgrabungsreisen. Und so war natürlich der Gehorsam des Sohnes auch eingenommen durch Seiten liebevoller Identifikation mit dem Vater. Allerdings gab es auch hier eine gravierende Schattenseite: Die saisonale Verpflanzung der Familie in die freie Natur als autarke Kolonie war ebenso wie Adolfs tiefe Aversion gegenüber der häuslichen, konversationsgebundenen Repräsentation der Seinen gegenüber Gästen oder auch seine mangelhafte Rhetorik als Wissenschaftler Symptom einer massiven Distanz gegenüber den Spielregeln des öffentlichen Verkehrs – die tiefliegende neo-hellenistische Spaltung von Kultur und verachteter Zivilisation macht sich hier geltend. In diesem Rahmen zeigt das Familienleben Zeichen einer *Spaltung* von privatem und öffentlichem Bereich, wohingegen zur unverkürzten Familienautonomie auch und gerade gestaltete Formen der *Öffnung* gegenüber dem öffentlichen Leben gehören würden, daher natürlich auch die sozialisatorische Vorbereitung der Kinder auf die Beherrschung und Achtung der Spielregeln der Öffentlichkeit. Zu ihrer Entwertung gehören hingegen mangelnde Skrupel, Elemente von ihr rücksichtslos oder manipulativ in Regie zu nehmen. Adolfs

15 Ebd., S. 20.
16 Ebd., S. 20.

nervtötende Einflussnahmen auf maßgebliche Figuren des Musikbetriebes zur Karriereförderung seines Ältesten gehören hier ebenso dazu wie die Verachtung der öffentlichen Schule, die ihn dazu bewog, seinen renitenten und undisziplinierten Wilhelm mit elf Jahren aus dem humanistischen Gymnasium zu nehmen und ihm fortan häuslichen Privatunterricht zu spendieren. Dieser mangelnde Zivismus hinterließ bei dem Sohn, der sich hier identifikatorisch ganz auf den Bahnen des Vaters bewegen sollte, deutliche Spuren. Er erzeugte zunächst Defizite in Wilhelms Umgangsformen, die etwas ungeformt schwankten zwischen Schüchternheit, Kantigkeit, schneller Zuwendung und ebenso raschem Zerwürfnis aufgrund vermeintlicher Beleidigungen – also, kurz gesagt, Züge des Benehmens eines verwöhnten, schnell beleidigten und intriganten Kindes annehmen sollten.

Nun geht es dieser biographischen Rekonstruktion nicht um die Psychologie einer Charakterstruktur, die die Richtung von Furtwänglers Entwicklung erklären würde. Vielmehr sollten zunächst die objektiv gegebenen Grundlagen eines leitenden Orientierungsmodus zur Darstellung kommen und dabei Zug um Zug dessen je bereichsspezifische Differenzierung entfaltet werden – natürlich in steter Möglichkeit der Korrektur der Rekonstruktionshypothese. Wir hatten bislang den Bereich der musikalischen Ausgangsaktivitäten, der Schulkarriere und den der elementaren Charakteristika des Umgangs mit den Anforderungen des öffentlichen Lebens, damit auch von Autoritäten, die entscheidend waren für die berufliche Karriere. Dabei ergab sich für Wilhelm eine völlig andere Situation als für den Vater Adolf. Während Adolf sich stets aus eigenen Kräften durchzusetzen wusste, war der junge Wilhelm abhängig von mächtigen Göttern – und zwar in einer signifikanten Polarität, die einen Austritt aus der Kindheit erschwerte. Zum einen war Wilhelm Furtwängler gewohnt an eine hoffnungsvolle, nur ihm gewidmete Aufmerksamkeit, zum anderen waren die an ihn gerichteten Anforderungen zunächst zu stark für ihn. Bis er seinen eigenen Weg gefunden hatte, musste er sich, um etwas zu erreichen, nicht selbst exponieren, man war für ihn da, um dies strategisch zu bewirken in einer Welt, die für ihn offen zu stehen hätte und deren Autorität nur strategisch zählte. Das entspricht einem basalen Modus der Zielerreichung, der sich auch paaren kann mit legitimen Ansprüchen auf die Anerkennung der Eigenleistung. Man kann bereit sein, dieser Anerkennung auch mit illegitimen Mitteln nachzuhelfen oder nicht – oder noch elementarer: man kann bereit sein, den Blick auf die mögliche Illegitimität solcher strategischer Mittel zu verschließen und sie zu rationalisieren oder nicht. Rückblickend maß Furtwängler selbst einmal seinem Geschick zur strategischen Täuschung eine zentrale Rolle für seine Karriere bei. »Ich machte Karriere, weil ich ungeschickt und schüchtern war. Meine Kollegen hielten mich für ungefährlich. Als sie merkten, dass ich es nicht war, war es viel zu spät.«[17]

Aber es geht hier nicht um den Lebensweg eines Karrieristen, sondern um die Karriere eines großen Künstlers, die – das wird noch zu zeigen sein –, gepaart war mit karrieristischen Orientierungsmodi. Daher ergibt sich für die weiteren Rekonstruktionsschritte die doppelte Frage a) nach der Linie in Furtwänglers Künstlertum aus den dargestellten Ausgangsbedingungen und b) seinem dabei sich zeigenden Modus des Umgangs mit den Instanzen der Öffentlichkeit. Wann und wodurch also begann seine Karriere? Die äußeren Lebensdaten legen auf signifikante Weise nahe: durch den Tod des Vaters im Jahre 1907, der offensichtlich auch eine biographische Blockade beseitigte. Es bedurfte noch ein paar Jahre der professionellen Festigung und dann ging es zielstrebig nach oben. 1908 wird Furtwängler Korrepetitor bei Felix Mottl in München, 1910 wird er Pfitzners Assistent in Straßburg, 1915 Kapellmeister am Nationaltheater Mannheim, 1917 dirigiert er sein erstes Konzert mit den Berliner Philharmonikern, 1918 gibt es erste Konzerte mit dem Frankfurter Museums- und dem Wiener Tonkünstlerorchester, 1919 übernimmt er das Wiener Tonkünstlerorchester, 1920 die Sinfoniekonzerte der Berliner Staatskapelle und wird im selben Jahr Leiter der Frankfurter Museumskonzerte, 1921 wird er Konzertdirektor der Gesellschaft der Musikfreunde Wien, 1922 übernimmt er die Berliner Philharmoniker und das Leipziger Gewandhausorchester, 1925 gibt er sein erstes überaus erfolgreiches Gastspiel in den USA, wodurch sein Ruhm endgültig international wird – eine schwindelerregende Karriere, die in den überaus zögerlichen Anfängen seiner Dirigententätigkeit wirklich niemand für möglich gehalten hätte. Nachdem der Sohn nicht mehr länger für den Vater die kompositorische Beethoven-Nachfolge erklimmen musste, konnte er innerlich befreit sein eigentliches Talent entbinden: das Dirigieren.

Fassen wir noch einmal die biographischen Grundlagen dafür zusammen. Natürlich gibt es zunächst einmal das Gottesgeschenk musikalische Begabung, das wir hier weder weiter hinterfragen müssen noch können. Aber wie sahen die sozialisatorischen Voraussetzungen ihrer Entfaltung hier aus? Die Bildung eines mimetischen Sensoriums (in der Beziehung zur Mutter) und die entsprechende Nähe zum Fantasieren paarte sich hier mit einen von beiden Eltern tradierten Blick auf ästhetische Gestalt-

17 Ebd., S. 22.

ganzheiten jenseits eingeschliffener Bildungskonventionen, was eine Art Naturnähe zur Kunst schuf, mit der Kehrseite einer familiär betriebenen Verachtung und so auch »egozentrischen« Instrumentalisierung offizieller Kritik. So war der Fall von Anfang an charismatisiert als inkommensurables Naturtalent im Schoße der Familie, mit der Lizenz, dieser Beachtung unter Umständen auch strategisch Geltung zu verschaffen, aber belastet durch eine nicht stillstellbare Abhängigkeit von dieser Position. Das erzeugte einen riskanten Karrierezwang, der einerseits an der Konfrontation mit öffentlichen Geltungskriterien nicht vorbei kam und so auch eine künstlerische Differenzierungsdynamik erzeugte, dessen Gelingen aber andererseits in starkem Maße abhängig war von der idiosynkratischen mimetischen Dimension des Interpreten. Furtwängler selbst bezeichnete sich einmal nicht zufällig als »Naturdirigent«. »Die technischen Schwierigkeiten meiner Anfangszeit waren gerade deshalb vorhanden, weil mein Ausdrucksbedürfnis – eben der Wille, das, was ich innen hörte, auch außen verwirklicht zu sehen – so stark war. Aber auch so stark, dass ich die technischen Schwierigkeiten gewissermaßen einfach übersprang. Ich war sozusagen Naturdirigent. ...Nur aus dem eigenen Fühlen heraus konnte ich richtig gestalten.«[18] Was in diesem Zitat allerdings nicht hinreichend zur Geltung kommt, ist die gleichzeitig wirkende Fähigkeit zur überaus starken Gestaltauffassung in dieser Vital-Fühlungnahme mit dem musikalischen Ausdrucksgeschehen, nicht zufällig vor allem im Bereich der Klangbewegung, – was auch zur Freundschaft mit dem Musikwissenschaftler Heinrich Schenker, dem Theoretiker der harmonischen Urlinie in den Werken, geführt hat. Furtwängler war der Interpret der übergreifenden Linie, die je konkret aus den Anfangsenergien heraus entfaltet wird, der Klanggestalt im ständigen Werden.

An dieser Stelle geht die biographische Rekonstruktion in die ästhetische Analyse des Falles über, die die biographische Entfaltung im Medium der künstlerischen Tätigkeit selbst zum Thema hat. Dem kann nur in einer eigenen Studie nachgegangen werden, aber stellvertretend für diese sei hier eine Notiz von Adorno angeführt, in der er die ästhetische Spezifizität Furtwänglers auf dem Hintergrund einer Kritik an Toscanini hervorhebt. Signifikant daran ist, dass Adorno eine basale Form der Werkgerechtigkeit geltend macht, die voraussetzt, über das in den Noten stehende intuitiv hinauszugehen – also die mimetische Erfassung oder Auffüllung des Geschriebenen im Zuge der interpretatorischen Tätigkeit über das »Vorschriftsmäßige« hinaus. Damit trifft

18 Ebd., S. 58.

er in diesem Beispiel genau jene ästhetische Stärke Furtwänglers, die den Bezugspunkt unserer biographischen Rekonstruktion ausgemacht hat. »Die Suprematie der Kontrolle verwehrt es Toscanini, der Musik dorthin zu folgen, wo sie gerade nicht an der Kandare gehalten werden will. Er ist unfähig, eine Stelle ›ausspielen‹ zu lassen. Im langsamen Satz der Brahmsischen Vierten Symphonie geht unmittelbar vor dem Ende eine über alle Worte rührende transzendierende Melodie der Soloklarinette auf. Sie hat ihren Formsinn daran, ein paar Sekunden lang den geschlossenen Verlauf zu suspendieren. Furtwängler, gegen dessen Brahmsische Vierte man alles Mögliche einwenden mag, hat das mit höchster Eindringlichkeit gebracht. Bei Toscanini passiert nichts außer dem vorschriftsmäßigen Ritardando.«[19]

Man kann dieses biographische Modell auch noch mit der Frage beleuchten, warum dieser künstlerisch-interpretatorische Habitus als zentraler Modus der Lebensführung sich gerade für das Dirigieren, aber nicht für das Komponieren oder das Instrumentalspiel entschieden hat. Zunächst lassen sich in beiden Fällen hohe Leistungen nicht erreichen unter Vernachlässigung fälliger Exerzitien, seien es satz- oder instrumentaltechnische, das Naturtalent alleine führt auf beiden Feldern nicht weit. Dazu kommt im Falle des Komponierens, dass Furtwänglers Karrieredynamik sich nicht auf ein Feld begeben hätte, auf dem die Frustration vorgebahnt gewesen wäre, unabhängig von der Dimension der technischen Anstrengung. Ähnlich hätte es auch auf dem Gebiet der pianistischen Karrieremöglichkeiten ausgesehen – denn man sollte nicht vergessen, es geht hier ja nicht nur um die erfolgreiche Ausübung eines Künstlerberufs, sondern um den Ranganspruch genialer Größe. Auch wenn man die Bezeichnung des »Naturdirigenten« nicht wörtlich nehmen darf, denn natürlich spielen auch für den Dirigenten technische Fähigkeiten auf unterschiedlichen Gebieten eine unverzichtbare Rolle, so hat gerade die Seite des Ausdrucksempfindens bei Furtwängler wesentlich den Nimbus der einzigartigen Größe erzeugt. Die lizensierte Distanz gegenüber der disziplinären Seite der Kunst bildet hier ja die Kehrseite jener – musikalische Begabung, wie gesagt, schlicht vorausgesetzt – besonderen Kompetenz, die auch von Grund auf stark gefordert und gefördert wurde: also jener hohen ästhetischen Empathie, der mimetischen Seite der musikalischen Interpretation, welche, und das ist nun entscheidend, beim Dirigenten doppelt relevant ist. Denn hier geht es nicht nur um die mimetische Erfassung musikalischer Gestalt-

19 Theodor W. Adorno, Die Meisterschaft des Maestro, in: ders., Klangfiguren. Musikalische Schriften I–III, Frankfurt am Main 2003, S. 59.

prozesse, auch nicht nur um die suggestive Darstellung des Erfassten vor einem Publikum, sondern auch um die suggestive Bindung des Orchesters, die niemals nur durch reine Disziplin erreicht werden kann. Kehrseite der mimetischen Erfassung musikalischer Gestaltprozesse, die über den Bereich des direkt Benennbaren hinausgeht, ist die suggestive Vermittlung des Erfassten in der reinen und flüchtigen ästhetischen Artikulation, in der Musik erst zum Werk wird.[20] Aber während beim Instrumentalsolisten diese artikulatorische Suggestivität direkt vermittelt wird durch die Arbeit mit dem Instrument, tritt beim Dirigenten das Orchester als Ausführungsorgan dazwischen. Der Dirigent *lässt* spielen, spielt nicht selbst, und er vermittelt seine Interpretation dem Orchester auch nicht, indem er sie auf dem Flügel vorspielt, aber auch nicht vorwiegend durch interpretatorische Erklärungen. Die Einstudierung der gewünschten Interpretation bedient sich vor allem einer Mischung aus einfacher technischer Anweisung – auch ohne Erklärung der ästhetischen Motivation dafür – und Körpersprache aus Armbewegung, Gestik und Mimik. Diese tritt an die Stelle der direkten Berührung mit einem Instrument und erzeugt fällige Empathie durch eine spezifische Weise, sich zum Objekt der Wahrnehmung der eigenen Ausdrucksgesten zu machen – man könnte von methodisiertem Narzissmus sprechen. Die bekannte Anekdote des Paukers der Berliner Philharmoniker, Werner Thärichen, bringt dies auf den Punkt: »Eines Tages saß ich an meinen Pauken, verfolgte während der Probe eines Gastdirigenten die vor mir liegende Orchesterpartitur und war in Einzelheiten der Instrumentierung vertieft. Ich konnte mich in aller Ruhe in die Partitur versenken und das Gespielte verfolgen. Plötzlich änderte sich die Klangfarbe. Eine Wärme und Intensität kam auf, als ginge es bereits jetzt um alles. Verwundert schaute ich von der Partitur auf, um zu sehen, ob eine neue Taktstockakrobatik dieses Wunder vollbracht hätte. Ich schaute zu den Kollegen hinüber. Sie alle blickten zur Tür am Ende des Saales. Dort stand Furtwängler. Seine pure Anwesenheit genügte, um dem Orchester solche Klänge zu entlocken.«[21] Zu dieser doppelten Suggestivität gehört nun des Weiteren, dass die suggestive Wirkung des Dirigenten auf sein Orchester auch Bestandteil seiner Wirkung auf das Publikum ist, das ja auch diese Seite seines Wirkens und nicht nur seine musikalische Interpretation als solche rezipiert. Mit anderen Worten, man darf davon ausgehen, dass die Betrachtung des Interpretationsvorganges hier auch

20 Siehe dazu das Kapitel aus: Ferdinand Zehentreiter, Musikästhetik. Ein Konstruktionsprozess, Hofheim 2017, S. 296-313.

21 Haffner. Furtwängler, S. 93.

eine besondere Rolle für das ästhetischen Verständnis der Interpretation als Werkaufführung besitzt.

Hieße der Künstler, um den es hier geht, nicht Wilhelm Furtwängler, könnte man die biographische Skizze beenden. Denn es war ja darin nicht zu tun um eine Analyse der biographischen Gesamtgestalt, sondern um den Übergang einer Biographie aus ihren Anfangsvoraussetzungen heraus in eine bestimmte Form des künstlerischen Handelns bzw. um die Analyse der Habitusgrundlagen des Falles. Nun geht es hier aber um den Fall Furtwängler, und so bleibt noch eine zentrale Sache anzufügen. Denn man würde den besonderen Charakter dieser Künstlerexistenz im Ganzen nicht erfassen können, ohne der Verstrickung von Kunst und Machtverhältnissen auf den Grund zu gehen, der sie über Jahre erlegen war. Dazu gehört gerade, dass Furtwängler sich selbst im Gegensatz dazu gerade als Bastion der reinen Kunst gesehen hat, der ihrer Politisierung öffentlich entgegengetreten sei. Dafür darf er exponierte Äußerungen für sich reklamieren: die öffentliche Verteidigung Paul Hindemiths, sein scharfer Protestbrief an Goebbels gegen die Vertreibung international renommierter jüdischer Musiker nach der Verabschiedung des Gesetzes zur Wiederherstellung des Berufsbeamtentums und andere Dinge mehr zeugten durchaus von Zivilcourage im Sinne der Kunst und blieben auch nicht ohne Folgen für ihn. 1934 muss er auf Anweisung Hitlers seine Posten als Leiter der Berliner Philharmoniker, der Berliner Staatsoper sowie als Vizepräsident der Reichsmusikkammer aufgeben. Furtwängler war überrascht – denn er hatte sich, wie das etwa aus Briefen hervorgeht, in seiner Position und aufgrund seiner kollektiven Bewunderung in Deutschland als »freier Mann« gewähnt, der sich frei äußern könne. In der Tat hat Furtwängler in seinen Äußerungen gegenüber der Naziführung die gleiche Augenhöhe für sich in Anspruch genommen, und entsprechend gepfeffert sahen seine Briefe aus. Darin verwehrt er sich entschieden gegen Eingriffe der Politik in die Musikkultur, die destruktiv seien. Das imponiert auf den ersten Blick, birgt in sich aber ein Problem. Die Frage stellt sich: Als welche Instanz wem gegenüber sah Furtwängler sich in dieser Art des Auftretens? Das kulturnationalistische Erbe seines Vaters meldete sich auch hier. Äußerungen Wilhelm Furtwänglers nach dem Zusammenbruch der Monarchie zeigen ihn als Verächter der parlamentarischen Demokratie, die recht etwas für Verlierer sei. Die wahre Größe Deutschlands würde fortleben in seiner Kunst, vor allem natürlich seiner Musik mit ihrer Weltgeltung – was in dieser Perspektive gleichzeitig heißt: wahre Musik ist deutsche Musik, auch wenn sie sich dabei natürlich internationaler Kräfte und Vergleiche bedienen darf und muss, um nicht provinziell zu erscheinen. Sich selbst sah Furtwängler dabei zunehmend als führenden Kopf dieser Musikkultur, – wenn es um sie ging, ging es immer auch um ihn. So gilt hier also, zwei völlig verschiedene Perspektiven, die sich äußerlich auf verwirrend Weise ähneln, zu unterscheiden bei der Forderung der Trennung von Kunst und Politik. Der Gedanke der künstlerischen Autonomie als solcher ist universalistisch und daher auch nur verträglich mit universalistischen Vorstellungen gesellschaftlicher Ordnung, so gesehen radikal antitotalitaristisch, und dies noch ganz ohne direktes politisches Engagement. Kritik an der totalitaristischen Vereinnahmung der Kunst aus dieser Sicht ist zunächst eine an dem politischen System selbst, und zwar deswegen, weil für dieses Kunst und Politik untrennbar sein *müssen*. Wenn nun also jemand, wie eben Furtwängler, vom Totalitarismus die Trennung der beiden Bereiche fordert, sozusagen eine Spaltung des in diesem Falle unhintergehbar Ungetrennten, so fragt man sich natürlich, aus welcher Perspektive geschieht das – vielleicht aus einer, für die das politische System spezifisch korrigierbar erscheint im Sinne der Kunst? Das würde Furtwänglers Deutungs- und Vorgehensweise recht gut entsprechen. Er ist der Politik gegenüber nicht aufgetreten als kultureller Universalist, der das nationalsozialistische System als solches kritisiert hat mit seinen Folgen für die Kunst, sondern als Kopf Kulturdeutschlands, der sich Einmischungen von Seiten der Politik in seine Belange verbietet, so als ginge es hier um zwei nebeneinanderstehende Abteilungen des Deutschtums, eine, die ihr tiefstes Wesen repräsentiert, und eine im wandelbaren weltlichen Getümmel, die bitte mehr Ehrfurcht vor der anderen haben sollte, vor allem, wenn ihre höchste Autorität das fordert. Und man fragt sich, wie hätte sich für Furtwängler die Sache dargestellt unter der Bedingung, das System hätte ihn im Sinne des doppelten Deutschtums tatsächlich gewähren lassen?

Aber ist nun diese kritische Perspektive auf Furtwängler nicht unfair? Durchaus nicht. Zum einen hat Furtwängler tatsächlich das System nie als solches aus einer konkurrierenden politischen Perspektive kritisiert, sondern immer nur dessen Einmischungen in seine Belange – aber damit eben bei weitem noch nicht genug. Seine herablassende kulturnationalistische Sicht auf das Politische hat ihm die inneren Schranken genommen, diesen Bereich manipulativ, intrigant, eifersüchtig und dabei eben konformistisch für seine Position an der Spitze des deutschen Musiklebens zu nutzen – als sei das nationalsozialistische System zu behandeln gewesen wie ein x-beliebiger Kulturbetrieb. Sicherlich hat Furtwängler nach 1934 die verlorengegangen Spitzenämter nie mehr wieder bekleidet. Aber: Er hat bereits 1935 mit Göring um einen neuen Fünfjahresvertrag als künstlerischer Leiter der Staatsoper gepokert – ohne Erfolg. 1936 handelte er sich einen Ersatz dafür aus als Gastdirigent, und er wird in dieser Angelegenheit weiter nachhaken, intrigiert bei Goebbels immer wieder gegen Konkurrenten oder eingebildete Feinde wie den Kritiker van der Nuell oder gegen Toscanini in Salzburg, nutzt nach dem Anschluss Österreichs die Eröffnung der ersten nationalsozialistischen Salzburger Festspiele unter Anwesenheit von Goebbels mit einer Meistersinger-Aufführung, um der verhassten Bayreuth-Chefin Winifred eins auszuwischen, er möchte Präsident der Reichsmusikkammer werden, er dirigiert zu Goebbels hoher Zufriedenheit im frisch besetzten Prag und vieles mehr. Faktisch ist er also als exponierter Mitläufer gewesen, er hat sich massiv vereinnahmen lassen und dabei aktiv versucht, seine Position als Kultfigur der deutschen Musiktradition zu erhalten bzw. auszubauen. Seine nachträglichen Selbsteinschätzungen, etwa er sei eine Resistance-Figur gewesen, sind daher unangebracht.

Bedeutet dies nun nicht nur etwas für die Einschätzung der öffentlichen Figur Furtwängler, sondern auch für die seiner Kunst? Immerhin ist einmal von Heinz-Klaus Metzger und Rainer Riehn ohne Umschweife der Vorwurf erhoben worden, die Tempi von Furtwänglers Beethoven-Interpretationen seien »faschistisch«, weil sie eben zurückgingen auf entsprechende antisemitisch gewürzte ästhetische Überlegungen Richard Wagners. Das geht aus zwei Gründen an der Sache vorbei: Einmal können Tempi als solche nicht faschistisch sein, auch wenn sie in der Vorgeschichte des Faschismus eine Rolle gespielt haben. Zum anderen ist Furtwänglers Habitus, auch wenn er eine exponierte Mitläuferschaft ermöglicht oder vielleicht sogar erzwungen hat, und damit auch sein künstlerisches Wirken nicht per se faschistisch. Vielmehr erkennt man hier einen unpolitischen Egozentrismus als Erbe jenes vitalistischen Kulturnationalismus der Wilhelminischen Zeit, der gleichzeitig den biographischen Humus für Furtwänglers spezifische künstlerische Entwicklung darstellte. Kehrseite der Genialität des »Naturdirigenten« ist sein mangelnder Zivismus mit einer Primadonnenperspektive, die die Wirkung der eigenen Größe zur zentralen Richtschnur des Handelns macht. Das hat Berechtigung, insofern dabei die universalistischen Spielregeln des öffentlichen Lebens respektiert werden, aber nicht, wenn dieses zum Feld von Machtstrategien gemacht wird bzw. gar nicht mehr als Bezugsgröße in den Blick tritt. Es wäre daher reizvoll, im Sinne dieser Kehrseitigkeit nachzudenken über ihre Folgen für die Eigenart des ästhetischen Wirkens selbst bei Furtwängler. Man könnte hier von der Kehrseitigkeit zwischen höchster physiognomischer Suggestivität, wie sie oben auch in dem Adorno-Zitat gewürdigt wurde, und der Gefahr eines ästhetischen Egozentrismus sprechen. Dieser könnte charakterisiert werden als das Paradox eines werkgerechten interpretativen Agierens: Die Ausdruckszusammenhänge des Werkes werden hier vorgeführt als psychische Erlebnisfiguren des Interpreten – die Musik erscheint dabei bisweilen ausdrucksvoller, als sie sein kann. Das könnte auch einen Beitrag liefern zur Behandlung der schwierigen Frage »Was ist deutsch«, die von Adorno so zugespitzt gestellt wurde als die nach dem Ineinander von größter Geistesleistung und mit den Spielregeln des zivilen Lebens unverträglicher Regression. Erneut müsste die Fallrekonstruktion sich auf das Feld der immanenten ästhetischen Analyse begeben, also der von dokumentierten Interpretationen Furtwänglers. Erneut soll hier stattdessen vorläufig ein signifikantes Zitat angeführt werden, dieses Mal aus einer Konzertkritik des Mahler-Schülers Heinz Pringsheim: »Immer wieder zwingt Furtwängler uns in den Bann seines unerhört gesteigerten, ekstatischen Ausdruckswillens, selbst dann, wenn man das Gefühl hat, dass seine Art irgendwie über die eigensten Absichten des Komponisten hinausgeht.«[22] Das scheint zielgenau einen wunden Punkt getroffen zu haben, da Furtwängler nach Lektüre dieses Artikels einen Tobsuchtsanfall in seinem Hotelzimmer erlitt, der die Öffentlichkeit der anderen Gäste daran zweifeln ließ, ob dieser Zustand mit einem nochmaligen Verbleib des Künstlers in dem Hotel vereinbar sei.

22 Haffner, Furtwängler, S. 369.

6. Arnold Schönbergs ›Moses und Aron‹ als autobiographischer Mythos des autonomen Künstlers[1]

»Verwirklichung des Logos, das ist die religiöse Aufgabe der Kunst«

Hermann Broch[2]

In einem Brief vom 13. Dezember 1912 eröffnete Arnold Schönberg dem Dichter Richard Dehmel Pläne zu einem oratorienhaften Riesenwerk, für das er ihn von Herzen gerne als Librettisten gewonnen hätte:

»Ihre Gedichte haben auf meine Entwicklung entscheidenden Einfluß ausgeübt. Durch sie war ich zum erstenmal genötigt, einen neuen Ton in der Lyrik zu suchen. Das heißt, ich fand ihn ungesucht, indem ich musikalisch widerspiegelte, was Ihre Verse in mir aufwühlten. [...] Und jetzt Ihr so sehr freundlicher Brief, und das gibt mir endlich den Mut, eine Frage an Sie zu stellen, mit der ich mich schon lange trage. Nämlich: ich will seit langem ein Oratorium schreiben, das als Inhalt haben sollte: wie der Mensch von heute, der durch den Materialismus, Sozialismus, Anarchie durchgegangen ist, der Atheist war, aber sich doch ein Restchen alten Glaubens bewahrt hat (in Form von Aberglauben), wie dieser moderne Mensch mit Gott streitet (siehe auch: ›Jakob ringt‹ von Strindberg) und schließlich dazu gelangt, Gott zu finden und religiös zu werden. Beten zu lernen! [...] Und vor allem: die Sprachweise, die Denkweise, die Ausdrucksweise des Menschen von heute sollte es sein; die Probleme, die uns bedrängen, sollte es behandeln.«[3]

Wie Beethoven bedurfte auch Schönberg eines Librettos, das »Große Gegenstände«[4] behandelt, um seine tiefsten künstlerischen Ausdrucks-

1 Leicht veränderte und ergänzte Version des Aufsatzes »Der Gottesgedanke auf der Bühne. Schönbergs Oper ›Moses und Aron‹ als Werk der geistigen Synthese«, in: Jens Malte Fischer (Hg.), Judenrollen auf der Bühne, Tübingen 2008, S. 325-338.

2 Gedanken zum Problem der Erkenntnis in der Musik, in: Philosophische Schriften 2 Theorie, Kommentierte Werkausgabe 10/2, Frankfurt am Main 1998, S. 245.

3 Arnold Schönberg, Briefe (ausgewählt und herausgegeben von Erwin Stein), Mainz 1958, S. 30f.

4 Zitiert in: Klaus Kropfinger, Beethoven, Stuttgart, Weimar 2001, S. 163.

strebungen mit Worten in Verbindung setzen zu können. Und so wollte er auch wenige Jahre später nicht verstehen, dass sein Schüler Berg sich ausgerechnet dem realistischen Woyzeck-Stoff verschrieben hatte. Wie Karl Rankl berichtet, habe Schönberg »anfangs Bergs Textwahl nicht gebilligt, und gemeint, Musik solle sich lieber mit Engeln als mit Offiziersdienern beschäftigen«.[5] Das mag angesichts des Psychorealismus in Schönbergs Monodram »Erwartung« zunächst erstaunen, doch verband Schönberg mit dem projektierten Oratorium bzw. einer oratorischen Symphonie ganz andere Form-Ansprüche als mit dem rhapsodischen Einakter von 1909. Abendfüllend und von zyklischer Gestalt sollte das Stück werden, anders als das Monodram, aber auch als das »Drama mit Musik« »Glückliche Hand« von 1910–13, d.h. hauptsächlich aus der Zeit unmittelbar vor dem brieflich exponierten Plan. An welche Ausmaße Schönberg hier gedacht hatte, zeigen Notizen von 1912–1914, in denen die Rede ist von einer gigantischen »Symphonie für Soli, Chor und Orchester« mit zahlreichen Sätzen und einer Pluralität von Textvorlagen (u.a. Tagore, Bibel-Psalmen, Dehmel, eigene Texte) – überdies für einen Klangapparat, der alles bisher Komponierte in den Schatten stellen sollte. Letzteres wird explizit gemacht in den Skizzen zu dem späteren Abkömmling aus der Symphonie, dem (1915 begonnenen) fragmentarischen Oratorium »Die Jakobsleiter«: Diese sahen allein an Bläsern 20 Flöten, 24 Klarinetten, 20 Fagotte, 12 Hörner, 10 Trompeten, 8 Posaunen und 6 Kontrabass-Tuben vor, zum Orchester sollten noch 13 Solisten und 720 Chorsänger treten. Auch die musikalische Faktur der »Jakobsleiter« zeugt von dem Anlauf zu einem Schlüsselwerk. Es enthält ein Kompendium der Schönbergschen Sprachmittel und greift dabei nach zwei polaren Richtungen über das Material der atonalen Phase hinaus: auf die entwickelte Tonalität unmittelbar vor dieser Phase und auf die spätere Komposition mit 12-Ton-Reihen. Bezeichnend für Schönberg ist, dass dieser Versuch einer übergreifenden kompositorischen Synthesis nicht für ein reines Instrumentalwerk gedacht war, sondern verknüpft mit einer chiffrierten programmatischen Deutung der Epoche und der eigenen Situation – was in dem Symphonieplan recht unverhüllt zutage tritt. Bereits der 1. Satz bezieht sich mit seinem Titel »Lebenswende« auf beide Ebenen gleichzeitig, insgesamt wird die in dem Dehmel-Brief zusammengefasste Grundidee deutlich markiert. Es gibt eine Peripetie in der Mitte: »Unbefriedigt. Der bürgerliche Gott genügt nicht«, wenig später einen »Totentanz der Prinzipien« und

5 Wiedergegeben in H.F. Redlich, Alban Berg, Wien 1957, S. 105. Redlich bezieht sich auf einen Schönberg-Artikel Rankls in The Score, London 1952, Maiheft.

gegen Ende das weltanschauliche Resümee: »Der Glaube des ›Desillusionierten‹: die Vereinigung nüchtern-skeptischen Realitätsbewusstseins mit dem Glauben. Im Einfachen steckt das Mystische«.[6]

Der kompositorischen Schlüsselbedeutung des Symphonie-Oratorium-Planes für Schönberg entspricht die des programmatischen Entwurfes dazu – dem man nur dann gerecht werden kann, wenn man eine scheinbare Paradoxie darin systematisch ins Auge fasst. Einerseits geht es hier um das Denken des »Menschen von heute«, damit auch: des säkularisierten Menschen, der sich den »alten Glauben« nur noch als »Aberglauben« bewahren kann – andererseits aber um die »Religiosität« eben dieses Menschen und seine Auseinandersetzung mit Gott. Dieselbe Paradoxie steckt bereits in dem Verweis auf den Menschen, der mit Gott »streitet«, noch bevor er ihn »gefunden« hat. Um welche Form von Gottesglauben aber kann sich dabei handeln, wenn es einer ist jenseits der alten Religion(en)? Gott muss hier auf völlig neue Weise »gefunden« worden sein. Th.W. Adorno hat den zitierten Brief an zentraler Stelle interpretiert – und dabei genau diese zentrale Frage, die mitten ins Zentrum von Schönbergs Denken führt, mit einer eindimensionalen Ideologiekritik unterlaufen: »Mit dem Revisionismus in der musikalischen Struktur sind Äußerungen Schönbergs zusammenzudenken gleich jener aus einem Brief von 1912, in dem er Richard Dehmel fragt, ob er zur Textierung eines ›abendfüllenden Werkes‹ bereit wäre. [...] Das Moment des Abrupten und Gewaltsamen im Übergang von den Erfahrungen der freien Atonalität zur systematischen Formulierung der Zwölftontechnik, und die Konzeption von Religiosität als Rückkunft, mit dem drohenden Zeigefinger des Beten-Lernens, fallen nicht nur entwicklungsgeschichtlich zusammen, sondern auch dem Inhalt nach; hier wie dort wird Ordnung aus dem Bedürfnis postuliert und nicht aus der eigenen Wahrheit zur Sache.«[7] Abgesehen davon, dass es musikästhetisch nachgerade abenteuerlich ist, Schönbergs kompositorischer Entwicklung im Dezennium von 1910-20 die Sachhaltigkeit abzusprechen[8], geht es in dem besagten Dehmel-Brief eben gerade nicht nur um eine schlichte »Rückkunft«. Was Adorno hier als bloßen geistigen Revanchismus diffamiert, ist in Wahrheit Ausdruck einer epochalen

6 Siehe dazu Josef Rufer, Das Werk Arnold Schönbergs, Kassel 1959, S. 101.

7 Theodor W. Adorno, Vers une musique informelle, in: Klangfiguren. Musikalische Schriften I–III. Gesammelte Schriften 16, Frankfurt am Main 1978, S. 497f.

8 Siehe dazu etwa Martina Sichardt, Die Entstehung der Zwölftonmethode Arnold Schönbergs, Mainz u.a. 1990; Ethan Haimo, Schoenberg's Serial Odyssey, New York 1990.

Säkularisierungsschwelle, der Schönberg exemplarisch Ausdruck verleiht. Von Anfang an stand seine Existenz im Zeichen dieses Umbruchs, und die Auseinandersetzung damit sollte schließlich in dem Opernfragment »Moses und Aron« ihren Scheitelpunkt erreichen. Dieses stellt nichts weniger dar als ein Werk der biographisch-künstlerischen Synthese des Komponisten. Dessen Existenz stand von Anfang an im Zeichen einer, um es auf eine Formel zu bringen, Überbrückung des Unüberbrückbaren. Zunächst war das Werden seiner Künstlerexistenz zunehmend gespannt zwischen dem Partikularismus seiner Herkunft und dem Universalismus seiner künstlerischen Bestrebungen. Geboren in der Wiener Leopoldstadt, einem Sammelbecken jüdischer Emigranten aus dem Osten[9], das in großem sozialkulturellem Kontrast stand zum vornehmen 1. Bezirk, der Residenz des bürgerlichen oder großbürgerlichen Wiener Judentums, wurde ihm nicht eine Laufbahn als avantgardistischer Künstler an der Wiege gesungen. Lange fügte er sich den strengen Solidaritätsnormen seines Herkunftsmilieus, besuchte statt einer künstlerischen Ausbildungsstätte die Oberrealschule und absolvierte für kurze Zeit eine Banklehre; sein künstlerisch-intellektuelles »curriculum« hatte er in dem informellen Austausch in seiner jüdischen Peergroup. Selbst sein erstes künstlerisches Engagement als Leiter verschiedener Arbeiterchöre (1895–1901) gehorchte diesem Muster. Abgesehen davon, dass auch Schönbergs Vater in Arbeiterchören gesungen hatte, waren diese Ausdruck einer Besonderheit der österreichischen Arbeiterbewegung: Wie keine andere in Europa stellte diese die Bildungsarbeit in den Mittelpunkt, und dies vor allem wegen der führenden Bedeutung jüdischer Intellektueller in der Bewegung. David Josef Bach etwa, einer der engsten jüdischen Jugendfreunde Schönbergs, gründete 1906 in Wien die Arbeiter-Symphoniekonzerte und war von 1919–33 Leiter der sozialdemokratischen Kunststelle – und dies ganz im Glauben an die revolutionäre Bedeutung gerade der autonomen Kunst. In einer Synthese aus Gedanken von Richard Wagner und Karl Marx vertrat er die Theorie, dass die geistig-ethische Potenz der autonomen Kunst erst im Sozialismus voll zur Geltung kommen könne, da dort nicht mehr das Marktprinzip regiert. Als sich Schönberg Anfang des 20. Jahrhunderts von der Arbeitermusikbewegung abwandte, bedeutete dies keinen Richtungswechsel seines *politischen* Denkens, sondern lediglich einen neuen Anlauf innerhalb desselben ethischen Programmes, das er in spiralförmiger Bewegung auf die Bahn einer

9 Joseph Roth bezeichnete es einmal als »freiwilliges Ghetto«, in: ders., Juden auf Wanderschaft – Wien, in: Ruth Beckermann (Hg.), Die Mazzesinsel, Wien 1984, S. 24.

autonomen Künstlerexistenz brachte. Wenn er also im Wintersemester 1904/05 an den »Schwarzwald'schen Schulanstalten« (in der Wallnerstraße am Kohlmarkt) unterrichtete, so war dies ebenso wenig eine rein kunstpädagogische Angelegenheit wie die Tätigkeit für die Arbeiterchöre eine politische. In beiden Fällen handelt sich um eine in der jüdischen Kultur verwurzelte Form der Gemeinwohlorientierung durch Bildungsarbeit, wie sie nicht nur im Engagement jüdischer Intellektueller für den Sozialismus zum Ausdruck kommt, sondern ebenso in ihren bürgerlich-sozialreformerische Aktivitäten[10] oder ihren Gründungen von Volksbildungsanstalten. Im Falle Eugenia Schwarzwalds kommt zur Schulgründung auch die Führung eines Salons – ebenfalls eine typische Geistesaktivität jüdischstämmiger Frauen der höheren Wiener Gesellschaft (zu nennen wären etwa noch Berta Zuckerkandl oder Henrietta Pereira) –, in dem neben Schönberg auch Loos, Kokoschka und andere Vertreter der radikalen Moderne verkehrten. Kurz: Es gibt einerseits eine zentrale Linie in Schönbergs künstlerischer Entwicklung, die, auch wo sie nicht explizit mit Gehalten der jüdischen Tradition arbeitet, in seiner jüdischen Herkunft verwurzelt ist, andererseits konnte im Verfolgen dieser Linie ein Bruch mit seinem Herkunftsmilieu nicht ausbleiben. Man kann auch sagen, dass Schönberg eine in diesem Milieu begonnene Dynamik der Säkularisierung aufgreift und weit über dessen Grenzen hinaus auf genuin künstlerische Weise fortführt. Die daraus resultierenden biographischen Spannungen führten zu einem gesteigerten Rechtfertigungs- und Selbstdeutungsdruck gegenüber dem eigenen Schaffen und der eigenen Künstlerexistenz – mit dem Scheitelpunkt »Moses und Aron.« Die Kontinuität in Schönbergs astronomischer Entwicklung wird gestiftet durch Grundmomente des jüdischen Geistes:[11] darunter vor allem ein hochargumentativer ethischer Fundamentalismus als Folge der sprachlichen Offenbarung und schriftlichen Überlie-

10 Siehe dazu exemplarisch: Ingrid Belke, Die sozialreformerischen Ideen von Josef Popper-Lynkeus (1838–1921) im Zusammenhang mit allgemeinen Reformbestrebungen des Wiener Bürgertums um die Jahrhundertwende, Tübingen 1978.

11 Geist wird hier verstanden im Sinne von Max Weber mit seiner Unterscheidung von religiösem Inhalt bzw. Dogma und darin einerseits verankerter, aber andererseits tendenziell davon ablösbarer Ethik, die in historischen Problemsituationen neuen Vergemeinschaftungs- und Habitusformen zur Geburt verhelfen kann. Da diese sich auch von der Religion entfernen können, spricht Weber von einer religiös motivierten Form der Säkularisierung. Siehe dazu vor allem Max Weber, Gesammelte Aufsätze zur Religionssoziologie I, Tübingen 1978[7].

ferung eines universalistischen Gesetzes. Gott wird hier tendenziell zum Abstraktum, zum Gedanken, und dieser muss je neu gedeutet werden in der Gesamtheit der Lebenssituationen mit all ihrer Offenheit und Vielfalt – Nebensächlichkeiten gibt es hier keine. Durch diesen praktisch-ethischen Grundbezug, der bereits in der ethischen Prophetie des Alten Testamentes manifest wird, besitzt dieser geistige Universalismus eine ausgeprägte Systematisierungsfeindlichkeit als Kehrseite. Der Gottesgedanke wird eben nicht abstrakt abgehandelt, sondern unter Beanspruchung der »ganzen Person« mit all ihrer selbstverantwortlichen Deutungsschärfe und Durchsetzungsfähigkeit zum Tragen gebracht. Die Folge ist, vor allem im traditionalen Judentum, ein beständiger Streit zwischen radikalen Deutungen.[12] Schönbergs Verwurzelung in dieser Kultur reicht nun von partikularistischen Verpflichtungen wie besagter Milieusolidarität (zu der auch die Ehelichung der Schwester seines Privatlehrers Zemlinsky gehört), über die Modernisierung traditionaler Elemente, wie sie etwa in seiner paternalistischen Form des Kompositionsunterrichts zum Ausdruck kommt, in der die Meister-Schüler-Beziehung auf vergleichslose Weise zum Modell erhoben wird, oder auch in seiner Flut von kritischen Kommentaren[13], bis hin schließlich, auf einer dritten Stufe, zur Transformation jüdischen Denkens im Sinne einer Eigenlogik künstlerischen Handelns. Letzteres wird besonders deutlich in Schönbergs radikaler Verklammerung von Traditionsverpflichtung und grundstürzender Innovation (die im Label des »konservativen Revolutionärs« etwas unglücklich verschlagwortet wurde).[14] Diese Aufstufung steht aber keineswegs für einen harmo-

12 »Jedes Problem der Familie wie auch der Gemeinschaft unterliegt langatmiger Diskussion um detaillierter Erwägung jeder möglichen Seite einer jeden Frage. Die häusliche Form des pilpul [»gepfefferte« Diskussion, FZ] folgt genau dem Muster der j'schiwe [Lehrhaus für Talmudstudien, FZ]. Das Leben wäre nicht möglich ohne ständige Meinungsverschiedenheiten. Meinungsverschiedenheiten gehen mit Erregung und hitziger Diskussion einher.« Mark Zborowski, Elizabeth Herzog, Das Schtetl, München 1990[3], S. 238. »Die spätere Kabbala stellte den Satz auf, der weiteste Verbreitung gewann, dass jedem einzelnen Juden die Tora ein besonderes, nur ihm allein bestimmtes und erfaßbares Gesicht zuwendet.« Gershom Scholem, Offenbarung und Tradition als religiöse Kategorien im Judentum, in: ders., Über einige Grundbegriffe des Judentums, Frankfurt am Main 1980[3], S. 112.

13 Diese Darstellungsform hat etwa Scholem als »die charakteristische Ausdrucksform des jüdischen Denkens über die Wahrheit« bezeichnet, im Gegensatz zum »System«. Gershom Scholem, Über einige Grundbegriffe des Judentums, Frankfurt am Main 1970, S. 101.

14 »Ich bin überzeugt, dass man einmal in diesem Neuen [seiner Musik, F.Z.]

nisch-bruchlosen Übergang vom Bewohner der »Mazzesinsel«, wie die Leopoldstadt vom goldenen Wiener Herz getauft wurde, zum kompositorischen Avantgardisten. Eine Spannung zwischen Schönbergs innerer Verpflichtung gegenüber seiner Herkunftskultur als einer umgrenzten sozialen Gemeinschaft und seinem Künstler-Universalismus tauchte sofort wieder auf, nachdem sich die Hoffnung zerschlagen hatte, die Wände zwischen dieser Gemeinschaft und ihrer Umgebung könnten sich im Zuge der Modernisierung von selbst auflösen – im Sinne eines allgemeinen Kosmopolitismus. Anfang der 20er Jahre wurde Schönberg auf dramatische Weise klar, dass der Antisemitismus keineswegs zum Aussterben verurteilt war, wie er noch vor dem 1. Weltkrieg denken mochte. Er reagiert darauf sowohl immanent künstlerisch als auch mit Schuldgefühlen und Trotz (etwa in der Übernahme des Rassenbegriffs). Letzteres wird besonders deutlich in dem berühmten Brief an seinen Freund Kandinsky vom 20.6.1923, in dem er ihm vorwirft, dieser sei antisemitischen Tendenzen am Bauhaus nicht entgegengetreten:

»Denn, was ich im letzten Jahre zu lernen gezwungen wurde, habe ich nun endlich kapiert und werde es nicht wieder vergessen. Daß ich nämlich kein Europäer, ja vielleicht kaum ein Mensch bin (wenigstens ziehen die Europäer die schlechtesten ihrer Rasse mir vor), sondern, dass ich Jude bin. Ich bin damit zufrieden ! Heute wünsche ich mir gar nicht mehr eine Ausnahme zu machen; [...] Es war ein Traum, wir sind zweierlei Menschen. Definitiv!«[15]

Schönbergs offensives Bekenntnis zum Judentum, sein Wiedereintritt in die mosaische Glaubensgemeinschaft, ohne dass er je religiös praktizierend gewesen wäre,[16] vor allem aber seine Pläne in den 30er Jahren, das

erkennen wird, wie innig es mit dem Besten verbunden ist, was uns als Vorbild gegeben war. Ich maße mir das Verdienst an, eine wahrhaft neue Musik geschrieben zu haben, welche, wie sie auf der Tradition beruht, zur Tradition zu werden bestimmt ist.« Arnold Schönberg, Nationale Musik, in: ders., Stil und Gedanke. Aufsätze zur Musik, Gesammelte Schriften 1 (Hg. von Ivan Vojtech) Frankfurt am Main 1976, S. 254. Über das Verhältnis von Traditionsbindung und »schöpferischer Forschung« im Judentum im Allgemeinen siehe Scholem (1970).

15 Schönberg, Briefe, S. 90.

16 Schönbergs Verhalten erinnert stark an die von Stefan Zweig beschriebene Trotzhaltung: »Der »Glaube [unserer Ahnen] wurde zu einer Kraft, die sie bewahrte und durch die Zeiten trug. Diese Kraft, leugnen wir es nicht, wir haben sie nicht mehr, wir glauben nicht mehr, dass wir das einzig auserwählte Volk Gottes seien, besser, klüger, gerechter, edler, als die anderen Nationen, dass zu uns allein Gott spräche und für uns allein die Welt geschaffen. [...] Aber wer Leidende, Unterdrückte, [...] beobachtet hat, der weiß, dass

Komponieren aufzugeben zugunsten eines Amtes als politischer Führer und Befreier der deutschen Juden, verraten tiefsitzende Skrupel wegen seines nur der Kunst verschriebenen Universalismus. Und darin drückt sich nicht nur eine biographische Randbedingung seines Schaffens aus, sondern ein bis ins Werk hinein reichendes Charakteristikum seines Künstlertums. Der Glaube an seine Fähigkeit zur politischen Führerschaft und der an seine kompositorische Mission spiegeln einander (er selbst hat seinen Anspruch auf politische Führerschaft bisweilen damit legitimiert, er sei auch in seinem Bereich bisweilen diktatorisch vorgegangen, etwa in der Führung des Vereins für musikalische Privataufführung). Verstand er diese im Sinne seiner ethischen Grundhaltung auch als einen Beitrag zum sittlichen Fortschritt der Menschheit, so stellte er für seine politische Mission die geistige Einigung des Judentums im Sinne des Gottesgedankens in den Mittelpunkt. Für letzteres sah er durchaus kollektiv wirksame »realpolitische« (Schönberg) Maßnahmen vor: Propaganda, den Erwerb eines »Aufmarschgebietes« in Südamerika, die Gründung einer jüdischen Einheitspartei, dies alles zur nationalen und militärischen Erstarkung. Nicht nur diese Pläne, sondern auch der Spagat, der dort gemacht wird zwischen geistiger Fundierung einer neuen jüdischen Gemeinschaft und der kollektiven Durchsetzung des »Gedankens«, werden abgehandelt in Schönbergs Schauspiel »Der biblische Weg« (1926/27). Es selbst ist Ausdruck dieses Spagats, sollte ein Kunstwerk über das Judentum sein und gleichzeitig Propagandastück.[17] Seine Hauptfigur, Max Aruns, vereint in sich beide Pole, Gedanke und

bei ihnen sich das Gefühl der Minderwertigkeit oft in einen überreizten Stolz flüchtet, in ein gesteigertes und übersteigertes Selbstgefühl. Öfter als jemals hört man nun Worte sagen, die man von vergangenen Generationen des Judentums nie ausgesprochen gehört hat wie ›Ich bin stolz, ein Jude zu sein‹ und ›ich möchte nichts anderes sein als ein Jude‹. Öfter liest man Erörterungen, die gerade jetzt, da der Antisemitismus die Juden als inferior behandelt, nachweisen wollen, dass sie eigentlich allen anderen Rassen und Nationen superior seien. [...] Wir segnen und bekräftigen damit die Bücher der Rassentheoretiker, wir sperren uns in ein neues Getto ein, indem wir uns durch Hochmut von den anderen Völkern so absondern, wie sie uns in Gehässigkeit von sich absondern wollen.« Stefan Zweig, Eine Ansprache, in: ders., Die schlaflose Welt. Essays 1909–1941, Frankfurt am Main 2003[4], S. 217, 221 f.

17 »It is very highly dramatic, stylistically the best thing I have written, and, although its profundities offer the superior mind plenty of food for thought, is vivid and theatrical enough to fascinate the simpler sort.« Brief an Jakob Klatzkin vom 26. Mai 1933, zit. in: Moshe Lazar, Arnold Schoenberg and His Doubles: A Psychodramatic Journey to His Roots, Journal of the Arnold

Tat – und sie scheitert aus diesem Grund. Der Vertreter der Orthodoxie, Asseino, spricht dies deutlich aus: »Der Gedanke [...] läßt, so wie Gott keine Vorstellung zuläßt, keine materielle Verwirklichung zu. Wer sich dem Gedanken ergibt, muß entweder auf den Versuch der Verwirklichung verzichten, oder aber sich mit einer Wirklichkeit begnügen, welche er nicht erleben möchte.«[18] Im dem Schauspiel wird dieser Konflikt noch gekittet durch die Koppelung des erfolgreichen militärischen Führertums von Guido, politischer Nachfolger von Aruns, mit dem priesterlichen Führungsamt, das Asseino als geistiger Erbe Aruns auf sich nehmen möchte.

Einer der Gründe für diese Inkonsequenz ist sicher, dass Schönberg sich hier mit einem Stück Theater-Propaganda nicht auf seinem eigensten Felde, der Musik, ausgedrückt hat. Schönbergs durch die Zeitläufte aufgestachelter innerer Konflikt zwischen seinem Engagement für die politische Erleuchtung des Judentums und dem für seine Mission als Künstler verweist auf ein immanent ästhetisches Konfliktfeld, das für ihn primäre Bedeutung hatte. Die Beschäftigung mit diesem lieferte ihm parallel zu seiner zionistischen Phase auch eine Perspektive, sich im Judentum zu verorten, ohne seine Position als autonomer Künstler aufgeben zu müssen. Mit Moses und Aron biegt seine zionistische Deutung dieses biographischen Grundproblems in eine genuin künstlerische ein und wird darin aufgehoben – und zwar nicht nur als beseitigter Störfaktor, sondern durchaus auch als Moment der Bereicherung. Das Stück stellt also in höchstem Maße einen biographisch-künstlerischen Verdichtungspunkt in Schönbergs Künstlerexistenz dar: Es vereint nicht weniger als eine theologische, eine ästhetische, eine autobiographische und eine universalhistorische Perspektive. Die parallel zu Schönbergs politischer Behandlung seines Judentums sich vollziehende künstlerische Sublimierung seines Herkunftsproblems begann mit der kompositorischen Wende Mitte der 20er Jahre nach zehn Jahren Krise – also mit der Bewältigung des Problems, auch im »atonalen« Raum wieder in großen Dimensionen motivisch entwickelnde Formen herstellen zu können, und zwar durch das Komponieren mit Zwölftonreihen. Erst dann hatte sich der Verstoß in den atonalen Klangraum ästhetisch bewährt, konnte gezeigt werden, dass man auch in diesem auf eigenen Füßen stehen konnte – dann hatte man sich als einsamer Revolutionär gleichzeitig als Erbe der großen Tradition bewährt. Zu diesem Zeitpunkt beginnt Schönberg sich mit der Figur des alttestamentarischen Propheten zu

Schoenberg Institute, Volume XVII, Numbers 1& 2, June and November 1994, S. 96.

18 Der biblische Weg, in: Journal (1994), S. 324.

beschäftigen. Die innere Beziehung zwischen Schönbergs Charakterisierung des »Auserwählten« in der Semantik des Alten Testamentes, – von dem zweiten der »Vier Chöre für gemischten Chor op. 27« (»Du sollst nicht, du mußt«) bis zu »Moses und Aron« – und seiner eigenen Position als Avantgardist ist dabei mit Händen zu greifen: In beiden Fällen geht es um den (zunächst) alleine dastehenden, bekämpften Charismatiker einer Revolution im Sinne des »Gedankens« bzw. als Medium des geistigen Progresses. Es wäre nun musiksoziologisch völlig zu kurz gegriffen, hier nur eine ideologische Verbrämung des eigenen Status zu sehen, etwa auf der Linie eines jüdisch angehauchten Wagnerianismus. Vielmehr hat Schönberg hier mitten ins Schwarze getroffen – wie Max Weber[19] (und die auf ihm fußende Tradition der Religionssoziologie) und Sigmund Freud[20] thematisiert er den alttestamentarischen Propheten als eine Initialfigur des abendländischen Rationalisierungsprozesses und vermag dabei gleichzeitig die Schere zwischen seiner Herkunftskultur und seiner Position als daraus herausgelöster moderner Künstler wieder zu schließen. Denn er erweist sich gerade durch seine Fortführung des in der jüdisch-christlichen Religionstradition verwurzelten Modernisierungsprozesses als herausgehobener Repräsentant und Erbe dieser Tradition – wenngleich natürlich auf abstrakte Weise.

Gerade in Moses und Aron wird diese Integrationsstrategie auf exemplarische Weise deutlich. Die Art und Weise, wie dort der alttestamentarische Stoff zur Darstellung gebracht wird, amalgamiert eine geradezu modellhafte Präsentation des ethischen Prophetentums nicht nur mit einer Kompositionsweise des »Gedankens« (Schönberg), sondern auch mit ihrer Ästhetik, wie sie Schönberg in Entwürfen und Vorträgen seit den 30er Jahren immer wieder expliziert hat. Gleichzeitig erlaubt sie auch eine Spiegelung des politischen Massenkommunikationsaspektes aus dem »Biblischen Weg« in die historische Mission des charismatischen Innovators. Es wundert daher nicht, dass es nicht bei dem Plan zu einer Kantate oder Oratorium geblieben ist, wie Schönberg ihn erstmalig 1926 unter dem Titel »Moses am brennenden Dornbusch« gefasst hatte.[21] Das wäre der Vielschichtigkeit des Stückes nicht gerecht

19 Max Weber, Gesammelte Aufsätze zur Religionssoziologie III. Das antike Judentum, Tübingen 1983.

20 Sigmund Freud, Der Mann Moses und die monotheistische Religion, in: ders., Gesammelte Werke XVI, S. 103-246.

21 Noch 1928, als er bereits eine dreiteilige Vertonung des Moses-Stoffs im Blick hatte, die dem späteren Opernplan entspricht, spricht er noch in einem Brief an Webern von einem »Oratorium«: »Ich habe jetzt einen Text (erste Fassung! also noch weit von der Vollendung entfernt) zu einem Oratorium:

geworden. Gerade die Polarität zwischen der Darstellung der Gedankenarbeit des Propheten und der Massenbehandlung durch Aron bedarf der Möglichkeit, eine spannungsvolle Handlungsdynamik in Szene zu setzen. Anders ausgedrückt: Gerade die Polarität zwischen den oratorienhaften Passagen des Stückes und seinen Aktionsszenen gehört zum Handlungsraum dieser Oper. Darin wird die prophetische Instanz in zwei Personen gespalten: in Moses, der zwar Gott visionär erschauen und seinen Gedanken in Begriffe fassen, aber dem Volke nicht wirkungsvoll verkünden kann, und Aron, der zwar das Volk in Bann schlagen kann, zum Teil mit magischen Mitteln, aber den monotheistischen Gottesgedanken nicht wirklich versteht. So biegt Schönberg auch aus der politischen Theologie des Biblischen Wegs in die vieldimensionale Welt der Oper ein: Sind im Biblischen Weg Gedanke und Tat noch einer Person vereinigt, also in Max Aruns, so wächst durch die Spaltung dem Pol der Tat noch eine genuin ästhetische Dimension hinzu. Aron vertritt dramatisch die praktische Seite der Prophetie, also die kollektive Durchsetzung der Verkündigung, *und* gleichzeitig musikalisch die klangsinnlich-suggestive Seite des materialisierten Gedankens.

Schönberg entwickelt den Kosmos von Moses und Aron geradezu systematisch. Die erste Szene der Oper liefert in dem Dialog zwischen Gott im Dornbusch und Moses eine exemplarische Darstellung des monotheistischen Gottesmodells und seiner inneren Verbindung mit der charismatischen Prophetie. Die abstrakten Qualitäten des monotheistischen Gottes werden von Moses gleich zu Anfang nachgerade deduziert: Er ist umspannend einzig mit der zeitlichen Dimension der Ewigkeit, der räumlichen der Allgegenwärtigkeit, der materialen der Unsichtbarkeit und der psychologischen der Unvorstellbarkeit. Wie wird so etwas Nichtdarstellbares musikalisch dargestellt? Zunächst durch sechs Solostimmen, die im Orchester sitzen und im Einklang mit den Nachbarinstrumenten Vokalisen singen. Zu hören ist ein Klangfluidum, schwebend, scheinbar zeitlos, musikalischer Ausdruck immaterieller, nur feinster, spiritueller Wahrnehmung zugänglicher Sphären. Die ästhetische Pointe dieser Eröffnungstakte ist, dass sie eine immaterielle Geistigkeit nicht nur klanglich illustrieren, sondern diese – bei aller gleichsam impressionistischen Duftigkeit – wirklich besitzen. Wie eine Art Struktur-Ouvertüre enthalten sie, mit Mitteln der Reihentechnik, die Erzeugungsformel

MOSES UND ARON geschrieben: Drei Teile. Der I. Die Berufung, der II. Das goldene Kalb, der III. Arons Tod. Ich habe große Lust zur Komposition. Aber es wird wohl noch einige Zeit dauern, bis ich anfangen kann.« Ernst Hilmar (Hg.), Arnold Schönberg. Gedenkausstellung 1974, Wien 1974, S. 49.

für die Gestalttotalität des Stückes – sie benutzen dabei Anfang und Ende der Reihe (»ich bin der Anfang und das Ende« als Formel für die Ewigkeit Gottes) auf eine Weise, die an einen unendlichen Kreisprozess denken lässt, in den nun hineingeleuchtet wird. Gleich in der nächsten Phase erfolgt die Überbrückung zwischen spirituellem Fluidum und menschlichem Wort. Die Oberstimme der Klänge, die Moses Eröffnung der prophetischen Rede stützen, greift die Reihentöne einer den Klangraum bogenförmig durchmessenden Bewegung zuvor auf und nimmt gleichzeitig in stockender Bewegung die spätere Gottesmelodie voraus. Moses ist also Träger von Gottes Gedankenflug. Allerdings heißt das *auch:* dass sich erst im Auftritt des Propheten das Gestaltreservoir der Gottes-Klänge zur Melodie zu formieren beginnt, ja, die Reihe erst vollständig wird. Dabei deutet sich eine Komplementarität an: Gott ist Gott nur als einer des Menschen, der ihn verkündet, der seine Gedanken in Sprache vermittelt und dabei zu erleuchten vermag. Gott ist Gedanke, der sich im Menschen entfalten muss. Das wiederum bedeutet, dass die Verkündigung des »Gedankens« sich nicht nur an den Verstand wenden darf, auf das praxisbestimmende Lebenszentrum des Menschen, in dem Verstand, Gefühl und ethische Überzeugungen einander verschränken, gerichtet sein muss. Gottes Gedanke muss im Menschen zum Gesetz seiner Lebensführung werden. Das wird noch klarer durch die Hinzuziehung der Aron-Figur[22] als Ergänzung zu Moses. Die Komplementarität zwischen dem monotheistischen Gott und dem sprechend handelnden Menschen zeigt sich hier auch im dialogischen Verhältnis zwischen der Stimme Gottes und Moses. Erst nach dem Auftritt des Menschen fängt Gott selbst an, Worte zu gebrauchen – vorher summt er ja nur eine Vokalise. Das heißt umgekehrt auch, Moses versteht die klangliche Erscheinung im brennenden Dornbusch in sprachlicher Rede. Wenn nun Gott selbst als Dialogpartner die Stimme erhebt, tut

22 Der Name wird bei Schönberg abweichend von der biblischen Schreibweise nur mit einem »a« geschrieben. Das hat einen kompositorischen Grund: der Titel des Stückes »Moses und Aron« besitzt so zwölf Buchstaben, überdies ergibt sich so eine anagrammatische Verbindung zwischen den Namen Arnold und Ronald, also dem Vornamen des Komponisten und dem seines älteren Sohnes aus der Verbindung mit Gertrude Kolisch. Beide Namen bestehen aus den vier Buchstaben von Aron + den beiden Buchstaben l und d. Das setzt sich fort in dem zweiten Namen von Ronalds Tochter Melanie Raldon Escorla und dem Namen seines Neffens Randol Schoenberg. Überdies ist der Name von Schönbergs Tochter aus der zweiten Ehe, also Nuria, verwandt mit Nora. Diese Bezüge wären natürlich einer eigenen Deutung wert, der hier nicht nachgegangen werden kann.

er dies in dreifacher Gestalt: als Chor singend, als Chor sprechend und in der instrumentalen Gottesmelodie. Gott ist somit sinnigerweise der einzige Protagonist des Stückes, der sich aller drei Äußerungsformen gleichzeitig bedient.

Der Dialog zwischen Moses und Aron in der 1. Szene entwickelt modellartig die Hauptdimensionen des ethischen Prophetentums weiter und exponiert dabei eine Theologie des Gedankens – die sich ohne weiteres in Schönbergs Ästhetik des Gedankens übersetzen lässt. Gott teilt sich mit als Gedanke, und er bedarf des Propheten, diesen zu verkünden. Letzteres ist für diesen keineswegs ein willkommenes Privileg, sondern eine kaum zu tragende Belastung: Der Prophet hat sich mit der Macht der Blindheit auseinanderzusetzen, etwas zu verkünden, was so neu ist, dass es größte Widerstände hervorruft. Er muss daher mit größtem Vertrauen in seine Mission und nur gestützt auf Überzeugungen, die nur ihm allein von einer verpflichtenden Instanz offenbart wurden, seinerseits überzeugen, d.h. eine Anhängerschaft gewinnen können – er muss, soziologisch gesprochen, Charismatiker sein. Diese Kategorie aus der Religionssoziologie Max Webers fällt an dieser Stelle nicht zufällig. Der Dialog zwischen Gott und Moses bei Schönberg verdichtet dramatisch Webers zentrale Argumentationslinie zur jüdisch-christlichen Religionstradition: den inneren Zusammenhang zwischen der Abstraktheit und Unerkennbarkeit des monotheistischen Gottes, seiner sprachlichen, schließlich schriftsprachlichen Offenbarung, der zukunftsoffenen Deutung der Offenbarung in Kontexten ihrer tätigen Erfüllung, und schließlich der zentralen Rolle der ethischen Prophetie mit ihrer Transformation von Vision bzw. Traumbild in die vergemeinschaftende Rede. Der Prophet ist in dieser Transformation das oft gegen seinen Willen von Gott auserwählte, ohne Amtsinhaberschaft ganz auf sich gestellte, marginalisierte, dabei gleichzeitig kollektiv verpflichtete Medium des göttlichen Gedankens.

Der Moses von Schönberg ist dazu alleine nicht geeignet: Seine Zunge ist »ungelenk«, er »kann denken, aber nicht reden«, was nicht heißt »sprechen«, sondern öffentlichkeitswirksam kommunizieren. Dazu bedarf er der Arbeitsteilung mit Aron. Moses ist zwar in der Lage, die göttlichen Visionen zu empfangen und sie als gedankliche Botschaft zu verstehen, kann sich aber nur schroff argumentierend deduzieren. Aron hingegen vermag den Gedanken eine kollektiv wirksame sinnliche Präsenz zu verschaffen, allerdings mit einer gehörigen Portion Naivität, ohne sie selbst immer ganz richtig zu verstehen – was immer wieder zu Auseinandersetzungen zwischen den beiden Brüdern führt. Übersetzt in die ästhetische Welt der Oper: Moses spricht nur, Aron singt – bisweilen in weit geschwungenen Kantilenen und Anklängen an die Tonalität. Überdies gibt ihm Schönberg die Stimmlage des Tenors, die der Komponist mit dem Eindruck der gefälligen Eleganz verbindet. Am Ende der Begegnung, in der Moses Aron ständig korrigierend in dessen Kantilenen hineinredet, kommen Aron erste Zweifel an seiner Mission. Er sagt sich erschauernd die Qualitäten des monotheistischen Gottes nochmals vor und ist sich schließlich ganz unsicher darüber, ob das Volk einen Gott lieben kann, den es sich nicht vorstellen »darf«. Hier hakt Moses wütend ein: was ihn stört, sind nicht Arons Zweifel am pragmatischen Erfolg der Verkündigung, die hat er selbst ja auch, sondern der Denkfehler, man müsse dem Volk eine Vorstellung verbieten, die ohnehin nicht möglich ist. Moses Wut ist verständlich – wer so argumentiert wie Aron, hat den monotheistischen Gott von Grund auf nicht verstanden.

Von Anfang an wird klar, dass Gott eigentlich eine nicht realisierbare Mission fordert. Moses Selbstzweifel, die Überbrückung zwischen dem Fassen des Gedankens und dessen kollektiv wirksamer Verkündigung leisten zu können, findet seine Fortsetzung in der naiven Wankelmut seines wundertätigen Sprachrohrs Aron, der ja auch den Rückfall in den Götzenkult, also den Tanz ums goldene Kalb, mit zu verantworten hat. Aron muss schließlich, im nicht vertonten III. Akt der Oper, dafür auch sterben. Er wird von Moses gefangengesetzt, fällt dann aber tot um, nachdem er von diesem mit den Worten: »Gebt ihn frei, und wenn er es vermag, so lebe er«, wieder in die Freiheit entlassen wird. Die Last der Aufgabe hat ihn erdrückt. Es ist die Frage, ob die Thematik der unlösbaren Aufgabe nicht auch die Gestalt des Werkes selbst berührt hat. Sofern es sich in der gewählten Thematik selbst repräsentiert, wäre seine Vollendung fast ein Widerspruch in sich gewesen. Auf der Ebene der dramatischen Konstruktion hätte Schönberg entweder eine der beiden Figuren im letzten Akt auf eine kaum glaubwürdige Weise verändern müssen, um ihnen eine erfolgreiche Verkündigung zu übertragen, oder er hätte eine Geschichte des Scheitern des Monotheismus, wie es etwa bei Echnaton vorlag, schreiben müssen – was eine in seiner Abweichung von der biblischen Geschichte groteske Selbstdementierung der Thematik bedeutet hätte. Das ist sicherlich nur eine Spekulation über die Gründe, die Schönberg daran gehindert haben, den III. Akt in den knapp 20 Lebensjahren nach der Komposition von Akt I und II zu vertonen, obgleich er in seinen Briefen nachhaltig an diesem Plan festgehalten hat. Denn, wer nach äußeren Gründen sucht, wird diese schnell finden: etwa die Emigration. Außerdem: Wird die Sache in Fragmentform besser? Ist es denn nicht nur ein gradueller Unterschied, ob die untragbaren Folgen einer dramatischen Ausgangskonstellation nun in Langschrift ausgeführt werden oder nicht? Nun, es macht *dann* einen Unterschied, wenn in der dramatischen Offenheit des Fragmentes ausgedrückt ist, dass es hier um diese dramatische Langschrift gar nicht geht, sondern nur um die zugespitzte Darstellung eines Strukturkonfliktes zwischen Gedanke und Darstellung, die über das biblische Drama hinausweist – und zwar auf das Fragmentarische als Form. Man könnte sogar sagen, als Grundform – durch die Unmöglichkeit, den Gedanken völlig in die perzipierbare Darstellung zu überführen.

Dass in der Konstellation zwischen Moses und Aron gleichzeitig eine kompositionsästhetische Grundlagenproblematik chiffriert ist, wird klar durch die Homologisierbarkeit zwischen der Theologie und der Ästhetik des Gedankens. Aus dieser wird auch jenes basale, biographisch tief verankerte ästhetische Konfliktfeld ersichtlich, das Schönberg zu der Parallelisierung seines Künstlertums mit dem Prophetentum veranlasst hat. Sie hat er im Zusammenhang mit der Ausbildung der Reihentechnik entwickelt und nicht zufällig durch biblische Vergleiche zu exemplifizieren versucht. Vor allem der 1935 entstandene Vortrag »Komposition mit 12 Tönen« ist hier von zentraler Bedeutung. Gleich zu Anfang wird das Thema des Schöpfertums eingeführt mit Bezug auf die Bibel:

»Um das wahre Wesen der Schöpfung zu begreifen, muß man feststellen, dass es kein Licht gab, bevor der Herr sagte: ›Es werde Licht.‹ Und da es noch kein Licht gab, umfing die Allwissenheit des Herrn eine Vision davon, die nur seine Allmacht heraufzubeschwören vermochte. Wenn wir armen Menschenwesen von einem der größeren Geister unter uns als von einem Schöpfer sprechen, sollten wir niemals vergessen, was ein Schöpfer in Wirklichkeit ist. Ein Schöpfer hat eine Vision von etwas, das vor dieser Vision nicht existiert hat. Und ein Schöpfer hat die Macht, diese Vision zum Leben zu erwecken, sie zu verwirklichen. Tatsächlich, die Vorstellung von Schöpfer und Schöpfung sollte in Einklang mit dem Göttlichen Vorbild geformt werden; Inspiration und Vollkommenheit, Wunsch und Erfüllung, Wille und Ausführung kommen spontan und gleichzeitig zusammen. In der göttlichen Schöpfung gab es keine Einzelheiten, die später ausgeführt werden mußten; ›es ward Licht‹, auf einmal und in höchster Vollendung. Leider müssen die irdischen Schöpfer, wenn ihnen eine Vision gewährt wird, den langen Weg zwischen Vision und Ausführung zurücklegen; einen beschwerlichen Weg, auf dem nach der Vertreibung aus dem Paradies selbst Genies ihre Ernte im Schweiße ihres Angesichtes einbringen müssen. Leider ist es eines, sich in einem schöpferischen Augenblick der Inspiration etwas auszudenken, und etwas anderes, seine Vision in die Wirklichkeit umzusetzen, indem man Einzelheiten mühselig verbindet, bis sie sich zu einer Art Organismus zusammenschließen. Und angenommen, es wird ein Organismus, ein Homunculus oder ein Roboter und besitzt etwas von der Spontaneität einer Vision, dann bleibt es leider immer noch etwas anderes, diese Form so zu organisieren, dass sie eine faßliche Botschaft wird ›für den es angeht‹. [...] Form in der Kunst und besonders in der Musik, trachtet in erster Linie nach Faßlichkeit. [...] Daher gehört zum künstlerischen Wert Faßlichkeit, nicht nur um der verstandesmäßigen, sondern auch um der gefühlsmäßigen Befriedigung willen. [...] der *Gedanke* des Schöpfers muß dargestellt sein.«[23]

Zentral ist in dieser Analogisierung von göttlichem und künstlerischem Schöpfertum einerseits die Gleichzeitigkeit von spontaner Vision und Gedanke und zum anderen die Spannung zwischen Gedanke/Vision und dessen darstellender Ausführung. An anderer Stelle charakterisiert Schönberg diese Spannung sogar als letztlich unbewältigbares künstlerisches Grundproblem:

»Zuerst sehe ich das Werk als Ganzes, dann komponiere ich die Einzelteile. [Bei der Ausarbeitung geht] immer etwas verloren. Das läßt sich nicht vermeiden. Der Verlust, der sich immer einstellt, wenn wir gestalten, wird durch einen Gewinn an Vitalität aufgewogen. Wir haben alle gewisse technische Schwierigkeiten, die jedoch nicht auf einer Unfähigkeit zur Materialbehandlung beruhen, sondern mit dem auszuschöpfenden Gedanken zusammenhängen. Es ist der erste Gedanke, die zugrundeliegende Idee, die Anlage und Gestalt des Werkes bestimmen.«[24]

Hier wird im Übrigen auch klar, dass der musikalische Gedanke im Sinne Schönbergs nicht nur die thematische Einzelfigur meint, sondern die Gesamtgestalt eines Werkes in all ihren charakteristischen Momenten. In Schönbergs Hinweis auf den notwendigen Verlust an Gedankensubstanz bei der Gewinnung ihrer sinnlichen Darstellung ist nun die Analogie zur Spannung zwischen Moses und Aron mit Händen zu greifen. Die Oper erscheint so als weitere Ausgestaltung der in Schönbergs Vortrag von 1935 exponierten Analogisierung zwischen göttlicher und menschlicher bzw. künstlerischer Schöpfung: Moses und Aron stellen hier Archetypen dar in dem menschlichen Bemühen, visionäre Gedanken kollektiv fasslich und historisch wirksam zu entfalten. Zusammengefasst lassen sich also folgende drei Kernbestimmungen nennen, die sich in Moses und Aron verschränken: Der alttestamentarische Prophet

23 Arnold Schönberg, Komposition mit 12 Tönen, in: Schönberg (1976), S. 72.
24 Zitiert in Peter Gradenwitz, Arnold Schönberg. Streichquartett Nr. 4, op. 37, München 1986, S. 19.

als Grundfigur des historischen Innovators, der Künstler als Erbe und Ausprägung dieser Figur, die paradoxale Gedankenverantwortlichkeit auch auf dem Felde der Klangkunst Musik (im Spannungsfeld von Traditions–, Lehr- und Innovationsverpflichtung) – in dieser Dreifaltigkeit leistet Schönberg eine künstlerische Selbstreflexion jüdischen Denkens, die ihresgleichen sucht.

IV. Gesellschaft und Geschichte

7. Was heißt »bürgerliche Musik«?

Zur Kritik an einem problematischen Sprachgebrauch[1]

Der Begriff der bürgerlichen Musik krankt, auch wenn er nicht nur als polemisches Schlagwort gebraucht wird, an einer systematisch folgenreichen Unschärfe. Diese zeigt sich besonders deutlich, wenn er als Instrument zu einer historistischen Relativierung jener gesellschaftlichen Differenzierungsleistung gebraucht wird, in der die Kunst sich zu einem autonomen Handlungsbereich der modernen Öffentlichkeit formierte – mit eigenständigen Geltungskriterien der Produktion, der Kommunikation und der Erfahrungsbildung. Notorisch wird in dieser Relativierung der Begriff des Bürgertums oder der bürgerlichen Welt auf zwei Ebenen gleichzeitig in Anspruch genommen und dabei deren Differenz verschleiert. Einmal steht er für eine gesellschaftliche Gesamtformation, die ansonsten nicht weiter analytisch aufgeschlüsselt wird. Dadurch kommt es zu einer begrifflichen Gleichsetzung von autonomer Kunst und bürgerlicher Kunst. Das wäre eben noch zu retten, wenn damit der Anspruch einer gesellschaftstheoretisch anspruchsvollen Differenzierung des Modells der bürgerliche Welt verbunden wäre – etwa im Sinne der Rationalisierungstheorie von Max Weber, um nur ein Beispiel zu nennen. Dann stunde er für die Welt der gesellschaftlichen Moderne insgesamt mit seiner Pluralität autonomer Handlungsbereiche, wie sie etwa Weber in der berühmten »Vorbemerkung«[2] zu seinen religionssoziologischen Schriften summarisch exponiert hat (neben der autonomen Kunst die Erfahrungswissenschaften, die naturwissenschaftlich fundierte Medizin, das kanonische Recht, die expertisierte universalistische Verwaltung, die rechenhafte Form des Kapitalismus usw.).

Stattdessen dient aber die besagte Gleichsetzung von Bürgertum und bürgerlicher Gesellschaft, damit von bürgerlicher und autonomer Kunst, zu einer doppelten Reduktion. Der Begriff des Bürgertums richtet sich hier nur auf eine ständische Formation in diesem gesell-

1 Vortrag an der Musikhochschule Frankfurt am Main im Rahmen der Tagung »Musik–Bürger–Stadt« 2008, in gekürzter Form publiziert unter dem Titel »Bürgerliche Kultur und musikalische Autonomie – Versuch einer soziologischen Modellbildung«, in dem Tagungsband Christian Thorau e.a. (Hg.), Musik, Bürger, Stadt. Konzertleben und musikalisches Hören im historischen Wandel, Regensburg 2011, S. 313-324.

2 Max Weber, Vorbemerkung, in: ders., Gesammelte Aufsätze zur Religionssoziologie Bd. I, Tübingen 1978, S. 1-16.

schaftlichen Komplex mitsamt ihrer Symbolik der Selbstdeutung – man könnte sagen, auf die »Wohnzimmerdimension« des Phänomens. Die autonome Kunst verliert dabei ihre Qualität einer Handlungssphäre sui generis und schrumpft zum Ausstattungsobjekt einer Lebenswelt. Sie wird so nur noch fassbar als Produkt eines normativen Labelings ohne universalistisch bestimmbaren Eigenwert. Die Aufgabe der methodischen Überprüfung der Geltungsansprüche einer Handlungssphäre – und so die Bildung eines methodischen Autonomiebegriffs an der je konkreten Sache –, wird so unterlaufen. Denn es geht ja nicht mehr um die zur Überprüfung anstehende Möglichkeit einer Eigenlogik von künstlerischen Produkten, sondern nur um die relativistische Verortung des Autonomiebegriffs als Element der ideologischen Selbstlegitimation einer – ehemals – privilegierten Lebenswelt. Da diese Verkürzungen nicht nur in einem bestimmten Gebrauch des Begriffs des Bürgertums liegen, sondern in den immanenten Problemen seiner Konstruktion selbst, sollen diese nun im Folgenden zur Sprache kommen, und zwar vor allem mit Blick auf ihre aufschlussreiche Behandlung bei Friedrich Tenbruck und Mario Rainer Lepsius.

Das systematische Problem in dieser Begriffskonstruktion wird besonders deutlich zur Sprache gebracht in Friedrich Tenbrucks Versuch über den Begriff der »bürgerlichen Kultur«. Tenbruck beklagt an der soziologischen Annäherung an das Phänomen ein Dilemma: »Die Forschung [hat sich] die Aufgabe [gestellt], mittels sozio-ökonomischer Kriterien jene gesellschaftliche Formation zu identifizieren, die Kraft ihrer sozio-strukturellen Eigenlage die spezifische Trägergruppe der bürgerlichen Kultur bilden konnte und mußte. Auf diese Weise ist Licht auf manche Einzelfrage gefallen. Eine überzeugende Durchführung des Konzepts, die uns die bürgerliche Kultur als Gesamterscheinung erklärte, ist jedoch nirgends gelungen. Sobald man vom Begriffsschema in die Wirklichkeit trat, zerfloß das gesuchte Bürgertum ins Unbestimmte. Wie man es auch angriff, erwiesen sich die Kriterien als höchst dehnbar und beliebig. [...] Dabei ergab sich überall ein gewisses Dilemma. Je strenger man die sozio-ökonomischen Kriterien faßte, desto uneinheitlicher und leerer blieb das Kulturmuster der betreffenden Gruppe. Je mehr man aber von kulturellen Gemeinsamkeiten ausging, desto bunter erwies sich die soziale Zusammensetzung. Im ganzen hat die Forschung unsere Vorstellung vom ›Bürgertum‹ als einem homogenen Träger der bürgerlichen Kultur nicht konsolidiert, sondern problematisiert.«[3] *Eine*

3 Friedrich Tenbruck, Bürgerliche Kultur, in: ders., Perspektiven der Kultursoziologie (hg. von Clemens Albrecht), Opladen 1996, S. 251.

Möglichkeit, hier weiterzukommen, hat Mario Rainer Lepsius wiederholt gezeigt,[4] nämlich, in der sorgfältigen Differenzierung der Trägergruppen des Bürgertums auch die Anschlusspunkte an jene Dimension zu konstruieren, aus der jene Bezüge sich vielfältig speisen, also eben die bürgerliche Kultur. Diese wird dabei ihrerseits nicht nur in ihrer eigenen inneren Vielfalt thematisch, sondern auch in ihrer *Autonomie* gegenüber diesen Trägerschichten, ohne die sie ihren Zweck als Sinnquelle für diese nicht erfüllen könnte. Es wird darauf zu achten sein, diese Autonomie so zu fassen, dass sie nicht zu einer Spaltung zwischen Soziologie und freischwebender Geistesgeschichte führt.

Lepsius geht bei seiner Bestimmung des »Bürgertums« und der »Bürgerlichkeit« zunächst von einer Sammlung von *Berufsgruppen* aus, die für dessen Ausdifferenzierung tragend waren – als da wären die wirtschaftlich selbständigen Schichten des städtischen Handwerks und Handels, die freien Berufe, Unternehmer und Kapitalrentner, schließlich auch die wirtschaftlich unselbständigen Schichten der fachqualifizierten Beamten und Angestellten. Das ergibt eine recht heterogene Versammlung, auch wenn sie sich ex negativo zu einem Block zusammenschließt gegenüber den Gruppen, die *nicht* zum Bürgertum gehören: Adel, Klerus, Bauern und Arbeiter. Herausgehoben ist diese genuin bürgerliche Versammlung von Gruppen überdies durch zwei übergreifende Merkmale: Besitz und Bildung. Dennoch bleibt dabei »der Begriff Bürgertum soziologisch amorph [...] In diesem Sinne spricht man etwa im Englischen von ›middle classes‹, ein Ausdruck, der sowohl die innere Vielfältigkeit wie die relative Privilegierung in einem hierarchisch geschichteten Sozialsystem zum Ausdruck bringt.«[5] Will man nun aus dem Bereich der bloßen deskriptiven Klassifikation heraus, sollen die »Mittelklassenlagen« eine konturierte soziale Formation namens Bürgertum mit ihren privilegierten Ansprüchen und Interessen indizieren, »so muß sich der Begriff Bürgertum auf die Erfassung spezifischer Vergesellschaftungen von ›Mittelklassen‹ zu sozialen Einheiten richten, die Träger bestimmter ökonomischer, sozialer, kultureller und politischer Prozesse sein können.«[6] Bereits hier nimmt Lepsius die *Kultur* als eigenständige Dimension der Vergesellschaftung jener Trägergruppen zum allgemeinen Bürgertum mit in Anspruch. Das entspricht ihrer eben bereits genannten Autonomie als übergreifende Sinnquelle der verschiedenen relevanten Gruppen. Auch ohne Spitzfindigkeit lässt sich das so verstehen, dass die

4 Mario Rainer Lepsius, Zur Soziologie des Bürgertums und der Bürgerlichkeit, in: ders., Interessen, Ideen und Institutionen, Opladen 1990, S. 153-169.

5 Ebd., S. 153.

6 Ebd., S. 153.

bürgerliche Kultur bereits an der Wiege zur gesellschaftlichen Formierung des Bürgertums stand und nicht erst ihr gesellschaftliches Produkt war, als ein Epiphänomen, das eine politisch-gesellschaftliche Basis des Bürgertums zur Voraussetzung hatte. Das wird noch deutlicher, wenn Lepsius den Begriff der Vergesellschaftung mit Blick auf einen soziologischen Begriff leitender Wertbeziehungen genauer ausführt. Die Vergesellschaftung »gründet sich einerseits auf Interessen, andererseits auf Wertorientierungen, über die diese Interessen handlungsleitend werden.«[7]

Nun reicht aber dieser ideelle Faktor der Wertorientierungen im Falle der Vergesellschaftung der relevanten Trägergruppen zum allgemeinen Bürgertum noch tiefer, nämlich bis in die Formation ihrer Interessen selbst hinein. Das liegt an der sozialstrukturellen Heterogenität der Mittelklassen im Gefüge der gesellschaftlichen Arbeitsteilung und damit ihrer Interessenlagen. »Nicht die Existenz bestimmter Berufe und ökonomischer Lebenslagen führt schon zu Existenz des Bürgertums«[8] – und das wie gesagt nicht nur, da die darin verwurzelten Interessenlagen einer handlungsleitenden Wertorientierung bedürften, sondern, da diese Interessenlagen sich als spezifisch bürgerliche überhaupt erst herstellen durch Bezug auf einen Wertehorizont, der ihre gesellschaftliche Synthesis erlaubt. »Die Formierung der gemeinsamen Interessen wird inhaltlich bestimmt durch eine vorgestellte und erstrebte Sozialordnung, auf deren Verwirklichung oder Erhaltung sich gemeinsame Handlungsorientierungen richten [...] und auf die hin die Angehörigen einer solchen Handlungseinheit in der Generationsfolge sozialisiert werden.«[9] Diese autonome kulturelle Basis der Vergesellschaftung der verschiedenen Mittelklassenlagen zum Bürgertum macht Lepsius schließlich vollends deutlich unter der Überschrift: »Die *Idee* der bürgerlichen Gesellschaft«. »Die welthistorisch einzigartige Rolle des Bürgertums bei der Zersetzung des absolutistischen Königtums, der Auflösung der altständischen Gesellschaftsordnung und der Freisetzung der Marktkräfte in der zweiten Hälfte des 18. Jahrhunderts und im 19. Jahrhundert beruht auf der Kraft einer Ordnungsidee, welche die Einzelinteressen der bürgerlichen Fraktionen zu verbinden vermochte. Bloß klassenspezifische materielle Interessen hätten diese Vergesellschaftung heterogener ›Bürgertümer‹ nicht zustande gebracht. Zur Formulierung des welthistorisch mächtigen Bürgertums bedurfte es eines ideellen Interesses, das die unterschiedlichen materiellen Interessen verbinden konnte. Dieses ideelle

7 Ebd., S. 154.
8 Ebd., S. 155.
9 Ebd., S. 154.

Interesse wurde durch Intellektuelle artikuliert und mit den Machtmitteln des Wirtschaftsbürgertums durchgesetzt. [...] Die Idee der Bürgerlichen Gesellschaft entwickelte sich in der bürgerlichen Aufklärung und umfaßt eine neue politische Ordnungsidee, eine neue Wirtschaftstheorie und eine neue Strukturvorstellung für die Gesellschaft. [...] Dazu tritt die neue Bildungsidee des sich selbst bildenden und religiös nicht bevormundeten Individuums.«[10]

Der Blick auf die zentrale Rolle von Ideen und Bildung für die gesellschaftliche Formierung des Bürgertums gibt Lepsius die Möglichkeit, sein Fraktionsmodell des Bürgertums oder der »Bürgertümer«, aus denen sich nicht zuletzt durch die gemeinsame Orientierung an einem übergreifenden Wertekanon das allgemeine Bürgertum vergesellschaftete, noch zuzuspitzen. Zunächst wird die Ausgangsunterscheidung zwischen Wirtschafts- und Bildungsbürgertum zunehmend aufgefächert und dabei erweitert: Es gibt bürgerliche Fraktionen innerhalb von vier Strukturprinzipien oder strategischen Großbereichen: der Ökonomie qua Kapitalismus (Finanz–, Handels- Industriebürgertum), der rational organisierten Bürokratie (Verwaltungsfachleute), der Politik qua Demokratie und den qualifizierten freien Berufen bzw. Professionen (die nicht einfach den anderen Bereichen zurechenbar sind). Letztere nehmen eine zentrale Bedeutung ein, da sich unter diesen auch die Träger der konstitutiven *Ideen- und Bildungsgehalte* befinden, worunter Lepsius vor allem die Intellektuellen aufführt. Die Autonomie der Kultur bekommt hier eine erste soziologische Verortung. »Entstanden ist diese neue Ordnungsidee durch die soziale Organisation von Intellektuellen außerhalb von Staat und Kirche in Geheimgesellschaften, Clubs, Logen und Vereinigungen, die es vorher nicht gab. [...] Die Neuerung liegt in der sozialen Organisation der Intellektuellen, in der Formierung eines ›Bildungsbürgertums‹, in das auch intellektuelle Adlige einbezogen wurden. Es gelingt diesen Intellektuellen-Vereinigungen, eine Öffentlichkeit herzustellen und einen überlokalen, breitere Kreise einbindenden *Diskurs* zu entfalten, welche die Voraussetzungen für die Vergesellschaftung der bürgerlichen Schicht bildeten.«[11] Lepsius wäre hier bereits innerhalb seines Fraktionsmodells des Bürgertums zu ergänzen, da nicht nur der Aufstieg des politischen Intellektuellen, sondern auch der der autonomen Wissenschaften und der autonomen Kunst zur Formation der Grundlagen der bürgerlichen Welt entscheidend beigetragen haben. Dabei wäre im Falle der Musik eine wesentliche Modifikation

10 Ebd., S. 154.
11 Ebd., S. 162.

anzufügen: Die Autonomisierung der Musik war erst im zweiten Schritt eine Sache des Bürgertums. Primär hat sie sich vollzogen unter dem Dach feudaler Patronage – vor allem im Habsburgerreich, in dem aus Gründen einer speziellen Form der Herrschaftslegitimation das Komponieren nicht nur mit ungeheuren Ressourcen, sondern gleichzeitig quasi-kollegial im Sinne eines künstlerischen Universalismus gefördert wurde. Das Feudalsystem fungierte in diesem Fall als Statthalter der bürgerlichen Öffentlichkeit – offenkundig zu sehen vor allem an der Trias Haydn, Mozart und Beethoven.[12]

Doch nun weiter zu Lepsius, unserem Ausgangsmodell. Die Formierung des Bürgertums als »Bildungsbürgertum« würde eine signifikante Zweiseitigkeit besitzen. Es ist einerseits Publikum eines *öffentlichen* Diskurses und andererseits gleichzeitig ein neuer *privater* Raum. Beides gehört untrennbar zusammen, so dass man an dieser Stelle schon sagen kann, dass die Autonomie des bürgerlichen Subjekts sich nicht idealiter erfüllt im Rückzug ins private Leben, sondern in einer doppelseitigen Bewohnerschaft, in der zur privaten Position immer auch der Bezug auf eine davon unterschiedene eigene öffentliche Position mit eigenen Bewährungschancen gehört. Es ist daher unsinnig, die Unterscheidung privat/öffentlich gleichzusetzen mit der zwischen individuell und rollenbestimmt. »Diese Vergesellschaftung von Intellektuellen [...] formiert eine neue Schicht: das ›Bildungsbürgertum‹. Dieses konstituiert sich durch freie Vereinigungen von Privatpersonen, deren Qualität selbsterworben und noch nicht von Bildungspatenten abgeleitet ist. Die Ausformung einer durch Eigentumsrechte und Bildungsinhalte materiell und ideell ausgegrenzten Privatsphäre sprengt die altständische Zuordnung zu kollektiven Verbänden, setzt das Individuum autonom und verpflichtet es auf selbstverantwortete Selbständigkeit.«[13] Dies setzt einen Prozess der *öffentlichen Verbreitung* der neuen Ideen und Bildungsideale voraus. »Aus dem Geflecht neuer Kommunikationsformen – Zeitungen, Lesegesellschaften, der Briefkultur und der Bildungsreisen – entsteht eine neue Öffentlichkeit quer zur absolutistischen Staatlichkeit und orthodoxen Kirchlichkeit.«[14]

Lepsius spitzt nun sein Modell des Bürgertums in weiteres Mal zu mit der Einführung des Begriffs der »Bürgerlichkeit«. Der besagten Bedeutung von Ideen und Bildungsidealen für die Konstitution des Bürgertums auf voller Breite entspricht, so Lepsius, auch eine spezifische Art der »Lebensführung« mit übergreifenden Merkmalen. Lepsius nennt

12 Siehe dazu den folgenden Beitrag.

13 Lepsius Zur Soziologie des Bürgertums und der Bürgerlichkeit, S. 162.

14 Ebd., S. 162.

sie »Bürgerlichkeit«. »Dem vergesellschafteten Bürgertum entspricht eine spezifische Art der Lebensführung, die man als Bürgerlichkeit bezeichnen kann. [...] Das Bürgertum ist die Vergesellschaftung von Mittelschichten, die Bürgerlichkeit ist die typische Art der Lebensführung dieser Vergesellschaftung. Sie ruht auf Sozialisationsprozessen, die spezifische Wertorientierungen, Verhaltensweisen und Konventionen prämieren. [...] Als ständische Vergesellschaftung wird Bürgerlichkeit repräsentiert durch Sprachformen, spezifische Symbolsysteme, Konnubium und Kommensalität.«[15]

Es wirft ein bezeichnendes Licht auf die Konstruktionsprobleme, die hier zu bewältigen sind, wenn selbst Lepsius schließlich einer Reduktion seines eigenen Modells nicht ganz entgeht. Das zeigt sich, wenn er die *Bildungsdimension* der bürgerlichen Vergesellschaftung unter der Hand aus einer in universalistischen Grundwerten verankerten Sphäre geistiger Leistungen zu einer ständischen Zusatzqualität macht. In einen Selbstwiderspruch gerät er dabei, da er gleichzeitig mit zwei verschiedenen Begriffen von Bildungsbürgertum haushaltet. Einerseits ist jeder Bürger als Vertreter einer neuen, postfeudalistischen Wertevorstellung auch als ein Bildungs- oder Kulturbürger anzusehen, andererseits fallen »Bürgerlichkeit« – als gelebte Realisierung der Wertevorstellungen des Bürgertums – und »Bürgertum« für Lepsius nun aber keineswegs zusammen. »Bürgerlichkeit und Bürgertum sind Korrespondenzbegriffe ohne volle Deckungsgleichheit. [...] Wenn man auch nicht von einer Identität aller Teile des Bürgertums mit der ›bürgerlichen Kultur‹ sprechen kann, so ist im 19. Jahrhundert doch eine zumindest in der Generationsfolge erfolgreiche Sozialisationskraft der ›bürgerlichen Kultur‹ für eine ständische Vergesellschaftung des Bürgertums festzustellen.«[16] Lepsius argumentiert hier ersichtlich aus der Perspektive der Weberschen Unterscheidung von Klasse und Stand und kann sich dabei nicht in der erforderlichen Weise von seinem Fraktionsmodell befreien, das das Bürgertum durch eine Klassifikation seiner Trägergruppen und ihrer Eigenschaften bestimmt. Die bürgerliche Kultur reduziert sich dabei auf eine Symbolausstattung ihrer Trägergruppen im Dienste schicht- und berufsspezifischer Prestigebildung – und gerät dabei in Widerspruch zu sich selbst, da sie aus ihren universalistischen Ideengrundlagen partikularistische Distinktionen macht. Wie groß die Gefahr dabei ist, das eigentliche Problem aus den Augen zu verlieren, nämlich: wie lässt sich *soziologisch* die ideengeleitete Konstitution einer historischen Epoche

15 Ebd., S. 167.
16 Ebd., S. 168.

begreifen, zeigt etwa die analoge Erweiterung des klassentheoretischen Modells von Bürgerlichkeit durch den Standesbegriff bei Pierre Bourdieu, die direkt in die ideologische Totalkritik an dem Gegenstand hineinführt.

Hier nun weist die anfangs erwähnte Studie von Tenbruck über bürgerliche Kultur ein Stück weiter. Lapidar stellt er fest: »Demgegenüber lehren die Tatsachen immer wieder, dass die bürgerliche Kultur durch das Bürgertum als Klasse oder Stand [...] nicht hinreichend erklärt und verstanden werden kann. [...] Es standen eben hinter den ›bürgerlichen Tugenden‹ von Anfang an Ideen, die über jene hinauswiesen.«[17] Tenbruck spricht wie Lepsius von der konstitutiven Rolle von »Ideen« für die Vergesellschaftung und Reproduktion des Bürgertums, aber eben in dem Sinne, dass die bürgerliche Gesellschaft immer auch von Grund auf eine Kulturgemeinschaft jenseits der ständischen Differenzen sei: »Indem die Eigensphäre einer säkularen Kultur mit eigenem und wachsendem Publikum entsteht, vollzieht sich so ein kultureller Vergesellschaftungsprozess, der bisherige regionale, soziale, ständische und religiöse Differenzen, wenn nicht ausschaltet, so doch überbrückt. Jenseits der Trennlinie der gesellschaftlichen Entwicklung bildete sich eine Kulturgemeinschaft im Maße der Orientierung an dieser Kultur. [...] Denn gerade auch die persönlichsten, wirtschaftlichen, sozialen und politischen Lebensfragen erwiesen sich ja nun stets als individuell wie sozial nur noch beantwortbar durch *den Bezug auf ihre im Raum der Kultur geführte Erörterung, Deutung und Begründung.*«[18] Mit dieser Diagnose lugt das Tenbrucksche Modell ein klein wenig über das Dilemma hinaus, das die gesellschaftheoretische Klassifikation des Phänomens mit sich führt: Entweder sie reduziert die bürgerliche Kultur auf die Symbolik ihrer Trägerfraktionen, also zunächst der avantgardistischen Intellektuellen, Philosophen und Künstler, deren Ideen dann von den anderen Fraktionen des Bürgertums als Standessymbolik aufgenommen werden. Oder man versteht die »Eigensphäre der bürgerlichen Kultur« als ein nur geistesgeschichtlich erfassbares Reich von Ideen und kommt dabei soziologisch zu demselben Resultat, da dieses Eigenreich soziologisch wiederum nur in den Blick tritt als semantisches Reservoir der symbolischen Ausgestaltung der verschiedenen gesellschaftlichen Gruppierungen. Das Modell der Leitsemantik reicht also nicht aus. Wenn die bürgerliche Welt tatsächlich bis ins Innerste durchdrungen sein soll von einer neuen Eigenlogik oder Autonomie der Kultur, dann entfaltet

17 Tenbruck, Bürgerliche Kultur, S. 262 f.

18 Ebd., S. 260 f.

diese sich in jedem Handlungsbereich dieser Welt auf je spezifische, eben autonome Weise. Die Leitsemantik wäre dann nur ein erster und initiierender generalistischer Entwurf dieses Prozesses, der seinerseits nur ein Differenzierungsprozess sein kann.

In der Tat zeigte sich die Entstehung der bürgerlichen Welt ja in großem Maßstab durch das soziologisch allbekannte Auseinandertreten von Politik, Wirtschaft, Administration, Wissenschaft, Kunst, Recht, Medizin (u.a.) in eigenlogische Sphären, die nicht mehr »gedeckelt« waren durch ein umfassendes religiöses Weltbild. Sie waren stattdessen ein *je spezifischer* Ausdruck des von Max Weber so genannten okzidentalen Rationalisierungsprozesses. Je spezifisch: Das heißt, das Klischeebild von der übergreifend uniformierenden Rechenhaftigkeit mit ihren kompensierenden expressiven Gegenwelten kann von vorneherein nicht stimmen. Denn *jeder* Bereich ist auf seine Weise eigenständiger Ausdruck dieser Rationalisierung genannten Autonomisierung des Geistes. Aber wie sieht das bei der Kunst aus bzw. der Musik im Besonderen und was heißt das eigentlich soziologisch: Autonomisierung des Geistes? Es ist klar, dass diese Frage von der Soziologie, soweit sie auf gesellschaftstheoretischer Klassifikation fußt, wie bei Lepsius und Tenbruck, nicht beantwortet werden kann – sie kann keinen Begriff des Geistigen im Handeln selbst formulieren, letztlich spricht sie nur von institutionalisierten und habitualisierten Werten. Aber welche Soziologie kann hier weiterhelfen? Nun, sie müsste auf jeden Fall Handeln primär als Sprechhandeln begreifen, also als einen Prozess, der sich entfaltet in der interaktiven Sequenzierung von Symbolelementen, Worten bzw. Sätzen. Handeln als Konstruktion von Symbolsequenzen ist in sich gleichzeitig materiell und geistig, materiell, da geführt durch konkrete Handlungsprobleme und Situationstypen von Sozialität, geistig, da sinnlogisch rekonstruierbar – d.h. auch, intersubjektiv interpretierbar nach klärbaren Kriterien der Geltung. Das wäre bereits *eine* Dimension für die soziologische Bestimmung jener Autonomisierung der Kultur im Prozess der Modernisierung: die Ausdifferenzierung von Orten, die reserviert sind für die intersubjektive Klärung von Geltungsgründen im Sinne der Logik des besseren Argumentes, also nach universalistischen Kriterien der Geltung – Diskursorte wie Salons und Medien der Kritik wie die Presse mit ihren Publika. Diese Bezugnahme auf universelle Standards der Geltung wäre der allgemeinste Aspekt jenes Prozesses – dazu gehört auch die hypothetische Konstruktion von Idealmodellen, die in die Handlungsorientierung mit eingehen. So ließe sich auch Tenbrucks eben zitierte Formulierung übersetzen: »Denn gerade auch die persönlichsten, wirtschaftlichen, sozialen und politischen Lebensfragen erwiesen sich ja nun stets als individuell wie sozial nur noch beantwortbar durch den Bezug auf ihre im Raum der Kultur geführte Erörterung, Deutung und Begründung.« Dabei gilt es jedoch zu beachten, dass dieser Bezug in jedem Bereich anders aussieht. Die Übertragbarkeit jeder Lebensfrage in den Bereich der intersubjektiven Geltungsklärung ist das eine. Aber bevor Geltungsgründe eines Handelns diskutiert werden können, müssen diese sich erst konkret vollziehen können, wobei die Perspektive möglicher Geltungsklärung zwar in den Vollzug mit aufzunehmen ist, diesen aber nicht ersetzen kann. Sonst hypostasiert man eben die methodisierte Geltungsklärung als solche bzw. das Moment der reinen Explikation mit seinen institutionellen Ausprägungen, Philosophie und Wissenschaft, zu übergeordneten Autoritäten. Damit wäre jedoch der offene gesellschaftliche Differenzierungsprozess im Zuge der Autonomisierung der Kultur halbiert – damit wäre auch eine wesentliche Qualität des Universalismus, sein Vollzug in einer Unendlichkeit möglicher individueller Repräsentationen, zerstört zugunsten eines bloßen Formalismus. Die Klärung des kulturellen Universalismus kann sich nur vollziehen auf der Basis der Bearbeitung immer neuer kultureller Problemlagen, und diese werden geschaffen auch in der konkreten Werte- oder Normenbeziehung wie im Bereich der Herrschaftslegitimation oder der Herstellung von Gerechtigkeit.

Zu diesen universalistischen Autonomisierungsformen der Praxisdimensionen Explikation und Werte- bzw. Normenbezug käme nun u.a. auch die der Gestaltbildung. Worin wäre diese verankert und welche Rolle spielt sie im Rationalisierungsprozess? Verankert ist sie in der unhintergehbaren Typizität des Handelns bzw. von Handlungsfiguren, sei es von Individuen oder Konstellationen. Die symbolhafte Konstruktion von Handlungsprozessen ist das eine. Sie gibt dem Handeln die Logik, aber was gibt der Logik die Richtung, die dann handlungslogisch vollzogen wird? Eben diese Typizität, wie sie primär ästhetisch repräsentiert wird, durch flüchtige gestische Pointierungen etwa und vor allem durch die musikalische Dimension des Handelns, die Sequenzierung von Intonationskonturen. Das moderne, bürgerliche Individuum wäre eine Steigerungsform dieser Gestaltdimension von Praxis im Sinne universalistisch gestalteter Kriterien lebenspraktischer Autonomie. Nicht zufällig hat es dabei von Anfang an partizipiert an den methodischen Modellversuchen der Gestaltbildung in der autonomen Kunst, wenn es sich nicht gleich *selbst* zum Kunstwerk gemacht hat, wie im Falle des Flaneurs. Aber was heißt das konkret? Also: Partizipation an den gestaltlogischen Modellversuchen der Kunst? – denn damit wäre genau der Ort der musikalischen Autonomie innerhalb der bürgerlichen

Kultur bezeichnet. Dazu müsste man die Form-Gestalten der Kunstmusik nach ihrem Ausdrucksgehalt befragen – etwa als idealtypische Konstruktionen von Intimität. Kann die Musikwissenschaft hier Unterstützung leisten? Wohl nicht, dann genau das macht sie nicht, da sie das individuelle Leben der Werke entweder unter tektonische Hülsen und technische Muster subsumiert oder nach Markierungen außermusikalischer Inhalte abklopft. Die Soziologie ihrerseits weiß recht wenig über den ästhetischen Gehalt von Praxis, sieht man von Randfiguren wie Alfred Schütz, Helmut Plessner, Merleau-Ponty oder in gewisser Weise auch Adorno einmal ab. Und entsprechend ist ihr die autonome Kunst, insbesondere die Musik, als soziales Phänomen weitgehend verschlossen. Die »Musiksoziologie« als eigenes Fach kann man in diesem Zusammenhang außer Acht lassen, da sie nach Adorno in der Hand des Banausentums ist. Was also lässt sich daher soziologisch sagen zur Ausgangsfrage nach dem Verhältnis von bürgerlicher Kultur und musikalischer Autonomie? Bislang noch nichts.

8. Der Domestik als Künstlerkollege des Fürsten

Die Geburt des autonomen Komponisten im Schoße des Feudalismus[1]

Einer eingeschliffenen Erklärungsformel gemäß verdankt sich die Ausbildung des modernen Konzertlebens der Ausdifferenzierung eines bürgerlichen Musikmarktes. Im Rahmen dieser institutionellen Bestimmung wird es betrachtet als Frucht von organisatorischen Aktivitäten eines musikliebenden städtischen Bürgerstandes oder von Musikern, die sich unabhängig machen wollten von den Strukturen des feudalen Musiklebens. In der Betrachtung der Sache als Bestandteil einer ständischen Form der Lebensführung – die mittlerweile überholt sei – und eines betriebsförmig und nach Marktkriterien organisierten Aufführungsapparates kommt sie ausschließlich als Verwertungsprozess in den Blick, sei es als symbolischer oder als ökonomischer. Notorisch geraten hier zwei Schlüsselperspektiven aus dem Blick: die Rolle einer universalistischen Werteorientierung für die übergreifende epochenbildende Vergesellschaftung von Trägern und Institutionen und die Entstehung dieser Werteorientierung, etwa der Ideale der Aufklärung, in der feudalen Welt. Ohne die Würdigung dieser Perspektive lässt sich jedoch die vergesellschaftungskonstitutive Dimension der universalistischen Öffentlichkeit und damit auch die Basis des modernen Konzertlebens nicht fassen. Denn auch dieses ist soziologisch geltend zu machen als Forum der Pflege und kritischen Beurteilung universalistischer geistiger Standards um ihrer selbst willen. Dazu gehört etwa elementar die Möglichkeit, ungestört hören zu können bzw. von Aufführungsorten, deren zentrales Pragma im konzentrierten Hören von Musik um seiner selbst willen besteht. Das schließt dessen Funktionalisierung zum Dekor einer privilegierten Lebensführung nicht aus, enthält aber gleichzeitig den zentralen immanenten Bezugspunkt der Kritik an ihr.

1 Veränderte Version des Aufsatzes »Der Fürst als Künstlerkollege und Volkspädagoge. Die Musik-Patronage im Habsburgerreich und ihre Bedeutung für die Autonomisierung des Komponierens«, in: Mäzenatentum oder Patronage? Neue Studien zum Verhältnis von Mächtigen und Kulturschaffenden, hrsg. v. Johannes Süßman und Christine Tauber (=Wissenskultur und gesellschaftlicher Wandel), Berlin 2007, S. 201-221.

Möchte man nun die gesellschaftlichen Voraussetzungen für die Entstehung des modernen Konzertlebens erfassen, reicht es nicht aus, diese nur als Bestandteil der Lebensführung von bestimmten Trägerschaften oder Bürgertümern einerseits und bestimmten Betriebsformen andererseits in den Blick zu nehmen. Vielmehr muss es darum gehen, auch unabhängig davon nach Vorgängerformationen einer universalistischen musikalischen Öffentlichkeit zu suchen, denen es um die qualifizierte Produktion und Aufführung von Musik als solcher ging. Es ist soziologisch naiv, hier von einem Gleichklang zwischen der Ausbildung dieser Orientierung und den Ausgangsformationen des bürgerlichen Lebens auszugehen – die Situation des späten Bach in Leipzig mit seinen Ambitionen, den Titels eines Hofkapellmeisters in Dresden zu gewinnen, sei nur als ein Beispiel von vielen möglichen genannt. Vielmehr muss davon ausgegangen werden, dass auch in der Musik die feudale Pflege der künstlerischen Praxis entscheidende Voraussetzungen für die Ausbildung einer modernen musikalischen Öffentlichkeit geliefert hat bzw. der Adel unter bestimmten Voraussetzungen auch als Statthalter dieser Öffentlichkeit in Frage kommt. Dabei möchte ich vorweg auf die entscheidende Studie von Martin Warnke über den Typus des Hofkünstlers verweisen,[2] in der das Klischee des kulturell nur an Repräsentation und Divertissements orientierten Aristokraten ebenso schlüssig demontiert wird wie das des per se nach kultureller Freiheit dürstenden Stadtbürgers. Gehörte für den Aristokraten bisweilen auch die ästhetische Urteilskompetenz zur Standesehre, so dachte der Stadtbürger oft genug nicht über den Rand seiner handhabbaren Geschmacksvorlieben hinaus. Die nachfolgenden Ausführungen versuchen am Fall der Musikpatronage im Habsburgerreich ein solches aristokratisches Kunstexpertentum zu porträtieren, das strukturell eher dem späteren Mäzenatum gleicht als dem Klischee des bloßen Domestikenregiments.

Die Regierungszeit von Ferdinand II. als Eröffnung einer Epoche

Historisch und strukturell lässt sich eine relative Anfangszäsur setzen mit der Machtübernahme durch Ferdinand II. (1619). Sechs zentrale Faktoren kommen hier zusammen:

2 Martin Warnke, Hofkünstler: zur Vorgeschichte des modernen Künstlers, Köln 1985.

(1) Wien wurde durch ihn zum Zentrum eines eigenen Habsburgerimperiums etabliert, das als kultureller Magnet nicht nur für die Aristokratie des Landes, sondern auch für die Internationale der Künstler wirkte. Zum einen richtete er bereits 1620 eine eigene österreichische Hofkanzlei ein, wodurch die Angelegenheiten der österreichischen Erblande getrennt wurden von denen des Heiligen Römischen Reiches. Zum anderen konnte er sein Regiment sowohl gegen die protestantischen Kräfte der Stadt[3] durchsetzen als auch gegen das andrängende böhmische Heer, dem die Protestanten Wiens die Tore zu öffnen drohten. Mit anderen Worten, er machte Wien zur katholischen Metropole.

(2) Die religiöse Dimension dieser zentralistischen Machtfestigung ist von entscheidender Bedeutung für die Konstitution der habsburgischen Musikförderung.[4] Ferdinand II. entstammte nicht nur einer radikal katholischen bayerischen Linie, sondern war überdies jesuitisch ausgebildet worden (seine herzogliche Erziehung durch Privatlehrer war ergänzt worden durch ein Studium an der Jesuitenuniversität von Ingolstadt). Nachdem Maximilian II. (1564–1576) innerlich schon sehr dem Protestantismus zugeneigt war und seine Nachfolger Rudolf II. und Matthias I. es mehr mit Überredung, Schmeichelei und List versucht hatten, war es bei Ferdinand mit der Nachgiebigkeit gänzlich vorbei. Er machte der schon weit gediehenen religiösen Transformation ein schnelles, gewaltsames Ende. Unter seiner Herrschaft konnte sich auch die jesuitische Bildungs- und Kulturpolitik mit voller Macht entfalten. Da dazu repräsentative Pracht, breitenwirksames Spektakel und ästhetische Verführung ebenso gehörte wie geistige Schulung, war dies für die Entfaltung der Künste höchst bedeutsam, das heißt hier vor allem: für Architektur und Musik. Letztere spielte nicht nur eine wichtige Rolle in der dramatischen Produktion der Jesuiten, sondern natürlich auch in der Kirche sowie im Hofleben und in der allgemeinen Schulausbildung.

3 Man sollte nicht vergessen, dass Rudolf II., Kaiser von 1576–1612, seinen Hofstaat nach Prag verlegte, da er sich als in Spanien erzogener Katholik in Wien nicht mehr sicher gefühlt hatte. Sein Nachfolger Matthias I. (1612–1619), residierte zwar kurze Zeit in Wien, hatte aber als Kaiser mit derselben Situation zu kämpfen. Erst mit Ferdinand II. gab es einen Umbruch.

4 Das Ineinander von religiöser Herrschaftslegitimation und Musikpflege war hier natürlich umso brisanter aufgrund der Bastionslage des katholischen Imperiums, das nicht nur dem zentraleuropäischen Protestantismus den Kampf angesagt hatte, sondern bis gegen Ende des 17. Jahrhunderts an der Frontlinie zum osmanischen Reich stand (dazu kam noch die Konkurrenz zum französischen Hof).

Die Forderung, die irdische Kunstmusik als Abbild der himmlischen Musik zur vollen Blüte gelangen zu lassen, hatte für eine imperiale Ordnung, die sich ihrerseits als Abbild der göttlichen verstand, weitreichende Folgen. Der äußere Ausdruck dafür war die zentrale Rolle der Musik für die Ausgestaltung des Hofzeremoniells und die Repräsentation der imperialen Größe.

Damit war es jedoch hier nicht getan. Ein Ethos der musikalischen Kunstausübung kann sich nicht nur auf die sensuell-performative Seite der Musik beschränken, sondern muss diese immer auch als verpflichtende »Macht des Geistes« verstehen, die nach professioneller Schulung verlangt. Zur Fürstenerziehung gehörte bei den Habsburgern daher spätestens seit der Gegenreformation eine musikalische Ausbildung, die weit über das hinausging, was an anderen Höfen – zumindest auf Dauer gestellt – gepflegt wurde. Üblicherweise wurden die Kinder des Kaisers auf jeden Fall vom Hoforganisten unterrichtet (so wurden die Kinder Ferdinands II., also: der spätere Kaiser Ferdinand III., der sich dem Komponieren zuwandte, der Erzherzog Leopold Wilhelm, der auch als Dichter und Verfasser von Libretti hervortrat, die Erzherzogin Cäcilia Renata und die Erzherzogin Maria Anna, unterwiesen vom Hoforganisten und späteren Hofkapellmeister Giovanni Valentini; zwischen den beiden Brüdern ist ein umfangreicher Briefwechsel über künstlerische Fragen erhalten). Der Unterricht umfasste meist mehrere Instrumente, Gesang und Satzlehre bzw. Komposition.

Die Unterordnung des Imperiums unter das Dach der katholischen Kirche bedeutete auch eine Gleichzeitigkeit von Asymmetrie und Symmetrie zwischen Kaiser und Volk. Einerseits repräsentierte der Kaiser als politischer Stellvertreter Gottes auf Erden die immanente Hierarchie der göttlichen Ordnung. Andererseits war er selbst Mitglied jener geistigen Gemeinschaft des Kirchenvolkes, das universalistisch in brüderlicher Gleichheit vor Gott steht. An dieser geistigen Vergemeinschaftung des Imperiums sollte die Musik wesentlichen Anteil tragen. Die jesuitische Indienstnahme der prächtig ausgestalteten Kirchenmusik als kollektives Lockmittel der Gegenreformation war hier nur die eine Seite der Medaille. Die andere bestand in einer tiefgreifenden Strategie der musikalischen Volksbildung mit Hilfe der Kirche – die auch zu einem singulären wechselseitigen Austausch von Kunst- und Volksmusik führen sollte. Die Verbindung von Kirchenmusiker (Organist und Kantor) und Lehrer sorgte für eine flächendeckende musikalische Alphabetisierung der Bevölkerung bis in den letzten Winkel des Reiches. Das führte u.a. zu einer Art musikalischem Volksbarock durch die volkstümliche Übernahme von Elementen sakraler Kunstmusik. Bereits aus der Mitte des

17. Jahrhunderts sind etwa Ankäufe von Noten der am Hofe gepflegten Musik für kleine Dorfkirchen dokumentiert. Der Erfolg dieser Strategie ist auch nachzulesen in Reiseberichten des 18. Jahrhunderts aus den Habsburgischen Ländern, darunter vor allem das musiksoziologisch höchst aufschlussreiche »Tagebuch einer musikalischen Reise« von Charles Burney, einem englischen Organisten und Cembalisten, der 1770 und 1772 Reisen an die Höfe und Residenzstädte in Frankreich, Italien, Deutschland, Österreich und Flandern unternommen hatte, um Material zu sammeln für seine große »Geschichte der Musik«. Aus Wien schreibt er:

Das Land ist hier wirklich sehr musikalisch. Ich hörte hier oft die Soldaten vor der Wache und auf den Posten, auch andre gemeine Leute vielstimmig singen. Einigermaßen erklärt die Musikschule im Jesuitencollegio in jeder römisch-katholischen Stadt diese Fähigkeit, allein es können auch andre Ursachen angeführt werden, und unter diesen sollte auch der gedacht werden, dass kaum eine Kirche oder Kloster in Wien sein wird, worin nicht täglich des Morgens eine musikalische Messe gehört wird, das heißt, worin ein großer Teil des Amtes in verschiedenen Stimmen gesetzt ist, von Sängern gesungen und außer der Orgel wenigstens von drei oder vier Violinen, Bratsche und Baß begleitet wird; und weil hier die Kirchen täglich voll sind, so muß diese Musik, wenn sie auch gleich nicht die schönste ist, gewissermaßen das Ohr der Einwohner bilden. [...] Aber die vortrefflichen Musiken, die der gemeine Mann täglich in der Kirchen umsonst anhören kann, tragen mehr dazu bei, den Nationalgeschmack an guter Musik zu verfeinern und zu bestimmen als irgend etwas anders, worauf ich mich bis itzt besinnen könnte.

Und zum dörflichen Musikunterricht schildert er eine Szene aus einem böhmischen Dorf namens Czaslaw:

Ich durchreisete das ganze Königreich Böhmen von Süden nach Norden; und da ich sorgfältig untersuchte, wie der gemeine Mann Musik lernte, so fand ich zuletzt, dass nicht nur in jeder großen Stadt, sondern auch in allen Dörfern, wo nur eine Lese- und Schreibschule ist, die Kinder beiderlei Geschlechts in der Musik unterrichtet werden. [...] Der Organist und Kantor Johann Dulsick und der erste Violinist an der Pfarrkirche, Martin Kruch, welche zugleich Schulmeister sind [sic!], machten mich völlig mit ihren Musikschulen bekannt. Ich besuchte eine, voll von kleinen Kindern beiderlei Geschlechtern, sechs bis elf Jahre alt, war, welche lasen, schrieben, auf der Geige, der Oboen, dem Basson und anderen Instrumenten spielten. Der Organist hatte in einem kleinen Zimmer seines Hauses vier Klaviere, und auf jeden übte sich ein kleiner Knabe; sein Sohn von elf Jahren war ein tüchtiger Spieler. […] Er [=der Organist, FZ] spielte auch eine Fuge aus dem Stehgreif über ein neues, gefälliges Subjekt und führte es meisterhaft aus. Meinem Urteil zufolge ist er einer der besten Orgelspieler, welche ich auf meiner Reise gehört habe.[5]

(3) Des Weiteren bedeutete der Regierungsantritt von Ferdinand II. innerhalb dieser imperial verankerten Musikpflege noch einen besonderen Schritt: Durch die Neuformierung der Hofkapelle setzte er die Anfänge einer eigenen Wiener Orchesterkultur. Ferdinand hatte seinen Grazer Hofstaat nach Wien mitgenommen, um dort eine neue kaiserliche Hofhaltung aufzubauen. Dazu gehörte auch eine eigene Hofmusikkapelle, die gegenüber den Kapellen seiner kaiserlichen Vorgänger eine entscheidende Erweiterung des Instrumentalistenkorpus aufwies. Nur langsam hatte die Hofkapelle sich zuvor aus der alten Begrenzung auf ein ausschließlich geistlichen Zwecken dienendes Vokalensemble (mit Organisten) gelöst, dem Trompeten und Pauker aus dem militärischen Bereich zur Seite gestellt waren (und vielleicht noch städtische Musiker). Bei Ferdinand II. wurden die Instrumentalisten gleichrangig, und die höfische Funktion der Musik erweiterte sich zur Dreifaltigkeit von Opernpflege, Kirchen- und Kammermusik.

(4) Dem entsprach ein ästhetischer Orientierungswechsel. Nachdem zuvor die Musik der »Niederländer« das Repertoire beherrscht hatte, wurde nun die Musik aus Italien gepflegt. Unter Ferdinand II. begann die Reihe italienischer Hofkapellmeister (zu denen später auch deutsche hinzukamen).

Der Wechsel hatte grundlegende künstlerische Bedeutung, da in ihm politische und religiöse Beweggründe sich verschränkten mit der Teilhabe an einem folgenreichen musikalischen Paradigmenwechsel. Italien war die Wiege eines »neuen Stils«, der um 1600 (zunächst vor allem in der Vokalmusik) die alte modale Polyphonie abzulösen begann und damit den Beginn des tonalen Komponierens einläutete. Aus dem Schoße der generalbaßfundierten Monodie, also aus einem harmonisch fun-

5 »Charles Burney, Tagebuch einer musikalischen Reise durch Frankreich und Italien, durch Flandern, die Niederlande und am Rhein bis Wien, durch Böhmen, Sachsen, Brandenburg, Hamburg und Holland 1770–1772. Aus dem Englischen übersetzt v. C.D. [ist auf dem Titelblatt selbst nicht ausgeschrieben] Ebeling, Aufseher der Handlungsakademie zu Hamburg, Hamburg 1772«, Wilhelmshaven 1980, S. 268 f. und S. 343 f. Burney versäumt nicht hinzuzufügen, seine Beobachtungen in Böhmen gälten auch für »Mähren, Hungarn und einem Teile von Österreich«, ebd., S. 347.

dierten Satz mit beweglichen Oberstimmen, entwickelten sich vor allem neue dramatische Gattungen und die autonomen Instrumentalformen Concerto, Triosonate sowie (mit älteren Wurzeln) Suite (dazu natürlich auch neue kontrapunktische Formen wie die Fuge, die viele Gesichter haben kann). Ferdinand II. pflegte überdies noch den spätvenezianischen mehrchörigen »Prunkstil« in der Tradition Giovanni Gabrielis, mit dem er auch befreundet war. Religiöse, politische und künstlerische Motive waren auch bei diesem musikalischen Richtungswechsel im Gleichklang, da die Gegenreformation, mit ihrer Implementierung der extensiven Musikförderung im Herzen des imperialen Selbstverständnisses, eben in Italien verwurzelt war, der wichtigsten Bezugskultur des Kaiserhauses. Noch in Graz hatte Ferdinand seinen damaligen Hofkapellmeister Pietro Antonio Bianco immer wieder nach Italien geschickt, um Musiker, Noten und Instrumente zu beschaffen. Von Wien aus setzte er diese Strategie fort und entsandte auch Mitglieder der Hofkapelle zu Studienaufenthalten nach Italien. Die Folge war unter anderem eine Flut von Widmungen italienischer Komponisten an ihn.

Die Italianisierung betraf nicht nur den Stand des Komponierens, sondern auch seine Breite. Sie erstreckte sich nicht nur auf repräsentative dramatische Gattungen und Kirchenmusik – Wien wurde zu einer der europäischen Zentren von Oper und Oratorium –, sondern auch auf die Instrumentalmusik. Dadurch kompensierte der Hof das Fehlen einer Hausmusik betreibenden bürgerlichen Mittelschicht in Wien, wie sie etwa charakteristisch war für die italienischen Städte.

Wenn auch mit ein wenig Verspätung, wurde so in Wien auch die Verwandlung der venezianischen Canzona di sonar in die Kirchensonate vollzogen, und etwa 1630 begann eine bei Hofe gepflegte Tradition der Triosonatenproduktion (begonnen vor allem durch Giovanni Battista Buonamente). Georg Muffat bringt 1682 das »Concerto grosso« Corellis aus Rom mit, und Johann Jacob Froberger gibt die von Frescobaldi empfangenen zwei Hauptrichtungen der Tastenmusik (auf der einen Seite Toccaten und Tänze bzw. die Suite, auf der anderen Seite die kontrapunktischen Gattungen) an die Wiener Organistenschule weiter – die im Übrigen traditionellerweise besetzt wurde durch deutsche Musiker. Schließlich wurde auch der höchst entscheidende Durchbruch eines takt- und kadenzmetrischen Satzes um 1730 in der Autonomisierung der Opernsinfonia zur Konzertsinfonie sofort aufgenommen, der von dieser aus die gesamte Instrumentalmusik revolutionieren sollte.

Die Verbindung mit Italien wurde durch Hochzeiten noch bekräftigt – und auch dies mit musikalischen Folgen. Nach dem Tod seiner ersten Frau, Maria Anna von Bayern, Mutter seiner vier Kinder, ehelichte Ferdinand II. 1622 Eleonora Gonzaga aus Mantua. Damit war er gleichzeitig mit einem der bedeutendsten Zentren des neuen Stils verbunden, denn der Hof von Mantua war europaweit bekannt als Ort einer glänzenden Musikpflege, an dem unter anderem Giovanni Gastoldi, Benedetto Pallavicino und nicht zuletzt Claudio Monteverdi tätig waren. Durch die dortigen Uraufführungen von dessen »favola in musica« *Orfeo* (gewidmet Francesco Gonzaga) im Jahre 1607 und der »opera« *L'Arianna* im Jahr darauf könnte man Mantua mit gewissem Recht auch als den Geburtsort der Oper bezeichnen. Unter dem Einfluss der neuen Kaiserin[6] hielt die Oper sehr rasch auch in Wien prunkvoll Einzug – und blieb dort eine der Hauptattraktionen des Hofrituals. Allein unter Leopold I., der eine gesamtkunstwerkartige Verbindung von Musik, Schauspiel, Tanz – auch Roßballett – prunkvoller Dekoration und raffinierter Bühnenmaschinerie besonders liebte, gingen über vierhundert Opern in Szene, fast jede davon geschmückt mit einer kaiserlichen Arie. Höhepunkt dieser Produktion war die 1668 zum Geburtstag der Kaiserin aufgeführte Festoper *Il pomo d'oro*[7] mit der Musik des Vizehofkapellmeisters Marc Antonio Cesti (der neben Francesco Cavalli als der herausragendste Vertreter der venezianischen Oper galt) und einem Text von Francesco Sbarra. Das Stück dauerte nicht weniger als acht Stunden und hatte 67 Szenen mit 23 Bühnenverwandlungen. Zu den weltlichen Dramen wie »Drama per musica«, »Festa teatrale« »Serenate« oder »Componimento per camera« kamen die geistlichen, etwa das »Oratorium« oder das in Wien beliebte »Sepolcro«.[8] Rechnet man noch die Instrumentalmusik hinzu, musste man den Eindruck gewinnen, dass das Wiener Hofleben sich in Musik auflöste. Wie in den anderen Gattungen vollzog man in Wien schließlich die verschiedenen Phasen der Entwicklung der italienischen Musik bis zur Mitte des 18. Jahrhunderts auch in der Oper incl. ihrer Auswirkungen in den Formen der Sakralmusik mit. Zu Beginn des 18. Jahrhunderts hatten in Wien Oper und Oratorium auch alle Eigenschaften der neapolitani-

6 Die italienische dritte Frau von Ferdinand III., die denselben Namen, Eleonora Gonzaga, trug, initiierte nach Vorbild ihrer Heimat die Gründung von Akademien am Kaiserhof. Leopold I. setzte diese Initiativen fort. Siehe etwa Elisabeth Hilscher, Mit Leier und Schwert. Die Habsburger und die Musik, Graz–Wien–Köln 2000, S. 115.

7 Diese war ursprünglich für die Hochzeit des Kaiserpaares im Jahre 1666 geplant, die ein Jahr lang gefeiert wurde, ist jedoch dafür nicht fertig geworden. Siehe dazu Hilscher (2000), S. 128 u. 134, Fn. 11.

8 Es bezog sich auf die Kreuzigung Christi und wurde am Gründonnerstag oder Karfreitag aufgeführt vor einem als »Heiliges Grab« ausgestalteten Altar.

schen Oper, die ab 1680 die »Seria« als Hauptform der Gattung durchsetzte, in sich aufgenommen (Oper und Oratorium waren dadurch auch kompositorisch strukturgleich geworden).

(5) Diese ästhetische Dimension der politisch-kulturellen Liaison mit Italien, also die Übernahme der »Seconda pratica«, kann allerdings erst hinreichend gewürdigt werden, wenn man im Auge behält, dass der »alte Stil« mit seinen kontrapunktischen Künsten auf Grund der gegenreformatorisch fundierten Hochblüte der Kirchenmusik weiterhin in einem Ausmaße gepflegt wurde, das in Europa vergleichslos war. Noch im 18. Jahrhundert gehörte etwa selbst der Palestrina-Stil wie selbstverständlich zur Hofmusik. Natürlich blieben auch in Italien, also der maßgeblichen Musiklandschaft dieser Zeit, bis ins 18. Jahrhundert Zentren der alten kontrapunktischen Kompositionsweise, etwa Bologna und natürlich Rom, erhalten, aber aufgrund der politischen und kulturellen Zerrissenheit des Landes blieben diese Zentren isoliert und lokalen Traditionen verhaftet,[9] während in Wien nicht nur viel mehr Mittel im Spiel waren (selbst wo sie das Kaiserhaus finanziell überforderten), sondern auch schon bald eine universalistische künstlerische Kommunikation zwischen den verschiedensten Traditionen und Gattungen eingerichtet war.

(6) Dazu gehört auch eine bei Ferdinand II. selbst noch nicht in Erscheinung getretene Folge dieser Zusammenhänge. Die Hinwendung zur italienischen Musik besaß ja immer schon zwei Dimensionen gleich-

9 Das ist auch der Grund, wieso die musikhistorisch bedeutenden italienischen Komponistengenerationen des 17. und 18. Jahrhunderts in Italien selbst relativ isoliert waren und nur im Ausland zu Berühmtheiten aufsteigen konnten, also in Amsterdam, London, Paris oder eben Wien. Das gilt selbst für Musikzentren wie Venedig: »Vivaldi, Albinoni, die beiden Marcello und Tessarini arbeiteten in Venedig praktisch isoliert von ihrer weiteren italienischen Umgebung. Ihr Wirkungsfeld waren San Marco und vor allem die berühmten Orchester der Waisenhäuser, daneben eine vermutlich nicht unbeträchtliche Hausmusikpflege in Dilettantenzirkeln der Patriziats und des begüterten Bürgertums der Handelsmetropole und ihrer österreichischen Kolonie.« Ludwig Finscher, Studien zur Geschichte des Streichquartetts I: Die Entstehung des klassischen Streichquartetts. Von den Vorformen zur Grundlegung durch Joseph Haydn, Kassel u.a. 1977, S. 25. Vivaldi etwa ist 1741 in Wien vereinsamt gestorben, kein Jahr nach dem Tod seines Gönners Kaiser Karl VI. und vermutlich auf der Suche nach einem Opernhaus, das Projekte von ihm realisieren würde, nachdem bei Hofe drastische Sparmaßnahmen die Musikförderung erheblich einschränkten.

zeitig: Sie war nicht nur gerichtet auf den benachbarten Stammsitz der Gegenreformation, sondern auch auf das musikalische Zentrum der damaligen Zeit als solches – und daher offen auch für musikalische Traditionen anderer Kulturen, wenn sie ästhetisch fruchtbar gemacht werden konnten. Das hatte einen singulären Schmelztiegel-Effekt. Begünstigt durch den internationalen Charakter des Habsburger-Adels (etwa durch die Hofkarrieren von Söldnerführern) trafen hier nicht nur – was damals überhaupt nicht selbstverständlich war – italienische und französische,[10] sondern auch niederländische, englische, slawische und magyarische Elemente aufeinander. Wenn Harnoncourt hier von dem »neutralen Boden«[11] schreibt, auf dem sich diese sammeln konnten, trifft er damit auch eine Eigenart des Habsburgischen Absolutismus, der aufgrund seiner vormodernen staatsreligiösen Fundierung keinen kulturellen Zentralismus pflegte, zu dem wesentlich die Kultivierung der eigenen Sprache gehörte (die imperialen Wiener Akademien etwa waren italienisch), daher auch die Musik als solche auf sein Schild gehoben hatte, in einer eigentümlichen Mischung aus historischer Retardierung und künstlerischem Universalismus.

Die habsburgische Geschichte ab dem 17. Jahrhundert war wesentlich geprägt durch die historische Reproduktion und weitere Differenzierung der durch Ferdinand II. in den Sattel gehobenen Musikkultur – mit ihrer Konstellation aus, zusammengefasst: imperialer Musikförderung im Sinne eines religiös begründeten *geistigen* Führungsanspruchs mit einer Kombination aus Reichtum der Mittel und musikalischen Expertentum des Fürsten, gleichzeitig als Mittel der kollektiven Integration und Feld der Volksbildung mit der Folge einer wechselseitigen Durchdringung von Kunstmusik und Volksmusik; innerer Verwandtschaft zur führenden Musikkultur Europas, also Italien, bei gleichzeitiger Beibehaltung der überwundenen alten Musiksprache, was eine Kombination oder Synthese von kunstvoll kontrapunktischem und dramatisch-virtuosem homophonem Stil, damit auch von profanen und sakralen Gattungen mit ihren verschiedenen Ausdrucksregionen bedeutete – und dies alles auf Dauer gestellt mit der reichsten Ausstattung.

Diese singuläre Konstellation hat sich zumindest durchgehalten bis zur Regentschaft von Karl VI. (1712–1740). Ihren Höhepunkt erreichte sie mit Leopold I. (1658–1705) – auch er jesuitisch erzogen und eigent-

10 Erst später, ab 1720 etwa, wurde der »vermischte Geschmack« als galante Spät-Form der Generalbaßmusik Mode, vor allem in Norddeutschland, und – nicht zuletzt durch das Wirken von Telemann – auch in Paris.

11 Nikolaus Harnoncourt, Österreichische Barockkomponisten – Versöhnungsversuche, in: ders., Musik als Klangrede, München 1985, S. 205.

lich für den geistlichen Stand vorgesehen –, der gleichzeitig der fruchtbarste Komponist unter den Kaisern war.[12] Bei ihm zeigt sich auch das Moment der »Kollegenschaft« zu den Musikern als Dimension der Symmetrie in der Beziehung zwischen Förderer und Künstler im Rahmen einer feudalistischen bzw. institutionellen Asymmetrie am deutlichsten.[13] Äußerer Indikator für dieses Moment war das Erstaunen ausländischer Beobachter über die Vertraulichkeit des Umgangs zwischen Kaiser und Hofmusikern. Froberger hat sogar regelmäßig Ferdinand III. auf dem Cembalo in den Schlaf gespielt, natürlich begleitet durch intime Gespräche. Dass gerade Leopold I. 1694 das Amt des »Hofkomponisten« einführte,[14] mag nicht nur mit der Notwendigkeit der Ämterdifferenzierung in dem ausgedehnten Musikbetrieb bei Hofe zusammenhängen, sondern auch mit dem Bestreben, ein herausgehobenes künstlerisches Gegenüber an sich zu ziehen.

12 Vgl. das »Verzeichnis der Kaiserwerke«, betreffend die Kaiser Ferdinand III., Leopold I. und Joseph I., in: Hilscher (2000), S. 245-250, Fn. 11. Vgl. auch Camillo Schäfer, »Gewaltig viele Noten…« Die Musik der Habsburger, Wien 1996.

13 Gottlob Eucharius Rinck, ein kaiserlicher Hauptmann, schreibt: »Der Kaiser ist ein großer Künstler in der Musik. […] wo etwas in der Welt gewesen, so dem Kaiser Freude gemacht, so war es unfehlbar eine gute Musik. Diese vermehrete seine Freude, diese verminderte seine Kümmernis, und man kann von ihm sagen, dass er unter allen Lustbarkeiten keine vergnügtere Stunde gehabt, als die ihm ein wohleingerichtetes Konzert gemacht. Man kunnte dieses absonderlich in seinen Zimmern sehen. Denn wie er das Jahr viermal zu changieren pflegte, nämlich aus der Burg nach Laxenburg, von da in die Favorita und dann nach Ebersburg, wo war in einem jedweden kaiserlichen Zimmer allezeit ein kostbares Spinett befindlich, darauf der Kaiser allezeit seine müßigen Stunden […] zubrachte. Seine Kapelle kann wohl die vollkommenste in der Welt genennet werden, und dieses ist gar kein Wunder, nach dem der Kaiser allemal selbst das Examen stellete, wenn einer darinnen angenommen werden, da denn blos nach Meriten und nicht nach Neigungen geurteilt ward […] Wenn der Kaiser in einem Konzert dieser seiner allezeit unvergleichlichen Kapelle war, so fand er sich so vergnügt, mit einer solchen unendlichen Attention, als wenn er sie dieses und zum allerersten Male hörte […] Sein Gehör war auch so scharf, dass er unter Fünfzig denjenigen merken kunnte, welcher einen Strich falsch getan.« Zitiert nach Harnoncourt, Österreichische Barockkomponisten, S. 203 f., Fn. 16.

14 Die Reihe der Hofkompositeure eröffnete Joseph Hoffer und nicht Johann Joseph Fux, wie immer wieder behauptet. Dieser war (1698) erst der dritte, nach Hoffer und Carlo Agostino Badia. Siehe dazu Hilscher (2000), S. 125 f.

Die kulturellen Folgen der »Dyarchie«. Die Musikförderung durch die habsburgischen Magnaten

Die Eigenart des imperialen Zentralismus im Habsburgerreich hatte noch eine weitere zentrale Konsequenz. Das österreichische Kaiserreich hatte es stets zu tun mit einer relativ autonomen und vor allem außerordentlich reichen Aristokratie, sei sie nun weltlich oder geistlich.[15] Vor allem in Böhmen und Mähren, aber auch in den österreichischen Ländern nur relativ abgeschwächt, hat sie sich seit dem 16. Jahrhundert als Magnatenherrschaft etabliert, die bis ins 19. Jahrhundert einen Hauptfaktor der politischen Macht und des kulturellen Reichtums darstellte, so dass man dafür den Begriff der Dyarchie geprägt hat im Gegensatz zu bzw. als entscheidende Modifikation einer absolutistischen Herrschaftsform. Neben der zentralen Bedeutung einer Gutsproduktion in großem Ausmaße für das Reich seit dem 16. Jahrhundert und der Schrumpfung des Kleinadels zugunsten eines Verbandes hocharistokratischer Familien, einer entsprechenden Konzentration von Gutsbesitz, potenziert durch eine radikale Annexion protestantischer Besitzungen zugunsten katholischer »Zeloten«, der im 15. Jahrhundert wiederum eine weltliche Aneignung geistlicher Güter durch die Hussiten vorausgegangen war, die Erhaltung der Einheit der Besitzungen durch vollständige Vererbung an den Erstgeborenen, die Robot-Bindung der Bauern vor allem nach den Bevölkerungsverlusten durch den Dreißigjährigen Krieg sowie eine hohe Fiskus–, Rechts und Verwaltungsautonomie der Aristokratie (die erst seit der Herrschaft von Maria Theresia eine leichte Minderung erfahren hatte) machte diese in Böhmen und Mähren im 17. Jahrhundert bald zur reichsten der ganzen Welt – was wiederum ihre politische Bedeutung steigerte durch ihre Rolle als Kreditgeber für den Kaiser. Gleichzeitig gab es eine hohe Loyalität gegenüber dem Kaiserhaus wegen der Besetzung des Hochadels – und so der zentralen Funktionen bei Hofe sowie kaiserlicher Verwaltungsstellen in den Ländern – durch Mitglieder katholischer bzw. rekonvertierter Familien, die so im

15 Vgl. dazu James Van Horn Melton, The Nobility in the Bohemian and Austrian Lands, 1620–1780, in: The European Nobilities in the Seventeenth und Eighteenth Centuries, vol. 2: Northern, Central and Eastern Europe. Ed. by Hamish M. Scott, London; New York 1995, S. 110-143. Jean Bérenger, Finances et absolutisme autrichien dans la secoande moitié du XVIIe siècle, Paris 1975, darin vor allem Chapitre III. Structures Politiques et Centralisation, S. 114-158. Ders., Die Geschichte des Habsburgerreiches 1273 bis 1918, Wien Köln Weimar 1995, v.a. Die Grundherrschaft und ihre wirtschaftliche Macht, S. 386-391.

Zuge der gegenreformatischen Unterdrückung des Protestantismus als Verbündete des Kaisers auf herausgehobene Weise gebunden worden waren.

Die Einheit von Ergebenheit und reich ausgestatteter Autonomie, die eine Situation jenseits der Alternative von Kleinstaaterei (auch, da die Besitzungen sich oft »translokal« durch verschiedene Länder erstreckten) und höfischer Neutralisierung des Adels schuf, hatte natürlich erhebliche kulturelle Folgen. Das vielberufene barocke Wien etwa wurde in entscheidendem Maße davon geprägt. Durch ihre hohen Stellungen bei Hofe benötigten die Aristokraten auch repräsentative Palais in der Hauptstadt (zwischen 1683–1749 entstanden nicht weniger als 64), die zum Teil prächtiger waren als die Hofburg (vor allem das Belvedere von Prinz Eugen von Savoyen). Entsprechend erblühte das Kunst-Mäzenatentum. Gerade durch die Orientierung an der umfassenden kaiserlichen Musikpflege konnte die Aristokratie nun auch in ein produktives Konkurrenzverhältnis zu dieser treten. Es entstanden so eine Reihe bedeutender Nebenzentren des weltlichen, aber auch des geistlichen Adels. Zu dem Konkurrenzverhältnis gehörte auch eine zunehmend stärkere Förderung künstlerischen Experimentiergeistes als bei Hofe – insbesondere unter Karl VI. machte sich inmitten der blühenden Musikmetropole Wien im Kaiserhaus selbst eine gewisse Erstarrung bemerkbar. Als eines der bedeutendsten Beispiele dafür wäre etwa das Stift Kremsmünster zu nennen.[16] Nikolaus Harnoncourt liefert dafür eine beredte Würdigung aus der Sicht des Musikers:

Außer der Wiener Hofkapelle gab es in den habsburgischen Ländern noch einige andere Kapellen, die, nach dem persönlichen Geschmack des jeweiligen Brotgebers zusammengestellt, die besondere Aufmerksamkeit des Kaisers genossen. Die bedeutendste davon gehörte dem Fürsterzbischof von Olmütz, Karl Graf Liechtenstein-Kastelkorn. Dieser reiche Kirchenfürst hatte sich Kremsier eine kolossale Sommerresidenz erbaut. Auf musikalischem Gebiet gehörte seine Vorliebe offenbar den extremen solistischen Leistungen. So engagierte er für sein Orchester die besten erreichbaren Solisten, darunter viele österreichische und böhmische Musiker. Fast jeder von ihnen war zugleich ein Komponist, und da dieses ausgesprochene Virtuosenorchester reichste künstlerische Anregung bot, entstand hier eine Fülle von Orchester- und Kammermusik, die sich von allem unterscheidet, was zu jener Zeit irgendwo in der Welt geschrieben wurde. Selbst der Kaiser war von diesem Orchester so begeistert, dass er jedes Jahr mehrmals nach Kremsier reiste, um dort in Musik zu schwelgen. Auch die kaiserlichen Komponisten

16 Altman Kellner, Musikgeschichte des Stiftes Kremsmünster, Kassel 1956.

schreiben für das »Liechtensteinische Orchester« ganz besonders kühne Musik, da diese dort am ehesten realisiert werden konnte.[17]

Die Musikförderung durch die habsburgische Aristokratie besaß vielerorts dieselbe Gleichzeitigkeit von feudalistischer Patronage und quasi-kollegialer Kennerschaft im Sinne einer gemeinsamen geistigen Passion wie bei den genannten Kaisern – was natürlich andere Fälle nicht ausschließt, also die bloße Pflege von Distinktion, die etwa in erheblichem Maße gewonnen werden konnte durch die Unterhaltung eines eigenen Orchesters (an zweiter Stelle stand eine eigene »Harmoniemusik«, also ein Bläserensemble). Aber zumindest, wenn der Aristokrat sich selbst mit Kennerschaft an der von ihm geförderten Musikpraxis beteiligte, dürfte diese Figur vorgelegen haben. Der musikliebende Magnat wurde umso bedeutender, je mehr aus Spargründen die kaiserliche Musikförderung reduziert werden musste – also mit Beginn der Regentschaft Maria Theresias. Das führte zwar (u.a.) wegen des Schwindens des nachzuahmenden kaiserlichen Vorbildes auch in vielen Fällen zu einer Auflösung der aristokratischen Hauskapellen – Anfang der 1790er Jahre waren diese passé[18] –, aber zu diesem Zeitpunkt war bereits eine Förderungskultur in den Sattel gehoben, die auch ohne diese Kapellen ein fruchtbares, kompositorisch sogar europaweit tonangebendes Musikleben in den Wiener Palais sowie in vereinzelten Fällen auch auf den Landgütern erlaubte. Als ein Beispiel sei auf die Avant-Première von Beethovens *Eroica* auf dem böhmischen Sommersitz des Fürsten Joseph Franz Maximilian von Lobkowitz im August 1804 verwiesen (die erste Wiener Aufführung fand am 20. Januar 1805 im halböffentlichen Sonntagskonzert der Bankiers Würth und Fellner statt, am 23. Januar gab es eine Privataufführung im Rahmen einer Akademie im Palais Lobkowitz, die öffentliche Uraufführung fand erst am 7. April dieses Jahres im Theater an der Wien statt). Auf Wunsch des anwesenden und faszinierten Prinz Louis Ferdinand von Preußen, der auch selbst komponierte, wurde das Stück dreimal hintereinander gespielt. (Beethoven hat ihm im selben Jahr sein Drittes Klavierkonzert gewidmet).

Zu den Magnaten gesellte sich noch der musikalisch expertisierte Residenzadel. Besonders bedeutend darunter etwa Gottfried Bernhard van Swieten, Sohn des Leibarztes von Kaiserin Maria Theresia,

17 Harnoncourt, Österreichische Barockkomponisten, S. 204.
18 Vgl. zu dieser Umbruchszeit Tia DeNora, Beethoven and the Construction of Genius: Musical Politics in Vienna, 1792-1803, Berkeley/Calif. 1995.

und selbst nach einem Medizinstudium[19] zunächst im diplomatischen Dienst, dann – seit 1777 – Präfekt der kaiserlichen Hofbibliothek (und dazu schließlich noch Präses der Zensur- und der Studienhofkommission). Van Swieten eröffnete bald nach seiner Rückkehr einen musikalischen Salon in der Hofbibliothek, in dem er seine Erfahrungen auf seinen Reisen, die er immer auch als ästhetische Erfahrungsreisen genutzt hatte, umsetzte. So hatte er als Diplomat bei Friedrich II. (1770–1777) auch Zugang zum Kreis der Musiker um die Prinzessin Anna Amalia, nahm Unterricht bei ihrem musikalischen Hauslehrer, dem Bach-Schüler Kirnberger, und lernte Friedrich Wilhelm Marpurg kennen, den führenden deutschen Musiktheoretiker der damaligen Zeit, der auch eine große Studie über die Fuge verfasst hatte. Daneben entstand so auch eine Verbindung zu Carl Philipp Emmanuel Bach, den er in Hamburg besuchte. Bei ihm gab er später auch sechs Streichersinfonien in Auftrag. In Wien fand van Swieten besonders fruchtbaren Boden für eine Wiederbeschäftigung mit dem stark aus dem Gesichtsfeld geratenen Werk Johann Sebastian Bachs – und darüber hinaus mit der alten Polyphonie im Allgemeinen. Er organisierte zunächst (jeden Sonntag von 12 bis 14 Uhr) Zusammenkünfte, auf denen von Wiener Musikern und Aristokraten nicht nur vierstimmige Motetten, Choräle und Kanons vorgetragen wurden, sondern auch Präludien und Fugen aus dem damals kaum bekannten *Wohltemperierten Klavier*. Noch Beethoven soll von van Swieten immer wieder bis in die Nacht hinein festgehalten worden sein, damit er ihm aus diesem Bachschen Werk vorspiele.[20]

Der keineswegs antiquarische Laborcharakter dieses Salons wird besonders deutlich durch die schöpferische Rolle, die er für Mozart gespielt hat. Dieser besuchte die Zusammenkünfte seit 1782 und schrieb für sie u.a. Streichquartettbearbeitungen von Bach-Fugen (die Erörterung der ästhetischen bzw. kompositorischen Folgen dieser Erfahrungen für Mozart im Verlauf der 1780er Jahre übersteigt den Rahmen dieser Skizze, sie sind generell gesagt als erheblich zu bewerten). In

19 1773 hat er in Rotterdam eine Abhandlung zur Musiktherapie veröffentlicht mit dem Titel »Musicae in medicinam influxus atque utilitatis«.

20 Für die Art der Beziehung zwischen beiden spricht, dass Beethoven sämtliche Billets, die ihm von dem Baron zugesandt worden waren, aufgehoben hat – und die Art der Kommunikation darin. So heißt es in einem dieser Nachrichten: »An Herrn [sic!] Beethoven in der Alstergasse No. 45 bei dem Herrn Fürsten Lichnowsky. Wenn Sie künftigen Mittwoch nicht verhindert sind, so wünsche ich Sie um halb neun Uhr abends mit der Schlafhaube im Sack bei mir zu sehen. Geben Sie mir unverzüglich Antwort. Swieten.« Zitiert nach Solomon, Beethoven, Frankfurt am Main 1987, S. 81.

den achtziger Jahren gründete van Swieten die »Gesellschaft der Associierten Cavaliere«, eine Vereinigung Wiener Aristokraten,[21] die sich der jährlichen Aufführung eines Oratoriums widmeten, oft in aktualisierten Bearbeitungen. So wurde Mozart von van Swieten beauftragt, verschiedene Oratorien Händels neu zu instrumentieren (darunter *Acis und Galatea*, KV 566, der *Messias*, KV 572, *Alexander's Feast*, KV 591, u.a.), 1788 leitete Mozart im Rahmen der Cavaliers-Konzerte eine Aufführung von Carl Philipp Emmanuel Bachs Oratorium *Die Auferstehung und Himmelfahrt Christi*. Symptomatisch sind auch die Namen der »associierten« Aristokraten, unter denen sich nicht nur eine Reihe von Widmungsträgern Beethovens und Haydns befinden, sondern auch die Hauptträger von Privatkonzerten in Wien,[22] darunter die Fürsten Esterházy, Lichnowsky, Dietrichstein, Lobkowitz, Kinsky, Paar, Liechtenstein, Schwarzenberg und die Grafen Erdödy, Appony, Fries, Harrach und Czernin. Die Konzerte fanden zunächst in der Hofbibliothek statt, später in den Palais von Fürst Esterházy oder Schwarzenberg. Bei großem Erfolg arrangierte van Swieten eine weitere Aufführung im (alten) Burgtheater. Orchester und Chor wurden vom Kaiserhof beigesteuert. Wie bekannt, gehören auch die beiden späten Oratorien Joseph Haydns in diesem Zusammenhang: van Swieten hat nicht nur die Texte der *Schöpfung* und der *Jahreszeiten* eingerichtet[23] (im Übrigen auch die Textfassung der *Sieben Worte des Erlösers*), die Uraufführungen der beiden Werke fanden auch im Rahmen der Cavaliers-Konzerte im Palais Schwarzenberg statt (1798 und 1801). Dass Beethoven van Swieten 1800 seine Erste Symphonie widmete, mag ein weiteres Schlaglicht auf die Bedeutung dieses aristokratischen *spiritus rector* werfen.

Eine weitere Besonderheit des Wiener Musiklebens im Zuge der Wanderung der kaiserlichen Musikförderung in die aristokratische war die Ausbildung von (privaten) Kammerkonzerten. Spätestens um 1800

21 Es sei hinzugefügt, dass fast Mitglieder der Cavaliers-Gesellschaft Freimaurer waren. Im Übrigen verdankt sich auch der Erfolg von Händel-Oratorien in England und auf dem Festland nicht zuletzt der Initiative von Freimaurer-Logen.

22 Vgl. die Auflistungen in der ebenso material- wie aufschlussreichen Arbeit von Mary Sue Morrow, Concert Life in Haydn‹s Vienna: Aspects of a Developing Musical and Social Institution, New York 1989: »Appendix Two: Private Concert Calendar«, S. 365-411, betreffend die Jahre 1761–1810 und »Appendix Four: Private Concert Patrons«, S. 463-472.

23 Vgl. Martin Stern, Haydns »Schöpfung«. Geist und Herkunft des van Swietenschen Librettos. Ein Beitrag zum Thema »Säkularisation« im Zeitalter der Aufklärung, in: Haydn-Studien 1 (1967), S. 121-198.

waren Kammermusik-Matineen in Wien fest eingeführt. Daraus entstanden auch die ersten professionellen Streichquartett-Vereinigungen. Um 1795 begann Ignaz Schuppanzigh mit seinem Ensemble regelmäßig freitags morgens in der Residenz von Prinz Lichnowsky und später auch in der von Prinz Rasumowsky Streichquartette aufzuführen. Das Ensemble gab sich auch einen festen Namen, hieß erst Schuppanzigh-Quartett, dann (ab 1808) Rasumowsky-Quartett. Zwei Jahre nach dem Brand des Palais von Rasumowsky (1814), mit dem er seinen wichtigsten Aufführungsort verloren hatte, ging Schuppanzigh nach St. Petersburg, um dort den Ruhm Beethovens auch in die russische Aristokratie hineinzutragen – wodurch auch der Grund gelegt wurde für den Auftrag zu den späten Quartetten durch Fürst Nikolaus Galitzin. Nach seiner Rückkehr nach Wien im Jahre 1823 wurde Schuppanzigh wieder zu einer der wichtigsten Interpreten Beethovens (und einem der frühesten von Schubert, der ihm das a-moll-Quartett widmete).

Ein soziologischer Einwand? Die verspätete bürgerliche Öffentlichkeit in Wien

Die genannten Entwicklungen im habsburgischen Konzertleben zeigen die Nichtkonkordanz zwischen der Ausbildung tragender Voraussetzungen einer musikalischen, an der Qualität von musikalischer Produktion und Aufführung als solcher interessierten Öffentlichkeit und der Emanzipation von Formen der bürgerlichen Welt. Das scheint auf den ersten Blick paradox: denn die Rede war ausschließlich von *nichtöffentlichen* Konzerten, und das hat seinen Grund. Wien war ein Spätstarter in der Ausbildung eines öffentlichen Konzertwesens und bis ins 19. Jahrhundert in dieser Hinsicht nicht zu vergleichen mit Paris, London, Hamburg oder Leipzig.[24] Selbst in kleineren mittel- und norddeutschen Städten gab es früher Initiativen, die zu einem regelmäßigen Konzertbetrieb führten, als in der Habsburgermetropole. Grundlage dafür war zum einen die Gründung von Vereinigungen aus Liebhabern und Musikern vom Typus des Collegium Musicum, der Akademie oder der Liebhaber-Gesellschaft, die schließlich zur Kombination aus eige-

24 Eberhard Preußner, Die bürgerliche Musikkultur. Ein Beitrag zur deutschen Musikgeschichte des 18. Jahrhunderts, Kassel; Basel 1950; Percy M. Young, The Concert Tradition: From the Middle Ages to the Twentieth Century, London 1965; Zum Stand im 19. Jahrhundert vgl. William Weber, Music and the Middle Class: The Social Structure of Concert Life in London, Paris und Vienna, New York 1975.

nem Konzertsaal, festem Orchester und regelmäßigen Konzertreihen (überdies wurde immer auch die Gründung einer Ausbildungsstätte angestrebt) führten. Folgenreich waren zum anderen unternehmerische Gründungen, meistens von Komponisten oder ausübenden Musikern, exemplarisch vor allem in London.[25] Um zu vergleichen: 1725 findet das erste Konzert der von Anne Dunican Philidor gegründeten »Concerts spirituels« in den Tuilerien statt. London erhält 1724 seine erste »Musikalische Gesellschaft«, gegründet durch ein Mitglied der königlichen Kapelle. Telemann führt gleich nach seinem Amtsantritt 1721 in Hamburg die ersten öffentlichen Konzerte im Drillhaus durch, 1729 gibt er erstmalig ein gedrucktes Programm heraus. 1743 wird in Leipzig das (vereinsgebundene) »Große Konzert« gegründet, das 1781 mit dem Umzug in das Messehaus der Tuchwarenhändler die Gestalt der (öffentlich subskribierbaren) »Gewandhauskonzerte« im eigenen Konzerthaus bekommt. 1761 wird in Hamburg mit dem Konzertsaal auf dem Kamp der erste große Saal dieser Art in Deutschland eröffnet. 1764 werden in London von Johann Christian Bach und Carl Friedrich Abel die »Bach-Abel-Konzerte« ins Leben gerufen, die 1783 fortgesetzt werden als »Professional Concerts« (zunächst unter Wilhelm Cramer) – letztere sind auch (unter Leitung des Haydn-Schülers Ignaz Pleyel) das Konkurrenzunternehmen zu den »Salomon Concerts«, für die Haydn geschrieben hat und aufgetreten ist. Daneben gab es die »Lady's Subscription Concerts« und anderes mehr. 1769 gründen de la Haye, der Generalpächter der Steuern, und der Baron d'Ogny in Paris die »Concerts des Amateurs«, für die Gossec das Orchester organisiert. Dieses geht – als möglicherweise damals größtes Konzertorchester der Welt – 1780 über in die »Société de la Loge Olimpique« unter Führung der gleichnamigen Freimauerloge (für diese hat Haydn 1785/86 seine sechs *Pariser Sinfonien* komponiert).[26] Im Übrigen wurde in Paris 1795

25 »England ist [...] das Land gewesen, in dem dank der kommerziellen Grundlage der neuen Musizierform das Konzertwesen zuerst in der breiteren Öffentlichkeit Fuß faßte. Man erkannte hier die großen wirtschaftlichen Möglichkeiten; der Merkantilismus führte zuerst in England zu einer liberalistischen Form aller Bildungsmomente, auch der Musikpflege. Selbst zeitgenössische Berichte geben zu, dass die öffentliche Musikpflege Englands aus dem dort ›herrschenden Handelsgeist‹ zu erklären sei. [...] Die Künstler wurden hoch honoriert, das Unternehmertum macht sich breit.« Preußner, Die bürgerliche Musikkultur, S. 27f.

26 Die Zugänge zu den Konzerten waren in Paris exklusiver als in London oder in den deutschen Städten, aber eben keine interne Sache der Aristokratie, wie in Wien. In London machte nur der Besuch des »concert of antient music« eine Adelszugehörigkeit oder Adelsbeziehung erforderlich. Grundsätz-

mit der Revolutionsgründung des Conservatoire auch die erste Musikhochschule eröffnet. Wenn von 1725 bis 1770 also europaweit die erste große Welle von Konzertgründungen stattfand, so erfasste sie 1770 bis 1800 auch die mittleren und kleineren Städte, vor allem in Gestalt von Liebhaberkonzerten. Dagegen kommt es in Wien, sieht man von wenigen höchst kurzlebigen Anläufen ab, erst 1812 zur Gründung einer »Gesellschaft der Musikfreunde«, und erst 1831 erhält die Stadt ihren ersten eigenen Konzertsaal »Unter den Tuchlauben«.[27] Vorher waren die öffentlichen Aktivitäten (organisatorisch und lokal) höchst zersplittert und gegenüber den aristokratischen zweitrangig – trotz künstlerisch so herausragender Ereignisse wie die Subskriptionskonzerte zur Fastenzeit, die Mozart 1784 und 1785 mit eigenen Klavierkonzerten im Trattnersaal und im Tanzsaal des Gasthofs »Mehlgrube« abgehalten hat (in dem im Übrigen kein Klavier stand, das musste zu jedem Konzert extra herangeschafft werden) – unnötig zu sagen, dass unter den Subskribenten für diese Reihen zum größten Teil (im Trattnersaal zu 92 Prozent) Aristokraten waren.[28] Die beiden großen Veranstaltungssäle in Wien außerhalb der Privat-Palais gehörten zu den beiden Hoftheatern, dem alten Burgtheater und dem Kärntnertortheater und wurden von dem imperialen Theater- bzw, Opernspielplan regiert. Aber man kann daran sehen, dass die historische Bedeutung dieser Situation nicht an ihrer institutionellen Oberfläche abgelesen werden kann, sondern nur auf der subkutanen Ebene der Strukturlogik der künstlerischen Problemlösung, die hier erste Modellelemente eines nur an ästhetischen Kriterien orientierten Musiklebens ausgebildet hat. Dazu gehörten natürlich primär die geeigneten Bedingungen einer an kompositorischer Qualität ausgerichteten Förderung. Dies lässt sich auch von umgekehrter aus Seite aus erkennen, also bei der Betrachtung der Metropolen der in Formation begriffenen bürgerlichen Moderne, deren musikalische Substanz von außen genährt wurde. So verliert der Verweis auf das internationale Niveau des Konzertlebens in Paris und London eines meist aus dem

lich unterscheidet Preußner heuristisch drei Typen von Konzertgründungen: »Wenn England die Wirtschaftsform, Frankreich die gesellschaftliche Seite im Konzert vornehmlich prägten, so machte Deutschland aus ihm eine Gemeinschaftsform.« Preußner, Die bürgerliche Musikkultur, S. 30.

27 Der Musikvereinssaal ist eine Blüte der Ringstraßenzeit und wurde 1870 als Architektur von Theophil Hansen (der u.a. auch die Akademie der bildenden Künste und die Börse gebaut hatte) eröffnet.

28 Heinz Schuler, Die Subskribenten der Mozart'schen Mittwochskonzerte im Trattnersaal zu Wien ao. 1784, in: Genealogisches Jahrbuch 23 (1983), S. 7-90.

Blick: Es waren kompositorische Importe, die das Bild bestimmten und denen die jeweilige heimische Produktion selbst nicht entsprach. Stefan Kunze resümiert dies klar für London und Paris:

Um die Situation auf eine Formel zu bringen: Paris zog die innovative Musik (damals vor allem die Sinfonie) an, diese ging jedoch nicht mehr von Paris, d.h. von der genuin französischen Musiktradition aus. Eine Darstellung der Verhältnisse wird somit je nach Gesichtspunkt sehr verschieden ausfallen müssen. Paris (und Frankreich) kann, wenn innermusikalisch die entscheidenden Kriterien herausgearbeitet werden sollen, nicht den herausragenden Platz einnehmen, den es beanspruchen müßte, wenn es in erster Linie um das Musikleben im 18.Jahrhundert ginge.[29]

Man sieht nun, dass selbst bei Kunze, also im Falle einer Studie, die an empirischem Einblick kaum zu übertreffen ist – und daher ist das Zitat daraus doppelt aufschlussreich –, die äußere, soziologistische Messlatte wirksam bleibt, denn die beiden Gesichtspunkte, von denen hier die Rede ist, lassen sich nicht voneinander trennen, und damit wird die Klassifikation »höfisch oder bürgerlich« als Bezugsdimension *auch* für den Stand des Musiklebens gesprengt.[30] Denn entscheidend ist hier ja die

29 Stefan Kunze, Die Sinfonie im 18. Jahrhundert. Von der Konzertsinfonie zur Opernsinfonie, Laaber 1993 (Handbuch der musikalischen Gattungen, Bd. 1), S. 233. Dabei handelt es sich mit Abstand um eines der besten Bücher zur Musik im 18. Jahrhundert, ein souveräner, mit großer analytischer Klarheit dargestellter Überblick über eine kaum überschaubare Materie. Das über Paris Gesagte gilt für Kunze, wie man an der Überschrift schon sehen kann, auch für London, ibid., S. 213-231 (»Sinfonie in London: Johann Christian Bach«). Hinzuzufügen ist, dass es hier auch nicht um eine vordergründige Nationalisierung des Autonomisierungprozesses geht, sondern darum, dass die innovativen Impulse an diesen Orten von wem auch immer (zunächst) nicht weitergeführt wurden. Die beiden Städte waren in diesem Sinne keine Produktionszentralen, sondern Orte von Sonderwegen (im Falle der Sinfonie in Paris kann man das etwa an Gossec sehen). Die entscheidenden Schritte zur Autonomisierung des Komponierens fanden ab der zweiten Hälfte des 18. Jahrhunderts im Habsburgerreich statt, nicht zuletzt, da dort die Instrumentalmusik eine immer größere Bedeutung bekam – während es etwa in Paris eher umgekehrt war, natürlich auch bedingt durch den epochalen Einschnitt der Revolution.

30 Ludwig Finscher liefert ein ähnlich gespaltenes Bild der Situation. Einerseits würde gelten: »Paris war im 18. Jahrhundert auch auf musikalischem Gebiet Frankreich, und es war wenigstens bis in die ersten Jahre der Regierung Louis XVI. hinein die musikalische Hauptstadt Europas, gerade auf dem Gebiet der Instrumentalmusik. [...] Während die Oper als ein ausschließlich höfisches, wenn auch einem breiteren Publikum zugänglichen Unternehmen

Frage nach dem gesellschaftlichen Kontext nicht nur der Vermittlung, sondern auch der Entstehung und Reproduktion der innovativen Musik bzw. innovativer kompositorischer Praxis. Es stellt sich also erneut die Frage nach dem Charakter jener geburtshelferischen Formationen, die im Zeichen vormoderner Verhältnisse das Konzertleben als Dimension der modernen universalistischen Öffentlichkeit entscheidend mit auf den Weg bringen konnten. Wie bereits angedeutet, ist zur Beantwortung dieser Frage der Blick von der historischen Oberfläche der kulturellen Institutionen auf abstrakte Strukturbedingungen zu wenden, die der inneren Logik einer spezifischen Problemlösungsform entsprechen.

Dazu gehört – zumindest im Falle der Musik in dieser Epoche – zunächst einmal eine universalistisch an der freien Entfaltung der Sache orientierte und auf Dauer gewährte Bereitstellung von ausreichenden finanziellen, organisatorischen und geistigen Ressourcen. Man kann an dem Ausgangserfordernis der sachgebundenen geistigen Orientierung auch schon sehen, dass der gesellschaftliche Kontext für die Kunst nicht platterdings einfach als Nährfolie schon da sein muss, sondern sich erst kristallisiert um eine verpflichtende, durch die Kunst selbst gesetzte

die Tradition der Hofoper Louis XIV. fortsetzte und von der Geschicken der Gattung jenseits der banlieue bis zum Buffonistenstreit kaum Notiz nahm, bildete sich schon zu Anfang des Jahrhunderts in der aristokratischen Fronde der Hauptstadt, besonders im Umkreis des Herzogs von Orleans, eine lebhafte Musikpflege aus, die sich vor allem auf instrumentale Kammermusik konzentrierte und so aus der Unmöglichkeit, das Opernmonopol des Hofes zu brechen, die Tugend der kulturellen Oppositionshaltung machte.« Andererseits teilt Finscher mit Kunze die ästhetische Einschätzung der heimischen Produktion in Paris, damit natürlich auch die implizite ihres gesellschaftlichen Nährbodens: »Das Repertoire konnte bis etwa 1760 kaum anders als weitgehend italienisch [wobei Komponisten aus Mannheim und Wien, etwa Wagenseil, ebenfalls eine zentrale Rolle spielten. FZ] sein, nachdem die moderne italienische Kammer- und Orchestermusik, deren Gegensatz zur konservativ erstarrten, auf die höfische Tafel- und Zwischenaktmusik beschränkten einheimischen Instrumentalmusik nicht nur begriffen, sondern enthusiastisch gefeiert wurde, einmal Fuß gefaßt hatte.« Finscher, Studien, S. 29 f. Nach 1770 stagnierte die Instrumentalmusik in Paris auf der Stufe, die von den Mannheimer Komponisten der zweiten Generation erreicht worden war. Lediglich Haydn wurde als ebenso unerreichbares wie exterritoriales ästhetisches Ereignis neu wahrgenommen. »Es zeigte sich bald, dass ein Weitergehen in Haydns Richtung Epigonalität, Nachahmung bedeutete. [...] Gossec jedenfalls, der herausragende französische Meister der Sinfonie und Bewunderer Haydns, gab trotz der beträchtlichen Anregung, die er durch Haydn für das eigene Schaffen erhalten hatte, das Komponieren von Sinfonien allmählich auf.« Kunze, Sinfonie, S. 236.

Aufgabe. Für die historische Betrachtung bedeutet dies die Rekonstruktion eines Hand-in-Hand-Prozesses von Kunst und Gesellschaft: Die musikgerechten Binnenstrukturen einer fraglichen Gesellschaftsformation müssen erst durch Musik als verpflichtendes Faszinosum geweckt worden sein, um dann rückwirken zu können auf einen bereits im Gange befindlichen künstlerischen Prozess – und die Kunstsoziologie muss daher auch Kunst als ein solches verpflichtendes Faszinosum erfassen können, um überhaupt Zugang zu ihrem Gegenstandsbereich zu bekommen.

Des Weiteren erlauben bereits die beiden eben gesetzten Elementarkriterien für fördernde gesellschaftliche Rahmenbedingungen, die natürlich noch erheblich differenziert werden müssten, eine Umwertung der soziologistischen Perspektive, denn es wird ziemlich schnell klar, dass der Habsburgerfeudalismus diesen viel eher gerecht wurde als die Anfänge des bürgerlichen Musikbetriebs in den moderneren westlichen Metropolen. Ersterer war über Generationen in professioneller Weise interessiert an Musik in ihrer gesamten Ausdrucksspannweite und hat für diese einen wesentlichen Bestandteil seiner imperialen bzw. ständischen Möglichkeiten der Privilegierung ins Feld geführt. Zur Zeit der andernorts erwachenden bürgerlichen Öffentlichkeit war im Habsburgerreich zwar davon nicht das Geringste zu spüren, aber ein Musikleben entfaltet, das davon nicht nur unabhängig war, sondern – was oben nur angedeutet werden konnte – über dessen Möglichkeiten hinaus die beiden zentrale Momente enthielt: eine Präsenz aller damals zentralen musikalischen Gattungen, die so auch auf eine einzigartige Weise miteinander kommunizieren konnten, und einen sowohl kennerhaft als auch mit großen finanziellen Ressourcen subventionierten Aufführungsapparat für alle diese Gattungen, sei es in Kirchenmusik, Sinfonik, Kammermusik oder Oper.[31] Zugespitzt könnte man also sagen, dass die hier gesellschaftlich tragende Aristokratie in ihrem geistigem Universalismus (nur, was die Musik anging natürlich) Statthalter der bürgerlichen Öffentlichkeit war – im Sinne eines avantgardistischen Salonmodells –, während umgekehrt der frühbürgerliche Konzert- und Opernbetrieb

31 Natürlich gab es auch in Paris nichtöffentliche Konzerte der Aristokratie, etwa in den Salons des Prinzen von Conti, des Generalsteuerpächters La Pouplinière, der ein berühmtes Orchester unterhielt, des Marquis de Seignelay oder des Marschalls von Noailles. Anders als im Habsburgerreich waren diese aber spezialisiert auf die aktuelle konzertante Musik, also Orte der instrumentalen Brillanz – und dies auch nur, solange sie en vogue war –, aber nicht vor allem auch Selbstdarstellungsorgane einer übergreifenden und transformatorischen kompositorischen Vernetzungsdynamik.

ohne diese Privilegierung von Anfang an Markt- und Modeelemente in sich aufnehmen musste, durch die sich Kunstinteresse und Unterhaltungsfunktion stark vermischten. In Chopins brieflich dokumentiertem Abscheu gegenüber dem Konzertleben in Paris und London, das ihn – neben seiner Agoraphobie – veranlasste, vor allem in Salons aufzutreten (wenn man so will, im Sinne des Wiener Modells), spiegeln sich die Auswüchse dessen zu Anfang des 19. Jahrhunderts.[32]

Joseph Haydn jenseits der Alternative von Geniethese und soziologistischer Reduktion

Im Phänomen Haydn, dem für die Autonomisierung der Musik eine Schlüsselposition zukommt, verdichtet sich diese Struktur. Man muss nicht das Phänomen im Sinne eines falsch verstandenen Strukturalismus depersonalisieren in einen Schauplatz von Wirkfaktoren und so dabei das Moment der Irreduzibilität der künstlerischen Individualität verleugnen, um zu erkennen, dass es auf seine Weise den künstlerischen Möglichkeitsraum exemplifiziert, der oben umrissen wurde. Das beginnt bereits mit der Rekrutierung. Haydn war kein Kind der Metropole, sondern der entlegensten Provinz, geboren in Rohrau an der Leitha, einem kleinen Dorf im Burgenland. Durch das flächendeckende musikalische Ausbildungssystem des Habsburgerreichs sowie das Ineinander von volksmusikalischer Praxis und kunstmusikalischer Orientierung war er schon im zarten Kindesalter nicht nur als begabt erkannt, sondern auch in eine Förderungsspirale einbezogen worden. Beim Mitsingen zum väterlichen Harfenspiel wurde man auf seinen schönen Sopran aufmerksam. Die Eltern demonstrierten diesen bei einem Besuch des Schulrektors und Chorregenten [sic] von Hainburg, der den sechsjährigen Knaben Haydn bei sich zu Hause aufnahm und ihm natürlich eine breite musikalische Unterweisung angedeihen ließ (Klavier, Geige, Chorgesang, Spiel im Orchester, Satztechnik, Formen

32 Die Kommerzialisierung des Konzertlebens in London brachte es mit sich, »dass man, um ein möglichst breites Publikum mit nicht gerade zimperlichen Lockmitteln kämpfte: die bis heute beliebte geschäftliche Ausbeutung von Wunderkindern nahm hier ihren Anfang, Solisten auf möglichst ausgefallenen Instrumenten und ›türkische‹ Musiken waren beliebt, und zwischen den musikalischen Darbietungen wurden Ballett-Einlagen, Kraftakte und akrobatische Nummern eingeschoben.« Finscher (1974) S. 38. Siehe Fn. 30. Chopin beklagte später etwa die »Mechanisierung« der Aufführungspraxis und auch eine gewisse Zirkusatmosphäre in den Konzertsälen.

der Kirchenmusik). Bereits nach drei Jahren ging es weiter nach Wien, nachdem ihn der Kapellmeister des Stephansdomes, Georg Reutter d. J., der als »Headhunter« regelmäßig die österreichischen Lande auf der Suche nach Talenten durchreiste, gehört hatte. Auf der Basis seiner frühen Professionalität konnte Haydn die folgenden neun Jahre als Chorknabe in der reichen musikalischen Kultur Wiens eine Fülle von Erfahrungen transformatorisch in sich aufnehmen.[33] Das ist nicht zu verstehen im Sinne einer institutionsgebundenen Schulung, an der es in der Stephanskapelle unter Reutter d. J. eher haperte, sondern vielmehr im Sinne praktischer künstlerischer Teilhabe und direkter Werkrezeption. Haydn hat dies in späten Jahren dem Musikschriftsteller Johann Georg Rochlitz gegenüber einmal plastisch geschildert:

> Eigentliche Lehrer habe ich nicht gehabt. Mein Anfang war überall gleich mit dem Praktischen – erst im Singen und Instrumentalspiel, hernach auch in der Composition. In dieser habe ich andere mehr gehört als studiert: ich habe aber auch das Schönste und Beste in allen Gattungen gehört, was es in meiner Zeit zu hören gab. Und dessen war damals in Wien viel! o wie viel. Da merkte ich nun auf und suchte mir zu Nutze zu machen, was auf mich besonders gewirkt hatte und was mir als vorzüglich erschien. Nur dass ich es nirgends bloß nachmachte! So ist nach und nach, was ich wußte und konnte, gewachsen.[34]

Allerdings kam dazu nach Haydns Entlassung aus dem Dienst, was heißt: Hinauswurf aus St. Stephan, noch Privatunterricht bei Nicola

33 Ein historischer Vorläuferfall wäre etwa Johann Joseph Fux, geboren als armer Bauernsohn aus der Steiermark (Geburtsdatum unbekannt), der seine erste musikalische Ausbildung von Dorfschulmeister erhalten hat, durch den Dorfpfarrer an die jesuitischen Ausbildungsstätten nach Graz gekommen ist (Gymnasium, Universität), wo er auch Unterweisung in Orgel, Musiktheorie, einem Streich- und vielleicht auch Blasinstrument, sowie in Gesang bekommen hat. Anfang der 1680er Jahre ging er nach Ingolstadt, wo er an der Jesuitenuniversität weitere Studien betrieben hat und gleichzeitig als Organist an St. Moritz wirkte. Ab 1696 wurde er geführt als Organist im Wiener Schottenkloster, 1698 wurde er von Leopold I. zum Hofkomponisten gemacht. Analog zu Haydn zeichnet sich auch Fux kompositorisch durch seinen Universalismus aus, was ihn dem Kaiser sehr empfohlen hat. In seinem *Concentus musico instrumentalis* von 1701 etwa sind alle Formen der damaligen Instrumentalmusik vertreten. Gleichzeitig schrieb er eine reich differenzierte Kirchenmusik und barocke Pracht-Opern. Siehe dazu etwa Harnoncourt (1985), S. 209 f.

34 Friedrich Rochlitz, Für Freunde der Tonkunst, Leipzig 1832, Bd. 4, S. 274.

Porpora (in den »ächten Fundamenten der Satzkunst«[35] und Italienisch). Ende der fünfziger Jahre begann seine Karriere als Kammerkomponist und Kapellmeister auf den aristokratischen Landgütern, beim Baron Fürnberg in Weinzierl (wo er seine Quartettproduktion begann), beim Bischof von Großwardein, dem Grafen Karl Joseph Franz Morzin in Lukavec bei Pilsen (wo im Wesentlichen seine sinfonische Produktion begann) und schließlich bei den Fürsten Esterházy.

Es ist hier nicht der Ort, die künstlerische Entwicklung Haydns bis zum Durchbruch dessen, was man gemeinhin den Wiener klassischen Stil nennt, zu rekonstruieren. Resümierend lässt sich das als die Frucht jenes bereits benannten spezifisch habsburgischen, durch Patronage getragenen Universalismus begreifen. Dieser gestattete eine allseits gattungssprengende radikale Individuierung der Form[36] (zunächst in der Instrumentalmusik), in der die – mit der Konzertsinfonie ab etwa 1730 in die Welt gekommene und Wien-intern für Haydn folgenreich durch Georg Christoph Wagenseil repräsentierte – neuartige dramatisch-gerichtete Perspektivität des kadenz- und taktmetrischen Satzes mit seiner hierarchischen Verschachtelung von Gruppen, die gerahmt sind durch Eröffnungen und Beschließungen verschiedenen Grades, auf eine neue Ebene gehoben wurde: vor allem durch die Vereinigung des neuen dramatisch-entwickelnden Geistes (a) mit dem Erbe des kontrapunktischen Stiles, der einerseits vorlag in Kammergattungen wie dem Wiener Fugenquartett und andererseits in einer selbst (konzertanten, dramatischen und kontrapunktischen Stil in sich vereinenden) breit gefächerten Kirchenmusik, (b) mit den Ausdrucksabgründen jener Kirchenmusik und (c) einem immanenten musikalischen Witz, der die in der Buffa wurzelnde Beweglichkeit des neuen Satzes übertrug auf die reine Instrumentalform im Sinne eines Denkens in übergreifend gebundenen Überraschungen. In diesem verbindet sich das Divertissement von Kennern mit einer volksmusikalisch grundierten, jeder Geniehaltung völlig entgegengesetzten Orientierung an einer verpflichtenden Gestaltobjektivität als Folie immanenter Strukturpointen.

Auch auf dieser Ebene reproduziert sich das paradox erscheinende österreichische Ineinander von Konservativismus und struktureller Progressivität (das im Übrigen bis zu Schönbergs Wiener Schule reicht). Der so zukunftsträchtige Einbezug des alten kontrapunktischen Satzes in die neue Streichquartettfaktur wurde etwa in den aufgeklärt schriftstel-

35 Haydn, zit. in.: Wolfgang Marggraf, Joseph Haydn, Leipzig 1990, S. 37.

36 Kunze verweist daher immer wieder auf die Inkommensurabilität der Wiener Klassik mit der Geschichte jener musikalischen Gattungen, in denen sie wurzelt.

lernden Kreisen des nord- und mitteldeutschen Bürgertums zunächst als Exotikum belächelt,[37] was Haydn in seiner autobiographischen Skizze von 1776 zu der Bemerkung veranlasste: »habe ausser denen Berlinern fast allen Nationen zu gefallen das glück gehabt«.[38]

Schluss: Die Nische als Zentrum

Zwei Momente des dargestellten Komplexes lassen sich also hervorheben: (a) die konstitutive Rolle der geistigen Qualität von Musik für eine Förderung im historischen Ausmaß, durch die Künstler und feudaler Patron innerhalb der ständischen Asymmetrie einander gleichzeitig als kollegenhafte Protagonisten desselben Geistes symmetrisch gegenübertreten – wobei die Hauptrolle der Förderung vom Kaiserhaus zunehmend auf die Aristokratie übergeht. Nimmt man den Fall Beethoven mit in Betracht, so kommt dabei noch das tendenzielle Ausfallen der Dienstbeziehung zwischen Patron und Künstler hinzu. Anders ausgedrückt erfolgte bei Beethoven innerhalb dieses Systems der Schritt zum freischaffenden Komponisten. Eine damit verbundene weitere Besonderheit ist (b) das Ineinander von historisch retardierenden und progressiven Momenten. Das beginnt bereits bei der inneren Verbindung von Religiosität und Musikpflege, die, zumal in der gegenreformatorischen Steigerung, Ausdruck auch einer Retardierung des Beitrages ist, den die Ausbildung des Hofmannes zur Entfaltung des modernen Subjekts dargestellt hat. Die Grundfesten der Courtoisie, tugendhafte Gesinnung und schöne Erscheinung (letzteres als Anschaubarkeit des Guten), zu der auch ein glänzendes, und das heißt: redegewandtes Benehmen, gehörte, reduzierten sich unter dem Dach der Staatsreligion

37 »Sollte nicht das seltsame Gemisch der Schreibarten, des Ernsthaften und des Comischen, des Erhabenen und Niedrigen, das sich so oft in einem und eben demselben Satze beysammen findet, bisweilen eine üble Wirkung tun? Des widerwärtigen Oktavierens der zweyten Violin, oder einer anderen tiefern Stimme mit der ersten Violin zu geschweigen.« Johann Adam Hiller, Wöchentliche Nachrichten und Anmerkungen die Musik betreffend III (1768/69), 14. Stück, 3. Oktober 1768, S. 107. Bereits Johann Joseph Fux war von Johann Mattheson als Vertreter einer veralteten Ästhetik angegriffen worden – im Missverständnis, Fuxens *Gradus ad parnassum* (aus dem im Übrigen auch Haydn viel gelernt hatte) sei ein ästhetisches Manifest und nicht nur eine Handwerkslehre, wobei Fux ersteres aber ganz fremd war.

38 Gesammelte Briefe und Aufzeichnungen, hrsg. und erläutert v. Dénes Bartha, Kassel u.a. 1965, S. 77f.

von vorneherein auf die Seite von gottgefälliger Geistigkeit, verbunden mit repräsentativ auftrumpfender römischer Pracht. Man muss nicht die zahlreichen Anekdoten über die Habsburgerkaiser, von Leopold I. bis zu dem nachnapoleonischen Ferdinand bemühen, um zu sehen, dass die fruchtbare Rolle, die die Courtoisie für die Ausbildung sprachlicher Kunst gespielt hat, sei es im Bereich der Literatur oder der gewandten Konversation auf dem Weg zum Salondiskurs, für das imperiale Österreich ausgefallen ist. Inwieweit dies auch für die Magnatengesellschaft gilt, wäre im Einzelnen zu überprüfen. Komplementär dazu gibt es keine kulturzentralistische Bemühungen um die Kultivierung der eigenen Sprache, die auch auf die anderen Künste ausgestrahlt hätte – Musik als solche war die Sprache, um die es ging, sie durfte nur keinen protestantischen Text haben. Die relativ geringe Rolle höfischer Contenance ist schließlich noch bis in das praktische Engagement für die Musik als solche zu spüren, das etwa am französischen Hofe als domestikenhaft verpönt war – zugunsten des distanzierten Genusses. Gleichzeitig wurde so massiv die Autonomisierung der Musik vorbereitet. Über die Bedeutung der ständischen Knebelung einer aufsteigenden bürgerlichen Öffentlichkeit für die Privilegierung von Musik im Sinne einer Statthalterschaft für einen autonomen Musikbetrieb wurde bereits gesprochen. Auf einer anderen Ebene liegt die innermusikalische Tradierung des alten kontrapunktischen Stiles (eigentlich bis zum Ende des 19.Jahrhunderts, ja bis zu Webern) in Wien, die, selbst wo sie, etwa am Hofe von Karl VI., sich berührte mit Erstarrungstendenzen, immer auch als Strukturmoment einer musikalischen Universalsprache begriffen und gepflegt wurde. Wie es scheint, wurde so eine historisch und geopolitisch gesehen objektive Randlage im Prozess des okzidentalen Rationalisierungsprozesses zur Nische einer zentralen Entwicklung des europäischen Geistes.

V. Das Dispositiv der gesellschaftlichen Delegitimation von Musik als Kunstform

9. Ist das Musikleben ein Betrieb?

Eine Rezension[1]

Ein Handbuch sollte einen handlich aufbereiteten, verdichteten Überblick über einen Gegenstandsbereich zur Verfügung stellen und dabei auch die zentralen Forschungsrichtungen zu Worte kommen lassen, die damit befasst sind – insofern auch eine Systematik durchscheinen lassen, soweit der Forschungsstand diese bereithält. Was das erstere angeht, leistet dies der von Arnold Jacobshagen und Frieder Reininghaus herausgegebene Sammelband »Musik und Kulturbetrieb« auf vorzügliche Weise. Und das ist bei einer so unübersichtlichen und weitgespannten Materie kein geringes Verdienst. So könnte man eigentlich zufrieden sein, zumal der systematischen Aufbereitung insofern Genüge getan ist, als die 27 Beiträge in elf großen Kapiteln untergebracht sind, die das Terrain des Musiklebens kartographisch klar einteilen. Ein Unbehagen regt sich auch nicht, wenn der Band Forscher, Journalisten und Angestellte des Kulturbetriebes mischt. Abgesehen, davon, dass allesamt vom Fach sind, also ausgebildete Musikwissenschaftler, bestechen gerade die Beiträge der letzteren durch unprätentiöse Sachlichkeit – sei es der von Renate Ulm, Redakteurin beim BR, über die Geschichte des Bayerischen Rundfunks von den Anfängen bis heute, oder der von Clemens Hoegl, Mitarbeiter bei verschiedenen großen Consultant-Firmen, mit seiner luziden Darstellung der unmöglichen volkswirtschaftlichen Seite von Kulturarbeit, oder schließlich der von Frank Harders-Wuthenow, Lektor bei Boosey & Hawkes, über die Geschichte der Musikverlage und ihre heutigen Strukturprobleme sowie andere mehr.

Nein, das Problem des Bandes liegt vielmehr bei seinen theoretischen Wortführern, die, angefangen bei den Herausgebern, einen starken ideologischen Unterton durch das Ganze hindurchtönen lassen. Bedauerlicherweise macht sich auch und gerade hier eine wohl generationenspezifische Gesinnungskonfrontation innerhalb der deutschen Musikwissenschaft wieder geltend – mit paradoxen Folgen. Denn die Ästhetik, die sich dabei durchdrückt, sei es mit oder ohne Bewusstsein der entsprechenden Autoren, ist tendenziell so kunstfeindlich, dass man sich fragt, wozu sich überhaupt noch die Mühe machen, das spezifische

1 Rezension von Arnold Jacobshagen/Frieder Reininghaus (Hg), Musik und Kulturbetrieb. Medien, Märkte, Institutionen. Handbuch der Musik im 20. Jahrhundert. Band 10, Laaber 2006. Erstmalig erschienen in Musik und Ästhetik, Heft 44, Oktober 2007, S. 90-96.

Schicksal des musikalischen Werkes in der verwalteten und technisierten Welt zu beleuchten – nachdem seine Zeit doch ohnehin um ist. Was sich dabei ausblüht, ist die fruchtlose Komplementarität zwischen einem musikwissenschaftlichem Akademismus mit seiner philologisch-klassifikatorischen Traditionsverwaltung einerseits sowie einem Rebellentum, das lediglich trotzig zum normativen Gegenschlag ausholt, ohne Bewusstsein der wirklich paradigmatischen Probleme des Faches andererseits. Meist wird dabei das Kind mit dem Bade ausgeschüttet und die Häme gegen eine veraltete Wissenschaft vom musikalischen Werk zum Anlass genommen, dieses selbst für obsolet zu erklären. Notorischer Ausgangspunkt dafür ist gerne, so auch in dem Band, Walter Benjamins Gegenüberstellung der kultisch-auratischen Kunst von früher und der reproduzierbaren der Moderne. Eine rühmliche Ausnahme bildet hier Peter Overbeck, der immerhin zu bedenken gibt, Benjamin hätte seine These »vor allem auf die Kunstformen Film und Fotographie bezogen. Benjamins These des Verlustes der Aura kann jedoch nur bedingt auf Musik angewandt werden.« (S. 99).Benjamin selbst liefert dafür das zentrale Argument in Bezug auf Literatur und Malerei: »Bei den Filmwerken ist die technische Reproduzierbarkeit des Produkts nicht wie z.B. bei den Werken der Literatur oder der Malerei eine von außen her sich einfindende Bedingung ihrer massenweisen Verbreitung. *Die technische Reproduzierbarkeit der Filmwerke ist unmittelbar in der Technik ihrer Produktion begründet.* [kursiv im Original]«[2] Abgesehen von vielen anderen Dingen muss gegen die hier immer wieder wie eine Monstranz vorangetragene These der »technischen Reproduzierbarkeit musikalischer Kunstwerke« (zum Beispiel S. 150) zunächst eingewandt werden, dass es nicht die Werke sind, die »reproduziert« werden, sondern die jeweiligen Interpretationen. Immerhin ist es noch nicht so weit, dass die digital verklanglichte Partitur als die angemessene Werkrealisierung der Jetztzeit ernst genommen werden müsste. Aber auch für die Interpretationen selbst gilt, dass sie nur als physikalische Ereignisse zu jedermann verfügbaren Massenprodukten vervielfältigt werden. Damit ist aber noch nicht entschieden, ob sich diese Objekte auch ihrem Gehalt nach in technische Fabrikate verwandelt haben jenseits der Ausdrucksqualität früherer Aufführungsformen, ob also ihre Wiederholbarkeit reine, standardisierte Gleichförmigkeit bedeutet. Vielmehr gilt auch für die technische reproduzierte Aufführung im Prinzip, dass sie den Gegenstand einer jedes Mal neuen Aneignung durch den Rezipienten darstellt

2 Walter Benjamin, Das Kunstwerk im Zeitalter seiner technischen Reproduzierbarkeit, Frankfurt am Main 1977[20], S. 17.

– da auch das mediale gefrorene Klangobjekt Index eines nichtstandardisiert zu dechiffrierenden geistigen Strukturierungsprozesses ist. Natürlich weiß man, wie sehr sich mittlerweile die Interpretationen den Imperativen einer uniformierenden Studioperfektion unterworfen haben: Aber es macht einen Unterschied, ob man dies als einen neuen posttraditionalen Umgang mit dem Werk feiert oder als Technokratisierungserscheinung kritisiert – und was wäre für diese Kritik der Bezugspunkt, wenn nicht die »lebendige« Interpretation? Solange das musikästhetische Denken noch nicht von allen guten Geistern verlassen ist, kann sie nur letzteres für gültig halten. Dass damit nicht von vorneherein etwas gegen die Vorteile der technischen Aufbereitung (u.a. der heute unverzichtbare Informations- und kollektive Bildungswert von CD-Sammlungen) gesagt sein muss oder gegen Versuche, sie experimentell zu nutzen (etwa nach einer Idee von Glenn Gould Aufnahmen mit verschiedenen Schnittalternativen an einer gegebenen Anschlussstelle anzubieten), sollte sich von selbst verstehen.

Es geht allerdings zu weit, wenn Frieder Reininghaus behauptet, »Elektrizität und Elektronik haben die musikalische Produktivität radikal verändert«, und damit auch auf den Kompositionsprozess selbst abzielt. Veränderungen des Komponierens können, soweit sie Kunstcharakter besitzen, nur innermusikalisch generiert worden sein (das gilt auch für die elektronische Musik), ansonsten handelt sich bloß um den äußeren Einbruch des »technisch aufgeklärten Verstandes« (S. 15) ins Kunstschaffen – damit um Bastelei. Aber eben diese scheint Reininghaus eifernd gegen die traditionelle Kunst ins Feld führen zu wollen, wenn er die Popmusik gegen die »E-Musik« ausspielt: »Impulse für den noch andauernden VeränderungsProzess kamen in ungleich höherem Maß vom Rock- und Pop-Sektor her als vom Gros der Komponisten in Sparte E.«[3] Mit dieser Polemik ist sachlich nichts gewonnen. Denn

3 Reininghaus setzt die »Sparte E« nicht in Anführungszeichen und überspannt damit die Polemik. Denn damit ist der Kunstbereich nur insofern getroffen, soweit er sich völlig in Kulturindustrie verwandelt hat. Es geht Reininghaus aber darum, der Kunst als solcher hinzureiben, sie sei in bestimmter Hinsicht durch die Pop-Musik überflügelt worden. Mein Einwand ist im Übrigen keineswegs, wie vermutlich automatisch unterstellt wird, normativ, sondern analytisch bzw. soziologisch zu verstehen. Es geht nicht darum, sich über diese Etikettierung zu entrüsten, man »dürfe« sie nicht gebrauchen, sie macht nur keinen Sinn, da sie elementare Sphären-Unterscheidungen unterläuft. Damit nimmt man sich auch die Möglichkeit, Entgrenzungserscheinungen zwischen diesen zu kritisieren, also etwa technokratische Kolonialisierungsprozesse in der Kunst. Clemens Hoegl hat dies in seinem Beitrag über »Das ökonomische Dilemma« der Kunstproduktion auf sehr sachliche Weise markiert. Er ver-

entweder spricht Reininghaus hier von Popmusik, die entsteht in der technischen Kombination von Versatzstücken mit dem Produzenten als Endredakteur, dann haben wir es nur mit Studiobastelei zu tun – und eine ästhetische Würdigung dieser Produktionsform bleibt uns Reininghaus natürlich schuldig. Oder aber die bisweilen recht langwierige Tüftelei im Studio folgt einer technisch nicht generierbaren ästhetischen Gestaltidee, dann übernimmt Popmusik Momente der Kunstwerkproduktion. Auch dies ist durchaus denkbar. Es tut daher weder der Kunst- noch der Popmusik gut, sie gegeneinander auszuspielen. Wenn letztere klischiert wird zur Avantgarde der »technischen« Erzeugung von Musik als der eigentlich modernen, so tut man ihr dabei nicht weniger Unrecht als der Kunstmusik – da man völlig absieht von ihren eigenen Ausdrucksbestrebungen mit ihren spezifischen Symbol- und Performanzdimensionen.[4]

Diese polemische Polarisierung zwischen der »traditionellen« Kunstmusik und neuen Produktionsformen erfreut sich bei den theoretischen

weist nicht nur auf die ideologischen Wurzeln der Begriffs der »ernsten Musik« (S. 166), der daher »ästhetisch fragwürdig« sei, sondern macht auch die »gängige Unterscheidung U- und E-Musik« als Verwaltungskategorie kenntlich. Es entbehrt nicht der Ironie, daß der Volkswirtschaftler Hoegl diese kategoriale Feinbestimmung vornimmt, während der Rezeptionsforscher Dollase die ökonomische Kategorie des »Konsumenten« umstandslos gleichsetzt mit der des »Rezipienten« – in seinem Artikel »Wer sind die Musikkonsumenten?« (S. 115-142). An solchen Details fällt immer wieder die besagte Grenzlinie in dem Band zwischen dem Gros der sachlich orientierten Beiträge und einer Handvoll Gesinnungsproklamationen auf. Die analytischen Schwächen in Dollases Artikel resultieren auch aus seinem kaum verblümten Ressentiment gegenüber der Kunstmusik. Offenkundig wird dies etwa in seiner Unterscheidung zwischen dem »gebildeten Menschen« und dem Vertreter der »low culture« (S. 136): Ersterer wird einfach gleichgesetzt mit bloßem Schnöseltum, da er sich für »wertvoll, besser« usw. hält, letzterer würde glänzen durch Bescheidenheit. Abgesehen davon, dass zu wirklicher Bildung – die hier gar nicht mehr auftauchen kann – auch die Kritik am Schnöseltum gehört, wird der Unterschied zwischen verschiedenen Rezeptionshaltungen hier einfach moralisiert – und dies mit dem Anspruch, moralisierende Hintergrundurteile in der Forschung zu entlarven. Man könnte dies methodologische Bigotterie nennen.

4 »Musik ist niemals ausschließlich Produkt, noch nicht einmal in ihrer gröbsten Warenform, und es ist gerade der künstlerische Wert von Schallplatten, der im Bereich ihrer Produktion Probleme aufwirft. Der Gebrauchswert von Kulturwaren basiert auf ästhetischen Präferenzen und folglich ist die Nachfrage nach ihnen viel weniger steuerbar als bei anderen Waren«. Wohlgemerkt ist hier die Rede von Rockmusik, nämlich bei Simon Frith, Jugendkultur und Rockmusik. Soziologie der englischen Musikszene, Reinbek bei Hamburg 1981, S. 87.

Stichwortgebern des Bandes großer Beliebtheit. Stets ergibt sich dabei das Problem, dass einerseits ein notorisches Manko besteht an hinreichenden Kriterien für den künstlerischen Charakter eines musikalischen Gebildes, andererseits aber gleichzeitig eine Überbietungsperspektive der Tradition gegenüber angestrengt wird. Mangelnde Klarheit soll dabei oft durch demonstrative Informiertheit ersetzt werden. Das gilt insbesondere für den Beitrag von Sabine Sanio »Musik-Technik-Medien« (S. 22-37) in dem programmatischen Eröffnungskapitel »Musik und Technik: ein revolutionärer Prozess«. Hier ist in Einem die Rede von der Einverleibung der neuen Medien in die Kunstmusik, deren Anverwandlung an die Medienkunst (»weil [...] die Künste – dies gilt auch für die Musik – [...] heute Medienkunst sind«, S. 26, auch S. 23) und von einer »neuen Medienkunst«, deren Vertreter von den »alten Traditionen« keine Ahnung haben, »weil sie wirklich mit völlig anderen Fragestellungen beschäftigt sind« (S. 28) – wie überzeugend. Das darf man sich vielleicht so zusammenreimen, dass die Newcomer trotz ihrer künstlerischen Illiteralitität eine Leitfunktion besitzen für die Vertreter der übrigen Künste, die dabei aber ihrerseits ihren neuartigen Kollegen auf die Beine helfen können in der Aneignung übergreifender ästhetischer Fragestellungen. Dazu rechnet Sanio vor allem »die Frage nach dem Menschen [...], nach der Art und Weise der Wahrnehmung und deren [...] Bedingungen«. (28) Das schmale Programm bedürfte eigentlich einer größeren theoretischen Entfaltungsarbeit. Was hingegen geliefert wird, ist lediglich eine Verwechslung von Dekonzentration und »umfassender Wahrnehmung« (30): Bei Konzerten in Räumen mit verschiedenen Schallquellen würde auch »der musikalische Rezeptions-Prozess seinen Charakter verändern«. (29) Es würde etwa »die strenge Sitzordnung hinfällig, die dem Musiker die nötige Ruhe beim Spiel und dem Publikum die volle Konzentration auf den Musiker [warum eigentlich nicht auch auf das Werk? FZ] gewährleistete.« Letztere entfällt nun, statt dessen wandelt man frei herum, und so hat sich »die Perspektive umgekehrt, im Zentrum steht von nun an die integrale alle Sinne umfassende Wahrnehmung« (30). Damit hätten sich auch revolutionäre Versuche – wie etwa Saties »musique d'ameublement« (29) – erfüllt, neue Konzertformen zu gestalten, die es dem Publikum gestatten, zu einer »zerstreuten Rezeptionshaltung« (29) durchzufinden. Wie bei allen anderen Beispielen einer posttraditionalen Kunst kann uns Sabine Sanio auch hier nicht den künstlerischen Wert solcher Versuche erhellen. Der Verweis auf die Korrespondenz mit den veränderten multiplen Erfahrungsweisen (37) in der modernen Welt trägt nicht. Einmal verwechselt er Wahrnehmung und Erfahrung – letztere konstituiert sich in der mentalen Organisation von Wahrnehmungen, und ohne Zentrierung funktioniert das nicht. Und zum anderen unterschlägt er, dass Kunst sich – bis heute – unterscheidet von anderen Formen der Erfahrungsbildung durch eine besondere, artifizielle Form ihrer Gestaltung, und zwar gerade als notwendige Kehrseite *gesteigerter* Wahrnehmung.[5] Dagegen erinnern die von Sanio ins Feld geführten Beispiele zumindest in ihrer Darstellung allesamt an Phänomene außerkünstlerischer Art: psychologisch angeleitetes Wahrnehmungstraining, soziologisches Krisenexperiment, spielerisch angewandte Metareflexion, Studentenulk und anderes mehr. Dass hier immer nur die »alten Künste« an ihrem Verhältnis zu den neuen medialen Möglichkeiten gemessen werden (mit denen sie sich natürlich auseinanderzusetzen haben), aber nicht gleichzeitig umgekehrt die »neuen Künste« an den Kriterien einer Kunstwerkästhetik (und sei es, um sie zu transformieren), schlägt auch auf die Darstellung des Neuen zurück – es bleibt in seiner künstlerischen Relevanz einfach unterbestimmt.

Analoges gilt für den Versuch des Co-Herausgebers, Arnold Jacobshagen, »Musikgeschichte als Institutionengeschichte« zu fassen. Hier geht es zwar nicht um neue Künste, aber doch um eine völlig neue Situation »nach dem Zerfall der bisherigen ästhetischen Koordinatensysteme.« (146). Dazu gehöre zunächst einmal der Tod des »autonomen Werkschöpfers« (145). Wenn Jacobshagen an die Stelle dessen den institutionell gebundenen Auftragskomponisten als aktuellen Produktionstypus setzt – und »gebunden« kann nach dem Verlust der Autonomie nur radikale Subsumtion heißen –, sieht er auch keinen Grund darin, eine Situation zu beklagen, die eigentlich den völligen Triumph der verwalteten Welt über den Künstler bedeutet, im Gegenteil. Dieser Zustand würde den Verlust der alten Halteseile kompensieren, wie sie die Gattungen früher angeblich gewährt haben. (146) Abgesehen davon, dass hier Äpfel und Birnen miteinander verrechnet werden, müsste man sich den Komponisten heute also vorstellen als einen auf Bestellung arbeitenden Kunsthandwerker – was natürlich Unsinn ist. Und Jakobshagen scheut sich trotz seiner theoretischen Vorgaben auch nicht, weiterhin von den »emanzipierten«, »individuellen Tonschöpfungen« (145) zu sprechen, also von Resultaten künstlerischer Autonomie, die den besagten Zerfall der alten Orientierungen herbeigeführt hätten – und ja eigentlich eine entsprechende Erblast bedeuten sollten. Was also liegt hier vor? Wiederum der Versuch, etwas Brandneues ressentimenthaft auf Kosten des Alten herauszustellen, wodurch beides verfehlt wird, da die Kunstdi-

5 Siehe dazu etwa Conrad Fiedler, Schriften über Kunst, Köln 1977.

mension dabei als solche verloren geht. Untriftig-polemisch ist in diesem Fall der labeling approach, in dem künstlerische Autonomie mit mystifiziertem Heroentum gleichgesetzt wird. An den Haaren herbeigezogen ist daher auch die Strategie, eine tragende Dichotomie von Heroen- und normativer Gattungshistoriographie zu konstruieren. Der eigentliche Sachverhalt fällt hier mittendurch: ein Begriff von Autonomie, der sie erkennbar macht als kumulative Form der Verarbeitung von Einflussdeterminanten (die soziologische Biographieforschung hätte hier doch einiges zu bieten), und ein Begriff von musikalischer Gattung, der diese nicht platterdings normativ versteht, sondern als Strukturanforderung, die nur in geistiger Autonomie bewältigt werden kann. Wenn jedoch im modernitätstheoretisch ambitionierten Angriff auf die »traditionelle« Musikgeschichtsschreibung der Gegenstand selbst in die Knie geht, also der autonome Künstler im Spannungsfeld zwischen artistischer Eigenentwicklung und (sei es nun künstlerischer oder außerkünstlerischer) Umfelddetermination, trifft man nur die Außenseite der Sache – und erreicht bestenfalls eine banale Beschreibung.

Besonders aufschlussreich ist der Beitrag von Jacobshagen, da er das Manko seines und der genannten anderen stichwortgebenden Artikel in einem Dahlhaus-Zitat ganz offen ausspricht: Ein Historiker, so Dahlhaus, »der Werke als Dokumente einer inneren Biographie [...] eines Komponisten zu entziffern versucht, ist unausweichlich der Gefangene einer Ästhetik«. (S. 145, Fn. 2).[6] Es ist wohl wahr, dass der Versuch der inneren Biographik eine Ästhetik voraussetzt, nämlich die der künstlerischen Autonomie. Aber die Ablehnung dieser Möglichkeit ist dazu ebenfalls gezwungen, nur mit umgekehrten Vorzeichen. Man kommt um eine genuin ästhetiktheoretische Parteinahme im Falle der Kunst nicht herum – »gefangen« ist man darin allerdings nur, wenn man sie bloß normativ unterstellt, ohne zu versuchen, sie am Gegenstand selbst methodisch einzulösen. Die kritisierten Autoren versuchen, eine Kunstwerkästhetik zu vermeiden, ohne aber die Konsequenzen daraus zu ziehen (wozu etwa auch der Versuch einer immanenten Kritik dieser Ästhetik gehören würde). So unterschieben sie lediglich gesinnungshaft eine andere und verpassen damit das Wichtigste. Denn gerade die Lektüre dieser Beiträge hat wieder gezeigt, dass man eine tiefgreifende Analyse des Musikbetriebes nicht leisten kann, ohne ihn zu beziehen auf das, was man die »innere Pragmatik« des Werkes nennen könnte. Dies sind die biographischen und gesellschaftlichen Dimensionen seiner für

6 Zitiert wird Carl Dahlhaus, Was ist Musikgeschichte?, in: Europäische Musikgeschichte, hrsg. von Sabine Ehrmann-Herfort, Ludwig Finscher u. Giselher Schubert, Bd. 1., Stuttgart/Kassel 2002, S. 75 f.

ihn spezifischen Produktion und Tradierung, die eben *gerade* die Kombination von Soziologie und Ästhetik erforderlich machen. Ohne diese Perspektive lässt der Musikbetrieb weder seinen inneren Sinn erkennen, noch kann er kritisiert werden, wenn er ihn verfehlt. Ohne sie kann man auch die gesellschaftliche Bedeutung der Kunst nicht erfassen. Und dies ist nicht nur eine theoretische, sondern auch eine politische Sache angesichts der Legitimationsnot der Kulturschaffenden gegenüber den Attacken von scheinheiliger Einsparungswut, marketing-gestylten Rundfunkbaronen oder allgegenwärtigen Pädagogisierern im Bildungssystem. Auch in dieser Hinsicht hätte das Handbuch hilfreicher sein können.

10. Jenseits von elitär oder populär – Der Fetischcharakter der Marke und die Zerstörung des Ausdrucks[1]

»Die beiden großen Metaphern des 20. Jahrhunderts: das Konzentrationslager und die Pornographie«.
(Imre Kértesz, Galeerentagebuch)

In der 1963 geschriebenen Vorrede zur dritten Ausgabe seiner Essay-Sammlung »Dissonanzen« verweist Adorno nachhaltig auf die unverminderte Aktualität des ältesten Beitrages zu diesem Band: »Über den Fetischcharakter in der Musik und die Regression des Hörens«. Der Essay war erstmalig 1938 in der »Zeitschrift für Sozialforschung« erschienen, als erster Niederschlag von Adornos amerikanischen Erfahrungen mit dem Phänomen der Kulturindustrie. Adorno war bis zum Schluss überzeugt von der *grundlagentheoretischen* Relevanz der in dem Essay geltend gemachte Diagnose, also von Deformationen, die in die tiefsten Bereiche des gesellschaftliche Lebens und der Individuierung hineinreichen. Er sprach sogar von »anthropologischen Veränderungen, die weit über das begrenzte Sachgebiet hinausreichen«.[2] Worum handelt es sich hier? Der Grundthese ist bekannt: Kulturindustrie stellt für Adorno im Kern die Verwandlung von Kultur in standardisierte Güter dar. Schon etwas weniger präsent ist die eigentliche Pointe dieser These: Es geht nicht bloß um die Verdinglichung des seinem Wesen nach Individuellen, sondern auch darum, dass diese Verdinglichung sich als ihr Gegenteil, als Gegenwelt zum verwalteten Alltag präsentiert – Adorno spricht von »Pseudo-Individuierung« –, und so notwendigerweise in Konkurrenz zu anderen Ausdrucksformen tritt, also etwa zur Kunst. Diese Rivalität macht Kulturindustrie im strengen Sinne mit aus, da zu ihr immer auch eine »Produktphilosophie« gehört, die die Individualität des Produktes und die Individuierungsbedeutsamkeit seines Gebrauches – jenseits seiner Funktionalität – geltend macht. Während Adorno sich mit seinem Begriff des »Fetischcharakters« an dem Begriff des *Warenfetischs* bei Marx orientiert, ist dieser Terminus mittlerweile

1 Bislang unveröffentlichter Vortrag an der Musikhochschule Dresden, Januar 2011.

2 Theodor W. Adorno, Vorrede, in: ders., Dissonanzen. Musik in der verwalteten Welt , Göttingen 1972[5], S. 6.

zu spezifizieren als *Fetischcharakter der Marke.* Adorno spricht mit seinem Begriff der Kulturindustrie eigentlich von Phänomenen der Dienstleistungs- und nicht der Industriegesellschaft, auch wenn er natürlich auf Produktionsmethoden verweisen kann, die aus der Industrie übernommen wurden, etwa auf die Arbeitsteiligkeit in der Filmindustrie. Aber entscheidend ist: Anders als die Ware kann die Marke durch den Zwang zur symbolischen Selbstcharismatisierung nicht friedlich neben anderen, autonomen kulturellen Produktionsformen stehen.

Es gibt noch ein weiteres Moment der Adornoschen Kulturindustrie-These, das bislang kaum zur Kenntnis genommen wurde. Die Unterscheidung zwischen Kulturindustrie und autonomer kultureller Leistung wird von Adorno *nicht* gleichgesetzt mit der zwischen Massenkultur und Kunst, das heißt: »Unten und Oben«, wenn man so will. An dem Missverständnis, seine Kulturindustrie-Kritik würde einer solchen Gleichsetzung elitär das Wort reden, ist er sicher nicht ganz unschuldig, da es Texte von ihm gibt, die eine summarische Disqualifikation aller Musik außerhalb der Kunstsphäre implizieren, so etwa das erste Kapitel seiner »Einleitung in die Musiksoziologie«: »Typen musikalischen Verhaltens«.[3] Das Problem an dem Kapitel besteht darin, dass es sofort von seinem Thema bzw. Titel abweicht und nur Formen des *Hörens* statt des *Verhaltens* zur Musik im umfassenden Sinne abzuhandeln. In der grundlegenden kritischen Unterscheidungsperspektive zwischen angemessenen und unangemessenen Rezeptionsformen ergibt sich so eine schiefe Aufstufung. Jeder Umgang mit Musik, der nicht die Maximierung der rein *hörenden* Dechiffrierung musikalischer Strukturen erlaubt, auf die es allein ankäme, muss hier von vornherein als inadäquat erscheinen. Aber so werden Äpfel mit Birnen verrechnet. Die Erfordernisse des praxisgebundenen und des unpraktisch-künstlerischen Umgangs mit Musik sind inkommensurabel. Musik zur Liturgie oder sozialen Vergemeinschaftungen wie etwa einem Hochzeitsfest können nicht nach dem Maßstab des reinen, strukturellen Hörens erfasst werden. Komplementär dazu wäre es auch Unfug, nur die Kunstmusik, also das paradigmatische Objekt der höchsten Stufe des Hörens, zur einzig gültigen Form von Musik zu erklären. Das bedeutet nun aber nicht, dass damit einem Relativismus auf diesem Felde, der Adornos Grundunterscheidung zwischen einem angemessenen und einem unangemessenen Verhältnis zu den Möglichkeiten von Musik nicht mehr zulässt, Tür und Tor geöffnet wäre. Aber diese Differenz verläuft quer

3 Theodor W. Adorno, Typen musikalischen Verhaltens, in: ders., Einleitung in die Musiksoziologie, Frankfurt am Main 1975, S. 14ff.

zu einer Typenunterscheidung von Musikformen und muss daher auch je typenspezifisch formuliert werden – zu denken wäre etwa vorläufig an Unterscheidungen wie die zwischen Kunstmusik, Volksmusik, Sakralmusik oder Musikformen in modernen bzw. urbanen Lebenswelten, darunter etwa in Bereichen subkultureller Vergemeinschaftung (Szenen, Clubs), schließlich auch: Produkten der Kulturindustrie.

Mit seinem Begriff der »Regression des Hörens« geht Adorno nicht von einem Modell des gelungenen Kunsthörens als Bezugspunkt aus, sondern von einem allgemeinen Begriff von Individuierung bzw. Lebendigkeit – wie sie auch gelungener Massenkultur zukäme. Zunächst unterscheidet er die kulturindustrielle Regression von bloßem schlechtem Geschmack, eine Kategorie, die der heutigen Situation nicht mehr angemessen sei. Sie setzt die Möglichkeit einer Präferenzentscheidung aus einer gegebenen Auswahl von Differentem voraus, damit eine, in welchem Grad auch immer vorhandene Autonomie der subjektiven Wahl. In urbanen Gesellschaften drückt sich in einer solche Autonomie immer auch die Eigenart spezifischer subkultureller Milieus aus. Man kann etwa von einem Punk-Geschmack sprechen, zu dem der stilisierte Geschmack am Ungeschmack gehört. Adorno macht auch die Differenz zwischen schlechtem Geschmack und Pseudoindividuierung geltend. Die Kritik an dieser steht quer zur Unterscheidung zwischen der Simplizität des schlechten oder einfachen Geschmacks und Individuiertheit. Adorno spricht bei ersterem von der Bevorzugung einfacher sinnlicher Reize, zu der auch die Ablehnung oder Unkenntnis höherer Kulturwerte gehört. Geht es hier um Unbildung, geht es im Falle von Kulturindustrie um Halbbildung, also Deformation. In der »Regression des Hörens« ist die Autonomie einer Geschmacksinstanz ebenso zerstört wie die lebensweltliche Integrität, die sich in ihr ausdrückt. Und: Hier hat man es nicht zu tun mit Simplizität oder Unbildung, sondern mit Deformation im Kern von Individuierungsbestrebungen. »Der Begriff des Geschmacks selbst ist überholt. [...] [Es] wird nicht mehr gewählt; [...] keiner verlangt die subjektive Rechtfertigung der Konvention: die Existenz des Subjektes selbst, das solchen Geschmack bewähren könnte, ist so fragwürdig geworden wie am Gegenpol das Recht zur Freiheit einer Wahl, zu der es empirisch ohnehin nicht mehr kommt. [...] Das wertende Verhalten ist für den zur Fiktion geworden, der sich von standardisierten Musikwaren umzingelt findet.«[4] Adorno versucht, dieses historische Ende der Geschmackspräferenz und ihres Subjektes

4 Theodor W. Adorno, Über den Fetischcharakter in der Musik und die Regression des Hörens, in: ders., Dissonanzen, S. 10

inklusive seiner kontextuierenden ständischen Konventionen abzugrenzen vom primitiven, ungebildeten Gefallen am sinnlichen Reiz. Dieser sei für sich genommen nicht ein Problem – würde der sinnliche Genuss doch sogar eine Dimension der lebendigen ästhetischen Erfahrung des Kunstwerkes bilden. Nein: In der »Regression« sei dieses Gefallen zum »Konsum« geworden und damit zur *identifikatorischen* Subsumtion des Rezipienten unter standardisierte Muster des Sinnlichen oder Individuellen – anstelle des sinnlichen Glückes selbst. Dies ist gepaart mit einer »Fetischisierung« des Standardisierten, die die Subsumtion ideologisch verkehrt zum Ausdruck unreglementierter ästhetischer Lebendigkeit – diese Verkehrung enthält *notwendigerweise* ein Ressentiment gegenüber dem Kunstwerk. Man könnte hier in Anlehnung an Herbert Marcuses Begriff der »repressiven Entsublimierung«[5] von »repressiver Entmusealisierung« sprechen oder noch besser von »projektiver Musealisierung«. Marcuse zielt mit seiner Kategorie, die eine zentrale Eigenschaft des »eindimensionalen Menschen« bezeichnet, auf dasselbe Phänomen wie Adorno mit seiner Kritik an der »Regression des Hörens«. Adorno seinerseits legt, etwa in seinem Jazz-Aufsatz »Zeitlose Mode«, nahe, das Ressentiment der Eindimensionalen gegen das Werk als falsche Entmusealisierung zu bestimmen. Der Jazz-Fan vor allem deutscher Prägung würde in der Rezeption »unablässig wiederholter Formeln« in quasi-religiöse Hochstimmung kommen: »In Europa, wo der Jazz noch nicht zur alltäglichen Einrichtung wurde, neigen zumal jene Gläubigen, die ihn weltanschaulich betreiben, dazu, ihn als Durchbruch ursprünglicher und ungebärdiger Natur, als Triumph über die musealen Kulturgüter misszuverstehen.«[6] Entscheidend ist nun, dass Adorno die kritische Unterscheidung zwischen regressivem Hören mit seiner Fetischisierung normierter Ausdrucksmuster und lebendiger musikalischer Erfahrung nicht mit der Differenz zwischen der Rezeption von Nicht-Kunst und von Kunst gleichsetzt. Das Phänomen der Kulturindustriealisierung ist somit nicht beschränkt auf den Bereich der Massenkultur, sondern kann in beiden Sphären auftreten, »Unten« wie »Oben«. Diese Gefahr der übergreifenden Uniformierung stellt die Kehrseite einer radikalen Spaltung von Kunst und Alltagskultur dar, in der sich diese nicht mehr berühren können, wie das in früheren Zeit noch möglich war. Somit ist Kunst zutiefst von der *kulturindustriellen Deformation der Massenkul-*

5 Herbert Marcuse, Der Sieg über das unglückliche Bewusstsein: repressive Entsublimierung, in: ders., Der eindimensionale Mensch, Darmstadt und Neuwied 1967, S. 76 ff.

6 Theodor W. Adorno, Zeitlose Mode. Zum Jazz, in: ders. Prismen. Kulturkritik und Gesellschaft, Frankfurt am Main 1955, S. 119.

tur betroffen: Sie wird in diese mit hineingezogen, wo sie nicht durch konsequentes Verfolgen ihrer eigenen Gesetze eine radikale Demarkationslinie zieht gegenüber der Nicht-Kunst (was nicht heißt, dass sie nicht auf ihre Weise Elemente von Nicht-Kunst mit verarbeiten kann).

Aber wie kann Kunst selbst zur Kulturindustrie werden? Adorno diagnostiziert auch in den Bereichen Werkinterpretation und -rezeption jene Fetischisierung pseudoindividueller Ausdrucks-Schemata, wie sie kennzeichnend sei für die allgemeine Regression des Hörens. »Die Unterschiede in der Rezeption der offiziellen ›klassischen‹ und der leichten Musik haben keine Bedeutung mehr.«[7] In beiden Fällen werden Reizmomente aus dem ästhetischen Zusammenhang gebrochen und als Kultobjekte »affektiv besetzt«, was soziologisch heißt: Sie erzeugen eine identifikatorische Beziehung zu ihrem Prestigewert. Adornos Formulierungen dazu führen mitten in eine aktuelle kultursoziologische Problematik von größter Relevanz. »Das Prinzip des Stars ist totalitär geworden. Die Reaktionen der Hörer scheinen sich aus der Beziehung zum Vollzug der Musik zu lösen und unmittelbar dem akkumulierten Erfolg zu gelten, der seinerseits nicht entfernt durch vergangene Spontaneitäten des Hörens zureichend begriffen werden kann.«[8] An die Stelle der spontanen Besetzung eines ästhetischen Prozesses ist die verdinglichte Identifikation mit Prestigenormen, man kann auch sagen mit Klischees gesteigerter Individualität, getreten, nach denen die isolierten Reizmomente rezipiert werden. Es geht hier also nicht um freigesetzte Sinnlichkeit, sondern um die Übernahme von präformierenden Spontaneitätsmustern, die bis ins Innerste der ästhetischen Sensibilität des Subjekts reichen. Man kann von einem Dispositiv sprechen. Diese innere Beziehungslosigkeit des Rezipienten zur Musik im Kostüm freigelassenen ästhetischen Genusses korrespondiert mit der Beziehungslosigkeit zu seinem eigenen Inneren. Auch diese Seite hat Adorno festgehalten – wenngleich in psychologistischer Verkürzung: »Werden die sensuellen Reizmomente des Einfalls, der Stimme, des Instrumentes fetischisiert, und aus allen Funktionen herausgebrochen, die ihnen Sinn verleihen könnten, so antworten ihnen in gleicher Isoliertheit, gleich weit weg von der Bedeutung des Ganzen und gleich determiniert durch den Erfolg, die blinden [...] Emotionen als die Beziehungen zur Musik, in welche Beziehungslose treten. Das sind aber die gleichen, in welchen der Schlagerkonsument zu den Schlagern steht. Nahe ist ihnen nur noch das vollendet Fremde.«[9] Der Rezipient, der sich identifiziert mit den in den

7 Adorno, Fetischcharakter, S. 16.
8 Adorno, Fetischcharakter, S. 16.
9 Adorno, Fetischcharakter, S. 18.

isolierten Reizmomenten kristallisierten Prestigekriterien, subsumiert auch sein inneres Verhältnis zu den Götzen unter ihr Werteprofil. Ihrem Kult entspricht der Kult der puren Emotionalität, die auf sie ausgerichtet ist. Für beides gilt jene von Adorno hervorgehobene Kehrseitigkeit von Sinnzerstörung und Verdinglichung bzw. Beziehungslosigkeit. Der Rezipient behandelt hier seine ästhetische Reaktionsfähigkeit wie eine innere Luxusausstattung, als deren Besitzer er sich im Sinne eines Individierungskalküls positioniert. Durch Musikmarken ausgelöste »Emotion pur« tritt an die Stelle von individueller ästhetischer Erfahrung. Nur nebenbei sei darauf verwiesen, dass bereits Nietzsche und Max Weber diesen Typus prophezeit haben: Nietzsche als den »alexandrinischen Heiterkeitsmenschen« und Weber als das »Genussmenschentum ohne Herz«. Dazu gehört heute die Symbolisierung einer strategischen Souveränität, in der die rationale Verfügung über biographische Spielräume weit über den Bereich der beruflichen Kompetenzen hinaus signalisiert wird, d.h. auch der Einbezug des Irrationalen als innere Ausstattungsdimension pedantisch gepflegt wie ein Drei-Tage-Bart. »Emotion pur« drückt in diesem Rahmen nicht wirklich ungezähmte Sinnlichkeit aus, sondern eine zwanghafte Klassifikationsrationalität, unter die die eigene Person subsumiert wird: »Hier bin ich Rationalität pur, dort Emotionalität pur«, säuberlich eingeteilt.

Nun hat Adorno gegen die Fetischisierung isolierter Reizmomente wie etwa von Emotionen kritisch meist nur den Sinnzusammenhang von Kunstwerken dagegen ins Feld geführt. Bedeutet das nun, dass er zwar durchaus den Begriff der Kulturindustrie nicht nur auf die Massenkultur, sondern auch auf den Bereich der Kunst anwendet, er aber andererseits als kritischen Bezugspunkt gegen beides, also nicht nur innerhalb der Kunst, ausschließlich die gelungene Kunstrezeption aufbieten kann, sodass die Dimension einer gelungenen Alltagskultur am Ende doch ein blinder Fleck bliebe? Bei genauerer Betrachtung ist dem aber nicht so. Adorno nimmt ein Bonmot von Aldous Huxley zum Anlass, genauer darüber nachzudenken. Dabei wendet er sich zunächst explizit gegen einen bildungsbürgerlichen Maßstab gegenüber der Unterhaltungsmusik, der diese nur disqualifikatorisch sehen kann, da außerhalb der Kunstsphäre stehend. »Wird eingewandt, die spezifisch leichte Musik [...] sei ohnehin niemals nach jenen Kategorien [also denen der autonomen Kunstmusik] erfahren worden, so ist das gewiss einzuräumen. Gleichwohl ist sie vom Wechsel [in die Kulturindustrie] betroffen: nämlich eben gerade darin, dass sie die Unterhaltung, den Reiz, den Genuss, den sie verspricht, gewährt, bloß um ihn zugleich zu verweigern. Aldous Huxley hat in einem Essay die Frage aufgeworfen, wer in einem Amüsierlokal sich eigentlich noch amüsiere. Mit gleichem Recht ließe sich fragen, wen die Unterhaltungsmusik noch unterhalte. Viel eher scheint sie dem Verstummen der Menschen, dem Absterben der Sprache als Ausdruck, der Unfähigkeit, sich überhaupt mitzuteilen, komplementär. Sie bewohnt die Lücken des Schweigens, die sich zwischen den von Angst, Betrieb und einspruchsloser Fügsamkeit verformten Menschen bilden.«[10] Hier wird klar: Adorno unterscheidet nicht zwischen Unterhaltung und Kunst, sondern zwischen deformierter und gelungener Unterhaltung, allgemein: zwischen deformierter und artikulierte Kommunikation, wobei das Kriterium für Artikuliertheit nicht zusammenfällt mit künstlerischer Artifizialität (man könnte stattdessen etwa denken an subkulturelle Sprachspiele etc). Adorno selbst enthält uns zwar die allgemeinen Kriterien dafür vor, aber die systematische Bedeutung der theoretischen Perspektive wird hinreichend klar. Das zeigt nun auch, dass Adornos Modell von Kulturindustrie als Phänomen urbanisierter Gesellschaften mindestens eine doppelte Unterscheidung in sich trägt: nämlich zum einen die zwischen deformierter und gelungener Kultur und zum anderen, quer dazu, die zwischen Massenkultur, sei sie nun gelungen oder nicht, und Kunst. Anders ausgedrückt: Kulturindustrie wird kritisiert, da sie den selbst erhobenen Anspruch, Massenkultur zu repräsentieren, nicht erfüllt, und nicht, weil sie unterhalb der Kunstkriterien angesiedelt sei. Es sei auf eine weithin unbekannte Schlageranalyse Adornos aus seiner amerikanischen Zeit verwiesen, in der er konkret versucht, immanente Qualitätskriterien für einen gelungenen Schlager zu entwickeln als der eigentlich geeigneten Kritikbasis an einem misslungenen. Es handelt sich hier um den Vergleich der Songs »The Bells of San Raquel« und »Two in Love«.[11] Die Qualität des ersteren würde darin bestehen, das Schlageridiom durch Nuancierung zu individuieren, während der zweitere nur Klischees liefere. Die Individualität der Gestalt jenseits der satztechnischen Standards stellt hier die Bezugsebene für die immanente Analyse von Massenkultur dar. Methodisch aufschlussreich dabei ist, dass Adornos Vorgehen sich hier berührt mit jenem in seinem späten Aufsatz »Zu einer imaginären Auswahl von Liedern Gustav Mahlers«[12], wo es um ein analoges Problem innerhalb der Kunstsphäre geht, nämlich, wie Lieder, die äußerlich einem naiven Volkslied-Ton gehorchen, dennoch Kunstqualität besitzen können –

10 Adorno, Fetischcharakter, S. 10.

11 Theodor W. Adorno, Musical Analyses of Hit Songs, in: ders., Current of Music. Elements of a Radio Theory, Frankfurt am Main 2006, S. 477-496.

12 Theodor W. Adorno, Zu einer imaginären Auswahl von Liedern Gustav Mahlers, in: ders., Impromptus, Frankfurt am Main 1973, S. 30-38.

auch hier durch individuelle Nuancierung eines vorgegebenen Idioms. Diese methodische Berührung besitzt meines Erachtens größte Relevanz für eine allgemeine Methodologie und Ästhetik musikwissenschaftlicher Analyse.

Ich möchte abschließend ein theoretisches Vorbild für Adornos Kritik am Fetischcharakter von Kulturindustrie würdigen, das er selbst nicht nennt – obgleich der dort unternommene Versuch, die Kapitalismuskritik von Marx kultursoziologisch zu erweitern, also auch seinen Begriff des Warenfetischs, Adornos zentrale Thesen unmittelbar vorzeichnet: »Geschichte und Klassenbewusstsein« (1923) von Georg Lukacs. Was Adorno über Musik schreibt, findet sich bereits in der radikalen Kritik von Lukacs am Journalismus: »Am groteskesten zeigt sich diese Struktur im Journalismus, wo gerade die Subjektivität selbst, das Wissen, das Temperament, die Ausdrucksfähigkeit zu einem abstrakten, sowohl von der Persönlichkeit des ›Besitzers‹ wie von dem materiell-konkreten Wesen der behandelten Gegenstände unabhängigen und eigengesetzlich in Gang gebrachten Mechanismus wird. Die ›Gesinnungslosigkeit‹ der Journalisten, die Prostitution ihrer Erlebnisse und Überzeugungen ist nur als Gipfelpunkt der kapitalistischen Verdinglichung begreifbar.«[13]

13 Georg Lukacs, Die Verdinglichung und das Bewusstsein des Proletariats, in: ders.. Geschichte und Klassenbewusstsein. Studien über marxistische Dialektik, Amsterdam 1967 (Nachdruck), S. 111.

Der Autor

Ferdinand Zehentreiter, Studium Klavier in München; Soziologie, Philosophie und Musikwissenschaft in Frankfurt am Main, Stipendiat der Studienstiftung des deutschen Volkes, Privatdozent für Soziologie und Sozialpsychologie am Fachbereich Gesellschaftswissenschaften der Goethe-Universität in Frankfurt am Main, Lehrbeauftragter für Musikwissenschaft an der Hochschule für Musik in Frankfurt am Main, zahlreiche Publikationen über kultursoziologische und ästhetische Fragen, internationale Vortragstätigkeit (etwa 2015 an der Tagung »New Tendencies of Contemporary Music in Germany« am Music Department der Harvard University), korrespondierender Mitarbeiter der Zeitschrift *Musik und Ästhetik*, jüngste Publikationen: Musikästhetik. Ein Konstruktionsprozess (Hofheim 2017), in Vorbereitung: Ästhetik der neuen Musik (Hofheim 2018).